"本书同时接受'上海市浦江人才计划资助'（Sponsored by Shanghai Pujiang Program）（项目编号：18PJC108）"

上海政法学院学术文库

"一带一路"背景下跨国犯罪
刑事证据问题研究

孙彩虹◎著

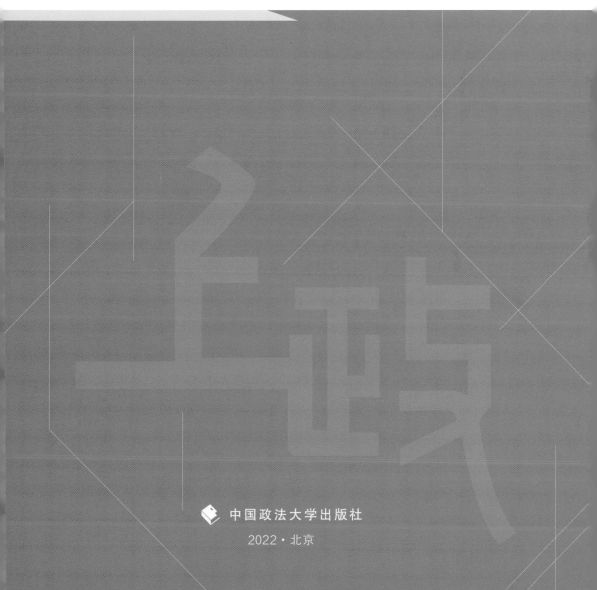

中国政法大学出版社

2022·北京

图书在版编目（CIP）数据

"一带一路"背景下跨国犯罪刑事证据问题研究/孙彩虹著. —北京：中国政法大学出版社，2022.7

ISBN 978-7-5764-0564-4

Ⅰ.①一… Ⅱ.①孙… Ⅲ.①跨境犯罪－国际刑法－证据－研究 Ⅳ.①D997.9

中国版本图书馆 CIP 数据核字(2022)第 124644 号

出 版 者	中国政法大学出版社
地　　址	北京市海淀区西土城路 25 号
邮寄地址	北京 100088 信箱 8034 分箱　邮编 100088
网　　址	http://www.cuplpress.com（网络实名：中国政法大学出版社）
电　　话	010-58908285(总编室) 58908433（编辑部）58908334(邮购部)
承　　印	保定市中画美凯印刷有限公司
开　　本	720mm×960mm　1/16
印　　张	15.5
字　　数	252 千字
版　　次	2022 年 7 月第 1 版
印　　次	2022 年 7 月第 1 次印刷
定　　价	69.00 元

大学者，大学问也。唯有博大学问之追求，才不负大学之谓；唯有学问之厚实精深，方不负大师之名。学术研究作为大学与生俱来的功能，也是衡量大学办学成效的重要标准之一。上海政法学院自建校以来，以培养人才、服务社会为己任，坚持教学与科研并重，专业与学科并举，不断推进学术创新和学科发展，逐渐形成了自身的办学特色。

学科为学术之基。我校学科门类经历了一个从单一性向多科性发展的过程。法学作为我校优势学科，上海市一流学科、高原学科，积数十年之功，枝繁叶茂，先后建立了法学理论、行政法学、刑法学、监狱学、民商法学、国际法学、经济法学、环境与资源保护法学、诉讼法学等一批二级学科。2016年获批法学一级学科硕士点，为法学学科建设的又一标志性成果，法学学科群日渐完备，学科特色日益彰显。以法学学科发端，历经数轮布局调整，又生政治学、社会学、经济学、管理学、文学、哲学，再生教育学、艺术学等诸学科，目前已形成以法学为主干，多学科协调发展的学科体系，学科布局日臻完善，学科交叉日趋活跃。正是学科的不断拓展与提升，为学术科研提供了重要的基础和支撑，促进了学术研究的兴旺与繁荣。

学术为学科之核。学校支持和鼓励教师特别是青年教师钻研学术，从事研究。如建立科研激励机制，资助学术著作出版，设立青年教师科研基金，创建创新性学科团队，等等。再者，学校积极服务国家战略和地方建设，先后获批建立了中国-上海合作组织国际司法交流合作培训基地、最高人民法院民四庭"一带一路"司法研究基地、司法部中国-上海合作组织法律服务委员会合作交流基地、上海市"一带一路"安全合作与中国海外利益保护协同创新中心、上海教育立法咨询与服务研究基地等，为学术研究提供了一系列重要平台。以这些平台为依托，以问题为导向，以学术资源优化整合为举措，涌现了一批学术骨干，取得了一批研究成果，亦促进了学科的不断发展与深化。在巩固传统学科优势的基础上，在国家安全、国际政治、国际司法、国际贸易、海洋法、人工智能法、教育法、体育法等领域开疆辟土，崭露头角，获得了一定的学术影响力和知名度。

学校坚持改革创新、开放包容、追求卓越之上政精神，形成了百舸争流、百花齐放之学术氛围，产生了一批又一批科研成果和学术精品，为人才培养、社会服务和文化传承与创新提供了有力的支撑。上者，高也。学术之高，在于挺立学术前沿，引领学术方向。"论天下之精微，理万物之是非"。潜心学术，孜孜以求，探索不止，才能产出精品力作，流传于世、惠及于民。政者，正也。学术之正，在于有正气，守正道。从事学术研究，需坚守大学使命，锤炼学术品格，胸怀天下，崇真向美，耐得住寂寞，守得住清贫，久久为功，方能有所成就。

好花还须绿叶扶。为了更好地推动学术创新和学术繁荣，展示上政学者的学术风采，促进上政学者的学术成长，我们特设立上海政法学院学术文库，旨在资助有学术价值、学术创新和学术积淀的学术著作公开出版，以褒作者，以飨读者。我们期望借助上海政法学院学术文库这一学术平台，引领上政学者在人类灿烂的知识宝库里探索奥秘、追求真理和实现梦想。

3000年前有哲人说：头脑不是被填充的容器，而是需要被点燃的火把。那么，就让上海政法学院学术文库成为点燃上政人学术智慧的火种，让上政学术传统薪火相传，让上政精神通过一代一代学人从佘山脚下启程，走向中国，走向世界！

愿上海政法学院学术文库的光辉照亮上政人的学术之路！

上海政法学院校长　刘晓红

目 录 CONTENTS

"一带一路"与跨国犯罪

一、共建"一带一路"倡议的进展、贡献与展望

2013 年 9 月 7 日，中国国家主席习近平在哈萨克斯坦纳扎尔巴耶夫大学发表题为"弘扬人民友谊，共创美好未来"演讲时，首次提出共同建设"丝绸之路经济带"的倡议；2013 年 10 月 3 日，习近平主席在印度尼西亚国会发表题为"携手建设中国-东盟命运共同体"的演讲时，首次提出共同建设"21 世纪海上丝绸之路"的倡议。两个倡议合并成为"一带一路"倡议。2014 年 12 月，中央经济工作会议将这一倡议纳入全年工作任务。中国政府成立了推进"一带一路"建设工作领导小组，并在国家发展改革委设立领导小组办公室。由此，"一带一路"倡议正式成为中国内政外交的指导思想。2015 年 3 月，国家发展改革委、外交部、商务部联合发布《推动共建丝绸之路经济带和 21 世纪海上丝绸之路的愿景与行动》；2017 年 5 月，首届"一带一路"国际合作高峰论坛在北京成功召开。此外，中国还先后举办了博鳌亚洲论坛年会、上海合作组织青岛峰会、中非合作论坛北京峰会、中国国际进口博览会等。共建"一带一路"倡议自提出以来，得到了越来越多国家和国际组织的积极响应，受到国际社会广泛关注，影响力日益扩大。

共建"一带一路"跨越不同国家地域、不同发展阶段、不同历史传统、不同文化宗教、不同风俗习惯，以共商共建共享为原则，以和平合作、开放包容、互学互鉴、互利共赢的丝绸之路精神为指引，以政策沟通、设施联通、贸易畅通、资金融通、民心相通为重点，已经从理念转化为行动，从愿景转化为现实，从倡议转化为全球广受欢迎的公共产品。截至 2019 年 3 月底，中国政府已与 125 个国家和 29 个国际组织签署 173 份合作文件。共建"一带一

路"国家已由亚欧延伸至非洲、拉美、南太等区域。[1]

自 2013 年以来，"一带一路"建设取得实质性进展。贸易规模持续扩大，2013~2018 年，中国与沿线国家货物贸易进出口总额超过 6 万亿美元，年均增长率高于同期中国对外贸易增速，占中国货物贸易总额的比重达到 27.4%。其中，2018 年，中国与沿线国家货物贸易进出口总额达到 1.3 万亿美元，同比增长 16.4%。中国与沿线国家服务贸易由小到大、稳步发展。2017 年，中国与沿线国家服务贸易进出口额达 977.6 亿美元，同比增长 18.4%，占中国服务贸易总额的 14.1%，比 2016 年提高 1.6 个百分点。世界银行研究组分析了共建"一带一路"倡议对 71 个潜在参与国的贸易影响，发现共建"一带一路"倡议将使参与国之间的贸易往来增加 4.1%。[2]产业合作不断升级，中国对沿线国家的直接投资亦平稳增长。2013~2018 年，中国企业对沿线国家直接投资超过 900 亿美元，在沿线国家完成对外承包工程营业额超过 4000 亿美元。2018 年，中国企业对沿线国家实现非金融类直接投资 156 亿美元，同比增长 8.9%，占同期总额的 13.0%；沿线国家对外承包工程完成营业额 893 亿美元，占同期总额的 53.0%。世界银行研究表明，预计沿线国家的外商直接投资总额将增加 4.97%，其中，来自沿线国家内部的外商直接投资增加 4.36%，来自经济合作与发展组织国家的外商直接投资增加 4.63%，来自非沿线国家的外商直接投资增加 5.75%。[3]

当今世界正处于大发展大变革大调整时期，和平、发展、合作仍是时代潮流。展望未来，共建"一带一路"虽然面临诸多问题和挑战，但也将迎来诸多机遇，具有前所未有的发展前景。随着时间的推移和各方共同努力，共建"一带一路"一定会走深走实，行稳致远。实践证明，"一带一路"倡议符合各国利益，是一条和平之路、繁荣之路、开放之路、创新之路、文明之路，

---

〔1〕 参见"一带一路"建设工作领导小组办公室："共建'一带一路'倡议：进展、贡献与展望"，载 http://www. xinhuanet. com/world/2019-04/22/c_ 1124400071. htm，最后访问日期：2019 年 11 月 23 日。

〔2〕 See Suprabha Baniya, Nadia Rocha, Michele Ruta, Trade Effects of the New Silk Road: A Gravity Analysis, WORLD BANK Policy Research, Working Paper 8694, January 2019, available at http://www. xinhuanet. com/world/2019-04/22/c_ 1124400071. htm, last visit time: 2019 年 11 月 23 日。

〔3〕 See Maggie Xiaoyang Chen, Chuanhao Lin. Foreign Investment across the Belt and Road Patterns, Determinants and Effects, WORLD BANK Policy Research, Working Paper 8607, October 2018, available at http://www. xinhuanet. com/world/2019-04/22/c_ 1124400071. htm, last visit time: 2019 年 11 月 23 日。

未来还将是绿色之路、廉洁之路。

尽管共建"一带一路"倡议侧重经济建设，但"一带一路"倡议的稳步推进必须依赖于有保障的安全秩序。值得注意的是，"一带一路"沿线国家和地区大多是发展中国家和极少数最不发达国家，其国内经济发展迟缓，地缘政治关系和民族宗教矛盾错综复杂，同时各国的发展目标和利益诉求差异巨大，国内风险、跨境威胁和大国博弈相互交织，尤其是被列为全世界五大非传统安全问题之首的恐怖主义，严重阻碍了各国正常政治经济的交流合作，扰乱了社会秩序的稳定，随之也成为国际研究的热点问题。[1]可见，"一带一路"建设必须要直面错综复杂的国际安全问题。

"一带一路"建设所面临的安全问题既有来自传统安全的威胁，也有来自非传统安全的威胁。传统的安全威胁主要是主权安全、政治安全和军事安全；非传统安全的威胁，主要包括经济安全、能源安全、粮食安全、跨国犯罪、恐怖主义、信息安全、网络安全等。在推动"一带一路"建设的进程中，如何保障我国企业和人员的财产与生命安全，构建一个和平与稳定的区域安全环境，俨然成为我国与"一带一路"沿线国家和地区必须共同面对的难题。[2]

二、跨国犯罪："一带一路"建设面临的安全问题

(一) 跨国犯罪的概念辨析

在跨国犯罪的研究中，如何界定跨国犯罪，学界的认识并不一致。尤其是跨国犯罪（Transnational Crime）与国际犯罪（International Crime）、涉外犯罪（Foreign-related Crime）的关系更是学说纷繁。

有学者认为它们之间是包含与被包含的关系。代表性人物如美国著名国际刑法学家 M. 谢里夫·巴西奥尼（M. Cherif Bassiouni）教授。他认为，涉外犯罪、跨国犯罪属于国际犯罪的范畴。即所有的国际犯罪均应包含涉外犯罪或跨国犯罪所具有的以下三个特征要素的任何一个或多个：（1）该犯罪行为侵害重大国际利益；（2）该犯罪行为构成危害国际社会共同利益的异常行为；

---

〔1〕 参见韩增林等："基于恐袭数据的'一带一路'沿线国家安全态势及时空演变分析"，载《地理科学》2019 年第 7 期。

〔2〕 参见徐军华：《"一带一路"与国际反恐：以国际法为视角》，法律出版社 2019 年版，第 2~3 页。

（3）该犯罪行为在谋划、预备、实施的过程中涉及两个以上的国家，即要么该行为的犯罪人或者被害人的国籍具有多样性，要么采取的手段超越了国界，要么行为损害了国际保护的利益，但该利益不足以归入上述（1）或者（2）项中，之所以将该犯罪行为国际化是为了确保强化国际合作，以有效地对其进行遏制。在上述三个因素中，（1）和（2）更符合"国际的"，（3）更符合"国家之间的"或"跨国的"。依据行为本质、活动范围和国际法所保护利益的意图不同，进行"国际的"和"跨国的"这种区分，有助于实现起诉和惩罚犯罪人的相关国家义务的选择和陈列，以及这些义务的实施。在这种情况下，有些犯罪称为"国际性犯罪"比较适当，有些犯罪则称为"跨国性犯罪"比较好。[1]在我国，持包含说的学者又可分为相对包含说与绝对包含说。相对包含说认为，国际犯罪有广义和狭义之分，在广义的国际犯罪概念下，国际犯罪与涉外犯罪、跨国犯罪的关系属于包含与被包含关系，而狭义的国际犯罪，则属于交叉关系。[2]绝对包含说则认为，国际犯罪只存在广义上的理解，而不存在狭义解释，因此涉外犯罪与跨国犯罪均属于国际犯罪的范畴。[3]

还有学者认为，国际犯罪与涉外犯罪或者跨国犯罪之间并不存在同一或者包含关系，它们是既相互独立又互相交错的关系。如博斯特（Paust）教授等人认为，国际犯罪以国际法为依据，即国际犯罪要么规定于国际公约中，要么反映在国际惯例上。而跨国犯罪则不必以国际法为依据，从理论上讲，跨国犯罪是指具有跨国因素的犯罪，而国际犯罪则不要求跨国因素的必然存在。比如，针对本国人民所实施的、犯罪地完全发生在一国境内的种族灭绝行为，尽管没有跨国因素的存在，但其仍构成国际犯罪。[4]前南斯拉夫国际刑事法庭法官威廉姆斯（Williams）女士则直接将国际犯罪同跨国犯罪区别开来，强调具备国际要素并不必然决定某一行为构成国际犯罪。她认为跨国犯罪本质上是国内犯罪，只是犯罪过程跨越了国界。如国际欺诈就是典型的跨国犯罪，

---

〔1〕 See M. Cherif Bassiouni, *A Draft International Criminal Code and Draft Stature for An International Criminal Tribunal*, Martinus Nijhoff Publisher, 1987, p. 492. 转引自吕岩峰、李海滢："国际犯罪与涉外犯罪、跨国犯罪关系辨析——以基础概念解析为进路"，载《当代法学》2008年第4期。

〔2〕 参见赵永琛：《国际刑法与司法协助》，法律出版社1994年版，第35~40页。

〔3〕 参见冯双星编：《国际犯罪》，群众出版社1989年版，第1~3页。

〔4〕 See Jordan J. Paust, *International Criminal Law*: *Cases and Materials*, Carolina Academic Press, 2000, p. 18.

而不是国际犯罪。虽然该犯罪的行为人、被害人或者犯罪行为都可能涉及两个或者两个以上的国家，即具有国际因素，但其属于国内犯罪，而不是国际犯罪。[1]国内学者在论及二者的交叉关系的同时，也注意到了它们之间的联系。认为，所谓跨国犯罪指的是犯罪行为人在两个或两个以上国家所实施的犯罪，即某一犯罪行为从准备、实施到危害结果发生的过程中跨越了国界。虽然跨国犯罪往往会同时触犯两个或两个以上国家的刑法，具有一定的国际性，但它仍然属于国内刑法管辖的范畴，其准据法是国内刑法。而涉外犯罪，一般认为犯罪的某一因素只要涉及外国，如犯罪人或被害人具有外国国籍或属于无国籍人，或者犯罪地在他国领域内，此类犯罪均称为涉外犯罪。不论它涉及几个国家，只要没有危及国际社会的共同利益，它就是国内刑法中的犯罪，而不能仅仅因为其含有涉外因素就定性为国际犯罪。[2]涉外犯罪强调的是：第一，本国刑法已经将相应的行为明文规定为犯罪；第二，犯罪构成或构成要件的某些要素涉及外国因素，如犯罪的主体是外国人或无国籍、多国籍人，或犯罪客体涉及外国因素等；第三，本国刑事司法机关拥有完全的刑事管辖权。而跨国犯罪是指，同一犯罪行为从预备、实施到危害结果的发生等犯罪过程，跨越了两个以上不同国家的国境线，同时触犯两个或者两个以上国家的刑法，从而导致两个以上的国家都可以依照自己的刑事法律对其进行处罚。对此，学界也有跨境犯罪的称谓，虽然二者只有一字之差，然而从字面意义上看，跨境犯罪的范围要广于跨国犯罪。

不过，在同跨国犯罪斗争的过程中，各国逐渐发现，很多跨国犯罪也关涉到许多国家并威胁到国际社会的共同利益，对国际公共秩序造成破坏，从而引起了国际社会的普遍关切与严重不安。在这种认识的基础上，人们逐渐把某些触犯国内刑法的跨国犯罪视为对整个国际社会的犯罪，要求世界各国对其实行普遍管辖权，以制止这类犯罪的发生。[3]从而，这类跨国犯罪也被确认为国际犯罪。换句话说，就是虽然跨国犯罪与涉外犯罪均属国内犯罪，但当它们侵害到人类共同利益时，也有可能演变成国际犯罪。

近年来也有学者主张依据 2000 年 11 月 15 日第 55 届联合国大会通过的

---

〔1〕 参见转引自吕岩峰、李海滢："国际犯罪与涉外犯罪、跨国犯罪关系辨析——以基础概念解析为进路"，载《当代法学》2008 年第 4 期。

〔2〕 参见贾宇：《国际刑法学》，中国政法大学出版社 2004 年版，第 92~93 页。

〔3〕 参见张智辉：《国际刑法通论》（增补本），中国政法大学出版社 1999 年版，第 110 页。

《联合国打击跨国有组织犯罪公约》(U. N. Convention Against Transnational Organized Crime) 对跨国犯罪进行界定。该公约第 3 条第 2 款规定，有下列情形之一的犯罪属跨国犯罪：(1) 在一个以上国家实施的犯罪；(2) 虽在一国实施，但其准备、筹划、指挥或控制的实质性部分发生在另一国的犯罪；(3) 犯罪在一国实施，但涉及在一个以上国家从事犯罪活动的有组织犯罪集团；(4) 犯罪在一国实施，但对于另一国有重大影响。值得注意的是，日本学者通常以明确区分"国际犯罪"与"犯罪的国际化"两个不同概念的方法来界定跨国犯罪。如日本著名学者宫泽浩一、藤本哲也将跨国犯罪定义为，与国际犯罪对应的、具有国际化倾向的、同时侵犯各当事国利益的、必然引起管辖权争议的犯罪。[1]

综上，虽然对于跨国犯罪的含义，学者们给出了种种解释，但也不乏其共同之处，即普遍认为跨国犯罪的根本特征在于跨国性。这里的跨国性，指的是犯罪过程的跨国性，而不是犯罪主体的跨国性或者涉外性。欧洲学者大多将"流动往返于两个以上国家""行为具有多次反复性"视为跨国犯罪的重要特征。[2]当然，也不仅限于犯罪行为具有跨国性，其危害后果也关涉到许多国家及国际社会的共同利益。此外，跨国犯罪与涉外犯罪一样，定义中也包含有实体法与程序法两方面的内容。从实体法上，跨国犯罪必须同时触犯两个以上国家的刑法；从程序法上，被跨国境的国家对同一犯罪行为都具有合理的管辖权，即必然引起管辖上的争议与冲突。据此，笔者认为，凡是犯罪过程跨越了两个或者两个以上国家的国境，犯罪行为违反两个以上国家的刑法，被跨国境的国家对该犯罪行为具有合理管辖权的犯罪，即可界定为跨国犯罪。

(二) 有组织的跨国犯罪

有组织的跨国犯罪是 21 世纪人类社会共同面对的一大难题之一，这类犯罪已严重威胁到了世界各国和国际社会的政治稳定、人民安全、社会组织的存续和经济发展。一般而言，跨国犯罪较之于单纯在国境内实施犯罪的难度

---

〔1〕 参见 [日] 宫泽浩一、藤本哲也主编：《刑事政策》，青林书院新社 1994 年版，第 431 页。转引自张筱薇："涉外犯罪与跨国犯罪、国际犯罪的比较研究"，载《华东政法学院学报》2006 年第 1 期。

〔2〕 See Brice DeRuyver, Willy Bruggeman, Patrick Zanders, *Cross-Border crime in Belgium*, European Journal on Criminal Policy and Re-Search, Vol. 1, No. 3., Kugler Publications Amsterdam/New York RDC, The Hague, 1993, p. 95.

系数要大，通常会面临语言、当地环境、社会关系或者宗教势力等障碍，因此就必须要借助外力，"里应外合"来完成犯罪行为。为了完成特定的犯罪任务，实现其犯罪目的，犯罪分子不得不从谋划、预备到实施，以及犯罪后逃避打击，都进行周密的组织安排。因此，跨国犯罪多以有组织性的犯罪形态呈现，而由单个自然人实施的案件数量所占比例很小。

1. 何谓"有组织的跨国犯罪"

那么何谓有组织的跨国犯罪？其一，有组织的跨国犯罪具有跨国犯罪的所有特点；其二，有组织的跨国犯罪是有组织犯罪的一种形态。关于有组织犯罪的定义，由于考虑问题的角度和出发点不同，各国政府和法学家对此众说纷纭，迄今为止，无论是在国内还是在国外的立法与犯罪学研究资料中都尚未形成一个公认的、较权威性的概念或定义。依国内外专家、学者对有组织犯罪所作的表述，本书兹介绍几种具有代表性的观点：

（1）美国所持观点。美国犯罪学家 D. 斯坦利·艾滋恩和杜格·A·蒂默将有组织犯罪规定为，旨在通过非法活动获得经济利益而组织起来的商业企业犯罪。[1]美国另一位犯罪学家塞林认为，以从事不法活动为目的而组织起来的，或虽是合法企业却用非法手段从事经济活动的，都是有组织犯罪。[2]美国社会学家杰克·D·道格拉斯和弗朗西斯·C·瓦克斯勒则认为，有组织犯罪一词的含义很广，主要指以下三种情况：第一，某些业余犯罪和大多数职业犯罪，策划周密，实施有力，富有成效，我们称这种为有组织犯罪；第二，少数业余罪犯和多数职业罪犯都与其他职业罪犯有关联，或是同党，或是同行，因而属于犯罪组织的一部分。如一伙入室盗贼，若从特定的某些人那里获取作案对象的信息，又通过特定的销赃者处理赃物，那这三部分人可统称为一个犯罪组织，其活动是有组织的犯罪；第三，新闻媒介所说的有组织犯罪，通常指的是一个孤立的犯罪组织，其活动范围或是全国，或是全世界，内部组织严密、等级森严、犯罪量大，方式自成一体。[3]另据美国司法

---

〔1〕 参见 ［美］艾滋恩、蒂默：《犯罪学》，谢正权译，群众出版社 1989 年版，第 162 页。

〔2〕 参见 ［美］塞林："商业企业和有组织犯罪"，载《美国科学会刊》1963 年第 5 期。转引自邓又天、李永升："试论有组织犯罪的概念及其类型"，载《法学研究》1997 年第 6 期。

〔3〕 参见 ［美］道格拉斯、瓦克斯勒：《越轨社会学概论》，张宁、朱欣民译，河北人民出版社 1987 年版，第 371 页。转引自邓又天、李永升："试论有组织犯罪的概念及其类型"，载《法学研究》1997 年第 6 期。

部 1991 年 10 月在莫斯科举行的 "国际反对有组织犯罪研讨会" 上提交的一份文件，其中对有组织犯罪的概念是这样表述的：有组织犯罪是指，由划分为两级以上的犯罪组织或由若干不同的犯罪组织，采用阴谋手段，以分工合作的方式所从事的刑事犯罪活动。其目的在于获取经济利益或对公众生活施加影响。[1]可见，对于美国这样一个经济发达，商业往来活跃的国家，他们对有组织犯罪的研究，关注更多的是有组织犯罪的商业性质和对经济秩序的损害。

（2）德国所持观点。由德国著名警官布格哈特等人出版的《犯罪侦查学词典》中将有组织犯罪定义为，旨在获取暴利或对公共生活领域施加影响，长期或不定期地由国际、国内犯罪组织计划和实施的商业性质的犯罪活动。[2]德国犯罪学家汉斯·施奈德认为，所谓有组织犯罪，是指具有合法目的的组织（或经济企业）涉嫌经济类犯罪和破坏环境罪，为了更好地逃避打击，犯罪者狼狈为奸，拼凑成具有犯罪目的的组织。[3]此外，德国议会就有组织犯罪达成一致意见，即认为，有组织犯罪是指由数个犯罪人或组织有计划地实施的旨在获利的犯罪行为，各犯罪人或组织在较长时间或不确定期间内，利用企业或商业组织，使用暴力或其他恐怖措施致力于对政策、传媒、司法、经济等施加影响。[4]由于受成文法传统的影响，在理论上德国对有组织犯罪这一定义的解释更具有概括性和抽象性。

（3）日本所持观点。日本学者在研究有组织犯罪的过程中，兼容并蓄，一方面吸收德国的犯罪学理论，另一方面又借鉴美国的司法经验。日本犯罪学家菊田幸一将有组织犯罪的内涵概括为以下特点：①多数犯罪人在持续从事犯罪活动时，都有一个永久性或半永久性的组织，其指挥系统是按阶层组成的；②该组织成员不仅本身从事犯罪活动，而且还秘密掩护商人、艺人及其他特定职业者的犯罪活动；③如果组织内部的领导发生变动时，不存在移交领导权问题，有越代掌握组织权力的；④由该组织操纵一定地区的所有犯罪活动，或至少控制其中特定的犯罪活动，而且这种控制权总是掌握在

---

〔1〕 参见康树华主编：《比较犯罪学》，北京大学出版社 1994 年版，第 264 页。

〔2〕 转引自邓又天、李永升："试论有组织犯罪的概念及其类型"，载《法学研究》1997 年第 6 期。

〔3〕 参见汉斯·施奈德：《犯罪学》，吴鑫涛、马君玉译，中国人民公安大学出版社 1990 年版，第 44 页。

〔4〕 参见徐久生：《德国犯罪学研究探要》，中国人民公安大学出版社 1995 年版，第 118 页。

某个首领一人之手；⑤犯罪手段和犯罪行为，几乎都以组织的每个成员的权限为标准而采取的；⑥为顺利实现犯罪目的，对各种犯罪活动都有周密的计划。[1]

（4）我国学者的不同观点。在国内，学术界大都承认，有组织犯罪是由多人组成，在一定时期存在，为了实施一项或多项严重犯罪而一致行动的、有组织结构的犯罪集团所实施的犯罪；[2]这些犯罪组织，由故意犯罪者操纵和控制，组织结构稳定且具有较强的自我保护能力。[3]也有学者将有组织犯罪作广义和狭义上的区分。广义上的有组织犯罪，是指拥有一定组织形式的团体，通过其成员的团体活动来实施犯罪。其中既包括法人组织实施的犯罪，也包括非法的社会团体、犯罪集团所实施的犯罪。狭义上的有组织犯罪，仅指犯罪集团组织实施的各种犯罪。[4]还有学者从犯罪学的角度，认为对有组织犯罪可以进行三种划分：第一种，凡是由犯罪组织实施的犯罪，都可以认为是有组织犯罪。比如，意大利的黑手党、日本的山口组、哥伦比亚的卡利贩毒集团等，都毫无例外地归属于有组织犯罪。第二种，是指犯罪人有组织地进行犯罪。即凡是犯罪人按照犯罪计划，有目的、有步骤，分工负责、互相配合完成其犯罪活动的，都属于有组织犯罪。第三种，是与个人单独犯罪相对应的，凡是有多个人在某个组织的名义下进行的犯罪，就是有组织的犯罪。[5]此外，有学者提出"阶梯性"的有组织犯罪分类，即，将犯罪集团分为一般犯罪集团、黑社会性质组织和恐怖组织，它们体现了有组织犯罪的组织严密性和社会危害性的阶梯性增强。但这种分类遭到了学界的质疑。因为，从犯罪目的上看，黑社会性质组织犯罪从事犯罪活动的主要目的是获取经济利益，而恐怖主义犯罪实施行动的唯一目的是制造恐慌。[6]因此，黑社会性质的犯罪与恐怖主义犯罪属于两个不同的犯罪概念，二者之间很难说存在着相互包容的关系。

---

〔1〕 参见 ［日］菊田幸一：《犯罪学》，群众出版社 1989 年版，第 90 页。

〔2〕 参见储槐植、贾凌："有组织犯罪预防论要"，载《法学家》2008 年第 3 期。

〔3〕 参见康树华、王岱、冯树梁主编：《犯罪学大辞书》，甘肃人民出版社 1995 年版，第 1094 页。

〔4〕 参见邵名正、王明迪、牛青山主编：《中国劳改法学百科辞书》，中国人民公安大学出版社 1993 年版，第 865 页。

〔5〕 参见赵永琛："关于跨国有组织犯罪的若干理论问题"，载《政法论坛》2000 年第 6 期。

〔6〕 参见让-马克埃尔博："法国反恐怖主义和反有组织犯罪的斗争"，王琨译，载《国家检察官学院学报》2009 年第 6 期。

（5）国际社会对有组织犯罪的界定。《联合国打击跨国有组织犯罪公约》第2条将"有组织犯罪集团"界定为，由三人或多人所组成的、在一定时期内存在的、为了实施一项或多项严重犯罪或根据本公约确立的犯罪以直接或间接获得金钱或其他物质利益而一致行动的有组织结构的集团；将"有组织结构的集团"界定为，并非为了立即实施一项犯罪而随意组成的集团，但不必要求确定成员职责，也不必要求成员的连续性或完善的组织结构。可见，国际社会认为，有组织犯罪并非特指某一具体犯罪，而是指有组织犯罪集团所实施的一系列涉及多种类犯罪行为的集合。

2. 有组织的跨国犯罪的"组织特征"

在中国，刑法上并没有出现"有组织犯罪"的规定。与其相似的概念，是"黑社会犯罪或黑社会性质的犯罪"。在国内，一般认为，黑社会性质组织犯罪是典型的有组织犯罪。[1]但此处需要说明的是，虽然黑社会性质组织犯罪是典型的有组织犯罪，但有组织犯罪并非只有黑社会性质犯罪这一种犯罪形态。不过我们不妨管中窥豹，依黑社会性质犯罪的组织特征来分析跨国犯罪的组织特征。

根据2011年5月1日施行的《中华人民共和国刑法修正案（八）》对刑法第294条的修改，黑社会性质的组织应该具备以下特征：（1）具有一定的组织性。即，形成较稳定的犯罪组织，人数较多，有明确的组织者、领导者，骨干成员基本固定。（2）以追求经济利益为目的。有组织地通过违法犯罪活动或者其他手段获取经济利益，具有一定的经济实力，以支持该组织的活动。（3）行为具有暴力性和地域性。以暴力、威胁或者其他手段，有组织地多次进行违法犯罪活动，为非作恶，欺压、残害群众；（4）存在"保护伞"。通过实施违法犯罪活动，或者利用国家工作人员的包庇或者纵容，称霸一方，在一定区域或者行业内，形成非法控制或者重大影响，严重破坏经济、社会生活秩序。上述四个特征中，可以说"组织性"是黑社会性质犯罪的根本性和标志性特征。司法机关在认定涉案组织是不是"黑社会犯罪组织"首先要判断第一个特征——"组织性"。

所谓"有组织"应有两层含义：一是行为主体的组成结构，二是行为本

---

[1] 参见张伟珂等："中国惩治有组织犯罪的立法演进及其前瞻——兼及与《联合国打击跨国有组织犯罪公约》的协调"，载《学海》2012年第1期。

身的组织性。在国际上，现代的有组织犯罪大致存在两种组织形式：第一种是传统的犯罪组织形式。其基本特征是，犯罪组织的内部成员基本固定，成员人数相对较多，具有明确的上下层级关系；第二种是现代的网状结构犯罪。其基本特征是，犯罪组织形式较为灵活，组织成员较为随意，组织人数不多，具有平面的网状关系。[1]传统的有组织犯罪形式被称为"教父模式"，而现代的网状结构犯罪形式被称为"脸书模式"。[2]与中国不同，日本《关于有组织犯罪的处罚及犯罪收益规则的法律》规定，有组织犯罪强调的是多人作为一个"结合体"而行动，至于这个结合体在内部构造上采取的是什么形式，则在所不论。[3]美国1970年通过的《有组织犯罪控制法案》第9章《受敲诈勒索和贿赂行为影响的有组织犯罪法案》（简称RICO法案）主要是从有组织犯罪所进行非法活动方面进行规定的，并未对其犯罪的组织方面作出多少要求。[4]也就是说，美国确立的有组织犯罪概念是一种"有组织犯罪统一体"的概念。[5]这种犯罪统一体的概念避开了犯罪组织的形式特征要件，而着重强调非法活动的内容和模式等实质特征。

刑法对于有组织犯罪"组织特征"的确立，是为了合理限制刑事处罚的范围。因此，为防止过分扩大刑事处罚范围，笔者认为理论上应对"组织特征"做严格解释。根据德国学者罗克辛"犯罪事实支配理论"的观点，从实质上，只要多人实施的非法行为能够被评价为一个有机的"结合体"或者"统一体"，在这个"结合体"中，充当"核心人物"或者"关键角色"的人能够支配和控制他人（团伙成员），能够利用其不法支配力、控制力排斥合法权力的支配和控制，那么该组织就可以认定为犯罪组织；这些人所实施的犯罪就是有组织的犯罪行为。

---

〔1〕 参见王永茜："论黑社会性质组织犯罪的'组织特征'"，载《北京理工大学学报（社会科学版）》2019年第5期。

〔2〕 See Jerome P. B., Kristin M. F., "Organized Crime: An Evolving Challenge for U. S. Law Enforcement", *Journal of Current Issues in Crime*, *Law & Law Enforcement*, Vol. 6, No. 2., 2013, pp. 135 – 175. 转引自王永茜："论黑社会性质组织犯罪的'组织特征'"，载《北京理工大学学报（社会科学版）》2019年第5期。

〔3〕 参见莫洪宪："日本惩治有组织犯罪的最新法律对策"，载《国外社会科学》2001年第3期。

〔4〕 Kristin M. F., *Organized crime in the United States: trends and issues for congress*, Nova Science Publishers, 2011, p. 61.

〔5〕 参见赵赤："美国有组织犯罪基础观念的考证、反思与启示"，载《法学评论》2013年第4期。

(三) 跨国犯罪的类型

关于跨国犯罪的类型究竟应当如何来划分,从国内外研究的有关资料来看,至今尚无一个统一的标准。由于各个学者的研究角度和研究方法不同,因此在跨国犯罪的类型划分上,毫无例外也出现了异彩纷呈的局面。

根据《联合国打击跨国有组织犯罪公约》及联合国有关打击跨国有组织犯罪的补充协议,可将跨国犯罪分为 17 类,包括:(1) 洗钱;(2) 恐怖行动;(3) 盗窃文物和艺术品;(4) 侵犯知识产权;(5) 非法买卖武器;(6) 劫机;(7) 海盗;(8) 抢劫地面交通工具;(9) 骗保;(10) 计算机犯罪;(11) 生态犯罪;(12) 贩卖人口;(13) 人体器官交易;(14) 贩卖毒品;(15) 虚假破产;(16) 参与非法经营;(17) 贪污受贿,向社会活动家、党务活动家、官员行贿。[1]虽然这是目前学界划分跨国犯罪类型的主要依据之一,但笔者认为,《联合国打击跨国有组织犯罪公约》并没有将跨国犯罪按照种类、等级或性质进行分别归类,而是从具体行为的角度对跨国犯罪的主要表现形态进行汇总。

在国内,有学者从国家安全的角度,对跨国犯罪类型加以区分,以分析不同类型的跨国犯罪对国家安全产生的不同危害。依据此观点,第一类是跨国经济类犯罪。这类犯罪会对国家经济安全产生隐患。包括:大型国际公司的跨国商业贿赂犯罪、跨国洗钱犯罪、跨国知识产权犯罪;第二类是跨国有组织犯罪。这类犯罪会对社会安全产生极大的破坏性。包括:贩毒集团跨国犯罪、恐怖主义跨国有组织犯罪;第三类是跨国网络犯罪。这类犯罪破坏文化及信息安全。包括:跨国网络色情犯罪、跨国网络赌博犯罪、跨国网络经济犯罪、危害国家安全的网络窃密犯罪等。[2]笔者认为,这种分类虽然界限模糊,但也不乏其具有现实意义。还有学者从犯罪特征方面,对跨国犯罪类型做过分析。笔者认为,可以根据跨国犯罪的基本特征,结合司法实践中存在的各种跨国犯罪的实际情况,对其进行分类,而不必将其限制在某一视角或者某一标准上,也许对跨国犯罪的类型会有较为全面的认识。这样,可能更

---

〔1〕 参见高娟、王超、兰月新:"我国跨国犯罪研究文献计量分析",载《情报杂志》2011 年第 S2 期;王湘林:"从国家安全的角度看跨国犯罪的主要类型",载《国际关系学院学报》2008 年第 4 期。

〔2〕 参见王湘林:"从国家安全的角度看跨国犯罪的主要类型",载《国际关系学院学报》2008 年第 4 期。

具有针对性和现实意义。

1. 从犯罪的主体成分上划分，可以分为自然人实施的跨国犯罪和法人实施的跨国犯罪。在司法实践中，由法人组织实施的犯罪往往比自然人组织实施的犯罪社会危害性更大，因此应将其作为打击的重点。

2. 从跨国犯罪活动的性质上划分，可以划分为单一型跨国犯罪和混合型跨国犯罪。所谓单一型跨国犯罪，是指该犯罪团伙或组织长期从事某一方面的犯罪活动。比如，长期专门从事走私、盗窃、绑架、贩卖人口等，这类犯罪的特点在于，实施犯罪性质的单一性、专门性。正因如此，这类犯罪活动作案经验丰富，反侦查的能力强。所谓混合型跨国犯罪，则是指某一犯罪组织并不专门只针对某一项具体的犯罪行为，而是同时实施多项犯罪活动。比如组织实施走私犯罪的同时，可能还伪造货币、贩卖毒品等。这类犯罪由于其多样性与复杂性，所以侦破难度大。

3. 从跨国犯罪的目的和行为表现方式上划分，可分为逐利型、破坏型、腐蚀型、恐怖型和滋扰型跨国犯罪。所谓逐利型跨国犯罪，是以获取非法经济利益为目的而实施犯罪活动。《联合国打击跨国有组织犯罪公约》中所列举的盗窃文物和艺术品、非法买卖武器、侵犯知识产权、骗保、人体器官交易、贩卖毒品、海盗、贩卖人口等行为大多是以逐利为犯罪目的的跨国犯罪。所谓破坏型跨国犯罪，是以实施某一方面的破坏活动为犯罪目的。这类犯罪如《联合国打击跨国有组织犯罪公约》中所列举的海盗、抢劫地面交通工具、计算机犯罪、生态犯罪等。所谓腐蚀型跨国犯罪，是以拉拢、腐蚀为目的而实施的跨国犯罪。《联合国打击跨国有组织犯罪公约》中所列举的贪污受贿，向社会活动家、党务活动家、官员行贿就是典型的腐蚀型跨国犯罪。所谓恐怖型跨国犯罪，是犯罪组织以专门从事恐怖活动为手段，制造恐怖气氛，从而达到其政治、宗教等目的。《联合国打击跨国有组织犯罪公约》中所列举的恐怖行动、劫机等行为，这类犯罪对国家安全威胁最大。最后是滋扰型跨国犯罪，这类犯罪侵犯的多为一个国家的社会管理秩序或经济秩序。如《联合国打击跨国有组织犯罪公约》中的虚假破产、参与非法经营、洗钱等犯罪。

诚然，上述对跨国犯罪所作的分类，主要是从理论上进行的，而在司法实践中，有些类型的犯罪有时是相互交织在一起的。

三、跨国犯罪的主要表现形态

（一）国际恐怖主义犯罪

对于国际恐怖主义的定义，国际社会的看法并不一致。2001 年 4 月美国国务院的一份报告将"恐怖主义"一词定义为：由次国家组织或隐蔽人员对非战斗性目标所实施的有预谋的、带有政治动机的、通常旨在影响受众的暴力活动；而"国际恐怖主义"则是指超出单个国家的公民或领土而进行的恐怖主义活动。[1]也就是说，国际恐怖主义具有非国家主体、跨国活动、攻击"软目标"等特点，其"跨国活动"的特点体现了国际恐怖主义分子"流动性"的特点。[2]近年来，国际恐怖主义犯罪活动甚是猖獗，如劫持飞机、劫持人质、炸毁公共建筑及政府办公大楼、盗运核原料等，恐怖组织以暴力犯罪手段不断制造恐怖气氛。因此，许多国际组织也倾向于将国际恐怖主义界定为一种暴力犯罪形态。据统计，恐怖主义活动绝大多数是以跨国犯罪的形态出现的。1999 年底、2000 年初，国际上相继发生的印度、阿富汗民航班机被劫事件引起了国际社会的普遍关注。1999 年 12 月 24 日，印度航空公司一架国际民用航空飞机从尼泊尔首都加德满都国际机场起飞，在飞往印度首都新德里途中被 5 名蒙面男子劫持。劫持者要求印度政府释放被印度当局关押在监狱的恐怖分子首领。劫机者手持左轮手枪、手榴弹和一支 AK-47 冲锋枪，他们命令机长把航班飞到巴基斯坦的拉合尔机场。机长被迫听命于劫机者指挥。被劫飞机降落在巴基斯坦拉合尔机场加满油后，计划飞往阿富汗首都喀布尔，在遭到塔利班武装政府的拒绝后，客机被迫改飞阿曼，再次遭拒绝。此时，飞机已在空中飞行了 3 个多小时，燃油再次告罄。在这种情况下，飞机获准在阿联酋的迪拜附近的米尼海德空军基地降落。劫机者要求提供食品、水和药品，并给飞机加油。作为交换条件，劫机者释放了 27 名乘客（主要是妇女、儿童、伤病员），抛下一具尸体，并不停地威胁印度政府，如果不满足其要求，还将继续杀死机上的人质。印度政府迫于国际、国内的强大压力，

---

〔1〕 See U. S. State Department, Patterns of Global Terrorism 1999, available at http：//www.mipt. org/pdf/1999 pogt. pdf. P7，last visit time：2020 年 2 月 12 日。

〔2〕 参见戴长征、王海滨："国际人口流动中的反恐问题探析"，载《中国人民大学学报》2009年第 2 期。

出于对人质生命安全的考虑，派出一个富有谈判经验的 7 人谈判小组同劫机分子进行谈判。最终，印度政府作出妥协，释放了关押的 3 名极端分子。整个劫机事件历时 8 天，涉及印度、巴基斯坦、阿富汗等国家。单就本案的性质来讲，尽管恐怖分子的行为目的具有政治性，但其方式却是以跨国犯罪的形式出现的。此外，国际恐怖主义犯罪多是有组织地进行，绝大多数恐怖主义犯罪是以恐怖主义组织的名义，在人员、资金、培训和行动方面相互勾结，实施大规模爆炸、绑架和杀害无辜平民，在恐怖主义集团的统一组织和指挥下从事具有政治或宗教色彩的恐怖活动。此外，恐怖主义犯罪活动的手法往往具有国际性。所以，国际恐怖主义犯罪是一种典型的跨国有组织犯罪。

实际上，恐怖主义犯罪并非当代的新兴犯罪，但以"9·11"恐怖主义袭击事件为标志，国际恐怖主义活动进入新的高潮，中东、南亚、东南亚、中亚等地成为恐怖主义活动的中心地带。[1] 而在全球化趋势的推动下，国际人口流动日益频繁。中国外交部原副部长刘振民表示：无论是亚洲还是欧洲、西亚、北非，以至于其他地区，恐怖分子的流动都是引发恐怖主义问题的一个主要根源。在东南亚国家出现的一些恐怖活动，后来证明也是由跨境流窜的，甚至从中东流窜回来的恐怖分子造成的、引发的。[2] 这些都使目前艰难的国际反恐局势更加复杂，也进一步加剧了全球反恐的严峻性。此外，随着高科技信息技术的普及与共享，恐怖组织不断利用新科技手段传播暴力极端思想和策划恐怖行动，网络空间成为恐怖组织蛊惑人心、招兵买马、密谋策动的重要平台，成为国际安全领域最棘手的难题之一。[3] 同时，随着网络与信息技术的发展，恐怖分子实施恐怖袭击的入境方式也更加隐蔽化、多样化，客观上也大大增加了国际社会反恐机构及时采取防范措施的难度。因此，在全球化不断发展、国际人口流动不断加强的今天，要想彻底有效地打击国际恐怖主义组织的跨国犯罪，不仅要进一步加强国际非传统安全的合作，还要重新审视国际恐怖主义产生的土壤并采取相应的措施。

---

〔1〕 参见戴长征、王海滨："国际人口流动中的反恐问题探析"，载《中国人民大学学报》2009年第 2 期。

〔2〕 参见刘振民："恐怖分子跨境流动的危害影响世界稳定"，载 http://news.china.com.cn/2017-01/11/content_ 40083154.htm，最后访问日期：2020 年 2 月 25 日。

〔3〕 参见张显龙、王丹娜："程国平：各国携手打击网络恐怖主义"，载《中国信息安全》2017年第 9 期。

"一带一路"贯穿亚欧非三大陆，途径 65 个国家。[1]有经济活跃的东亚国家，有经济发达的欧洲国家，当然还有大多数发展中国家和极少数最不发达国家。其中一些国家长期面临宗教问题、民族问题、主权领土问题，国内政局不稳。根据目前有关机构和学者的评估，恐怖主义位居"一带一路"建设面临的非传统安全问题[2]之首。[3]"一带一路"沿线处于"恐怖主义弧形震荡地带"上，即"北非-中东-西亚-中亚-南亚-东南亚"，其中南亚和中东是陆上恐怖主义集中区域，东南亚则是海上恐怖主义的热点区域。根据恐怖主义指数进行安全形势评估，结果显示："一带一路"沿线国家中 40 个处于和平状态，15 个处于危险状态，11 个处于震荡状态，伊拉克、阿富汗、巴基斯坦、印度、叙利亚 5 个国家处于红色区域。[4]面对恐怖主义给"一带一路"建设带来的安全威胁，沿线国家和地区如何合法有效地开展反恐国际合作？如何优化国际司法协助的路径？这既是中国与周边国家或地区的双边需要，更是解决恐怖主义这一跨国犯罪问题的国际需要。

（二）跨国毒品类犯罪

虽然毒品[5]和毒品犯罪算不上什么新鲜话题，毒品问题迄今已有 100 多

---

[1] 包括：东亚的蒙古国，东盟 10 国（文莱、柬埔寨、印度尼西亚、老挝、马来西亚、缅甸、菲律宾、新加坡、泰国、越南），西亚 18 国（伊朗、伊拉克、土耳其、叙利亚、约旦、以色列、巴勒斯坦、沙特阿拉伯、巴林、卡塔尔、也门、阿曼、阿联酋、科威特、黎巴嫩、塞浦路斯、希腊、埃及的西奈半岛），南亚 8 国（印度、巴基斯坦、孟加拉国、阿富汗、斯里兰卡、马尔代夫、尼泊尔、不丹），中亚 5 国（哈萨克斯坦、乌兹别克斯坦、土库曼斯坦、塔吉克斯坦、吉尔吉斯斯坦），独联体 7 国（俄罗斯、乌克兰、白俄罗斯、格鲁吉亚、阿塞拜疆、亚美尼亚、摩尔多瓦）和中东欧 16 国（波兰、捷克、斯洛伐克、匈牙利、斯洛文尼亚、克罗地亚、罗马尼亚、保加利亚、塞尔维亚、黑山、马其顿、波黑、阿尔巴尼亚、爱沙尼亚、立陶宛、拉脱维亚）。

[2] 国家或地区安全问题分为：传统安全问题与非传统安全问题。传统安全问题主要是指主权安全、政治安全和军事安全；非传统安全问题主要包括经济安全、能源安全、粮食安全、跨国犯罪、恐怖主义、网络信息安全等。

[3] 参见张洁：《中国周边安全形势评估（2015）："一带一路"与周边战略》，社会科学文献出版社 2015 年版，第 10 页。

[4] 参见徐军华：《"一带一路"与国际反恐：以国际法为视角》，法律出版社 2019 年版，第 3 页。

[5] 根据《中华人民共和国刑法》（以下简称《刑法》）第 357 条的规定，毒品是指鸦片、海洛因、甲基苯丙胺（冰毒）、吗啡、大麻、可卡因以及国家规定管制的其他能够使人形成瘾癖的麻醉药品和精神药品。国家食品药品监督管理总局、公安部、国家卫生和计划生育委员会发布的《麻醉药品和精神药品品种目录》（2017 版）中，列明了 121 种麻醉药品和 149 种精神药品。见百度文库 https://wenku.baidu.com/view/9450f5be0622192e453610661edqad51fo1d54b1.html，最后访问日期：2022 年 2 月 25 日。

年的历史，但迄今为止，国际上对毒品犯罪、跨国毒品犯罪等基本概念的表述还没有达成一致。国内学术界对其称谓也不尽相同，有的称之为国际毒品犯罪，有的称之为跨境毒品犯罪，还有的称为国际贩毒。从字面意义上看，这3种称谓似乎跨国毒品犯罪是上位概念，但如果按照1988年12月19日联合国通过的《联合国禁止非法贩运麻醉药品和精神药物公约》（以下简称《联合国禁毒公约》，也称《维也纳公约》）对毒品犯罪的规定，实际上这3种称谓含义一致。根据《联合国禁毒公约》第3条的规定，对于实施下述（a）、（b）和（c）项规定的故意行为均为毒品犯罪，各缔约国应采取可能必要的措施将其确定为其国内法中的刑事犯罪：（a）①违反《1961年公约》、经修正的《1961年公约》或《1971年公约》的各项规定，生产、制造、提炼、配制、提供、兜售、分销、出售、以任何条件交付、经纪、发送、过境发送、运输、进口或出口任何麻醉药品或精神药物；②违反《1961年公约》和经修正的《1961年公约》的各项规定，为生产麻醉药品而种植罂粟、古柯或大麻植物；③为了进行上述①目所列的任何活动，占有或购买任何麻醉药品或精神药物；④明知其用途或目的是非法种植、生产或制造麻醉药品或精神药物而制造、运输或分销设备、材料或表一和表二所列物质；⑤组织、管理或资助上述①、②、③或④目所列的任何犯罪；（b）①明知财产得自按本款（a）项确定的任何犯罪或参与此种犯罪的行为，为了隐瞒或掩饰该财产的非法来源，或为了协助任何涉及此种犯罪的人逃避其行为的法律后果而转换或转让该财产；②明知财产得自按本款（a）项确定的犯罪或参与此种犯罪的行为，隐瞒或掩饰该财产的真实性质、来源、所在地、处置、转移、相关的权利或所有权；（c）在不违背其宪法原则及其法律制度基本概念的前提下，①在收取财产时明知财产得自按本款（a）项确定的犯罪或参与此种犯罪的行为而获取、占有或使用该财产；②明知其被用于或将用于非法种植、生产或制造麻醉药品或精神药物而占有设备、材料或表一和表二所列物质；③以任何手段公开鼓动或引诱他人去犯按照本条确定的任何罪行或非法使用麻醉药品或精神药物；④参与进行，合伙或共谋进行，进行未遂，以及帮助、教唆、便利和参谋进行按本条确定的任何犯罪。

可见，《联合国禁毒公约》所规定的毒品犯罪所包括的范围极其广泛，是一个大而全的概念，它不仅含有国内法一般意义上的贩毒罪，还包括了非法生产、持有、制造、提供、种植毒品原植物、隐瞒或掩饰贩毒等财产的来源、性质以及引诱他人吸食、个人消费等行为。虽然《刑法》并没有对毒品犯罪的概念作出界定，但基于我国《刑法》的规定，一般而言，构成毒品犯罪需要具备：行为性质上，违反我国麻醉药品、精神药品管理法规；行为方式上，具有走私、贩卖、运输、制造、使用毒品及走私、贩卖、运输、制造、使用毒品、种植毒品原植物以及与此直接有关的破坏国家禁毒活动；犯罪结果上，危害公民身体健康和社会治安秩序，依法应受刑法处罚。

近年来，毒品国际化问题日趋严重，在欧洲、美洲、拉丁美洲及亚洲催生了几个具有全球性的超级毒品犯罪集团，如金三角坤沙集团、哥伦比亚的埃斯科瓦尔集团和麦德林集团等。基于毒品输出地的地缘因素，与传统毒品类[1]犯罪集中的东南亚"金三角""金新月"接壤的我国西南边境，成为此类犯罪的高发地。而新型毒品多为化学药剂合成，不受种植地等地理因素的限制，贩毒集团国内外相互勾结走私新型毒品的案件，则反映了全球化背景下毒品犯罪的一个趋势——跨国贩毒。由于毒品犯罪较其他一般犯罪的隐蔽性更高，呈现出越来越多的有组织犯罪和反侦查的特点，加之其具有某种向人身犯罪、财产犯罪等其他类型犯罪"放射"的危险性，已成为严重影响区域内各国国家安全、政治稳定、经济发展和生活健康的重大问题。因此，毒品问题绝非一个孤立的国内问题，而是整个国际问题的一部分。

（三）跨国网络犯罪

作为新兴媒体，互联网不仅改变了人们对社会的认知方式，也为人类互动创造了数字空间。但随着互联网的普及与互联网用户的日益增多，网络犯罪也越来越突出。同样，跨国网络犯罪比例也越来越高，互联网已成为跨国犯罪的重要工具。那么，何谓网络犯罪？网络犯罪与计算机犯罪是否属于同一种形式的犯罪？如果从刑法学角度看，网络犯罪不属于刑法概念。因为，在我国刑法条文中并没有网络犯罪的明确规定。理论上研究网络犯罪，其实与暴力犯罪、毒品犯罪、枪支犯罪、经济犯罪等类似，是将某种犯罪现象作为研究对象，故而网络犯罪更接近于犯罪学概念。

---

〔1〕 中国禁毒网将毒品分为：传统毒品、合成毒品、新精神活性物质（新型毒品）等。其中最常见的主要是麻醉药品类中的大麻类、鸦片类和可卡因类。

由于法律并没有明确规定网络犯罪，因此对这类犯罪没有统一的称谓，其定义也没有一致的表述。比较接近、出现比较多的是网络犯罪与计算机犯罪。那么，二者是否可相互替代，犯罪形式与性质是否完全一致呢？顾名思义，计算机犯罪就是将计算机本身作为犯罪对象或作为犯罪工具的犯罪。因此，在网络尚未出现的时期，只要符合上述条件，就属于计算机犯罪。从这个角度上看，计算机犯罪与网络犯罪并不存在关联，只是随着网络的出现和普及，以计算机作为犯罪对象或利用计算机作为犯罪工具的犯罪，才具有了通过网络实施犯罪的条件。即便如此，也不能将二者混为一谈。比如，A 想针对计算机设备本身实施盗窃、诈骗或毁坏单个计算机的犯罪行为，但他却不是通过网络方式来实现的，A 就构成单纯的计算机犯罪，不是网络犯罪。而 B 则是通过智能手机，实施对计算机储存数据的破坏、盗窃或篡改，那么 B 构成网络犯罪，不是计算机犯罪。但现在网络技术已经渗透在社会生活的方方面面，网络与计算机、智能手机、智能机器人等这些高科技产品紧密联系，网络犯罪的模式已经出现多样化趋势。故此，笔者认为，采用网络犯罪的概念更准确、科学。

目前，关于网络犯罪的定义，可以分为狭义和广义的两种定义类型。从狭义上定义网络犯罪，就是指凡是利用网络作为犯罪客体的犯罪。因此，对于那些没有使用网络的犯罪，就排除在网络犯罪的定义之外。广义上的网络犯罪，是指以网络为犯罪对象或者犯罪手段，同时又是通过网络实施的犯罪。对于网络犯罪的定义，国内外学者存在各种理论，在此笔者介绍几种有代表性的观点：法国著名学者弗雷德里克·马丁和达尼埃尔·马丁提出网络犯罪包括两种类型的犯罪，一是纯粹的信息犯罪，即以信息技术作为犯罪对象；二是将信息技术作为犯罪方法，从事与网络通信和信息科技相关的犯罪。[1] 德国犯罪学家汉斯·约阿西姆·施劳德认为，电子数据可以被认为是网络犯罪的核心，也就是说电子数据是作为被攻击的对象，犯罪分子通过电子数据处理设备进行犯罪行为，此时电子数据设备是一种常用的犯罪工具，另外他认为也可以把数据处理作为网络犯罪的犯罪对象。我国学者对于网络犯罪的概念也有着不同的学说。有学者认为凡是对计算机设备或者非法侵入、毁损、

[1] 参见 [法] 达尼埃尔·马丁、弗雷德里克-保罗·马丁:《网络犯罪——威胁、风险与反击》，卢建平译，中国大百科全书出版社 2002 年版，第 10 页。

盗取计算机系统存储数据的行为，都是网络犯罪，而不论其是直接侵害或间接利用网络实施。这是最广义的网络犯罪的定义。不过还有学者认为，网络犯罪仅指以计算机网络系统或者计算机所存储的数据为犯罪对象而进行破坏、盗取等非法行为。特别需要指出的是，从语言表达习惯上，实务部门或法律工作者并没有特意区分网络犯罪与传统的计算机犯罪。2001 年 11 月 8 日欧洲理事会通过的《网络犯罪公约》对网络犯罪是这样定义的：网络犯罪不仅危害网络和计算机数据的机密性和可用性，并且对于计算机系统本身有着很大的危害，存在对这些系统、网络和数据进行滥用的行为。[1]可见，《网络犯罪公约》对网络犯罪的定义是在总结各国不同的理论和学说的基础上得出的，既未对计算机犯罪和网络犯罪进行区分，也不认为两者相互排斥，而是认为网络犯罪既包括单纯的计算机犯罪，也包括涉及计算机网络的犯罪。由于这样定义能够更加合理地解释网络犯罪的诸多类型，也更符合时代特征，越来越多的学者予以认同。

那么，跨国网络犯罪，就是指在两个或两个以上的国家实施的网络犯罪。由于网络的影响力遍布全球，早已打破地域限制，且网络犯罪属于高科技犯罪，与传统犯罪相比，作案工具以及犯罪对象具有高度的隐蔽性，因此这种跨国性犯罪侦查难度极大。在网络犯罪中，网络技术占据着举足轻重的地位，科技发展为跨国网络犯罪提供了多种犯罪形式。

1. 跨国网络电信诈骗犯罪

21 世纪以来，随着通信技术、金融行业的迅猛发展，利用电信通信技术实施诈骗的案件日益增多。跨国电信诈骗已经成为多发性犯罪行为，尤其是我国以及中南亚地区，已成为电信诈骗的高发区。犯罪分子通过微信、微博、移动客户端、网站等手段实施诈骗，被害人区域分散，且诈骗数额巨大，具有恶劣的社会危害性，如"9·28"特大跨国电信诈骗案。[2]

---

〔1〕 参见皮勇：《网络犯罪比较研究》，中国人民公安大学出版社 2005 年版，第 10 页。

〔2〕 该案件 2011 年告破，诈骗集团总部设于台湾，窝点分布于印尼、柬埔寨、菲律宾、越南、泰国、老挝、马来西亚、新加坡 8 国，转取赃款窝点设在印尼、马来西亚、泰国等，改号平台设在山东、福建、广西及台湾，专门针对大陆居民实施诈骗的特大跨国、跨两岸电信诈骗犯罪集团，总涉案金额高达 2.2 亿元人民币。

2. 跨国网络洗钱犯罪

洗钱行为是我国刑法所规定的一种严重犯罪行为。[1]作为一种新型的洗钱方式，网络洗钱是指在网络技术的支持下，以网上银行和其他金融机构为平台的网络金融服务，以及电子支付系统、电子货币等支付工具进行洗钱的行为。网络洗钱因其高效、便捷、隐蔽、成本低、收益大等特点，迅速被犯罪团伙熟知并应用。犯罪嫌疑人借助互联网技术，动动鼠标，即可实现不法资金的快速转移和漂白。

网络模糊了人格差异，淡化了地域国界之分，犯罪分子利用这一特点，在世界范围内大肆进行洗钱活动。目前网络洗钱犯罪的主要表现方式有：①利用网上银行、第三方支付平台等新兴金融工具进行洗钱；②借助新兴网络金融方式，如 P2P 平台、数字货币等进行洗钱；③通过网络保险、网络赌博，运作网上"空壳公司""前台公司"进行洗钱。虽然网络洗钱行为在全球越发普遍，但世界各国对网络洗钱犯罪的法律规制却不同。有些国家法律法规健全，并设置有专门机构予以监管，如美国等西方发达国家；有些国家监管却较为宽松、打击力度也不大。如英属维京群岛、开曼群岛等经济相对欠发达的地区，每年有数以千亿计的资金在这些地区进行洗白。网络洗钱犯罪不仅进一步助长了上游犯罪，危害社会秩序，还严重危害国家和地区安全。无数国际恐怖主义事件告诉世人，网络已成为恐怖主义组织资金筹集和转换的渠道。虽然各国都相继出台法律，加强网络安全的监管与准入条件，但在实践中，跨国网络洗钱犯罪却面临侦查难度大、区域合作难等现实问题。

3. 跨国网络赌球犯罪

广义上赌球也被认为是赌博的一种形式。赌球是与现代足球运动发展相伴而生的现象，其历史超过百年。目前被公认为最早的公开赌球是 1872 年 3 月 16 日举办的首届英格兰足总杯（FACup）决赛。当时的皇家工程师队是 4

---

〔1〕　根据《刑法》第 191 条的规定，明知是毒品犯罪、黑社会性质的组织犯罪、走私犯罪的违法所得及其产生的收益，为掩饰、隐瞒其来源和性质，有下列行为之一的，没收实施以上犯罪的违法所得及其产生的收益，处 5 年以下有期徒刑或者拘役，并处或者单处罚金；情节严重的，处 5 年以上 10 年以下有期徒刑，并处罚金：（一）提供资金帐户的；（二）将财产转换为现金、金融票据、有价证券的；（三）通过转帐或者其他支付结算方式转移资金的；（四）跨境转移资产的；（五）以其他方法掩饰、隐瞒犯罪的违法所得及其收益的来源和性质的。单位犯前款罪的，对单位判处罚金，并对其直接负责的主管人员和其他直接责任人员，依照前款规定处罚。

赔 7 的大热门，结果他们却以 0 比 1 输掉比赛，令很多人血本无归。到 1877 年，赌球在英国成为普遍现象，尽管当时许多人都认为赌球会给足球带来不良影响，但由于英国政府从这项产业获得大量税金，因此也没太多干预。时至今日，赌球已成为阻碍足球运动发展的一颗"毒瘤"。2009 年德国警方捣毁了一个由 200 人组成的非法赌球团伙，牵涉国家之多，人数之广，前所未见。据了解，该非法赌球团伙操纵的球赛分布在奥地利、比利时、波斯尼亚、克罗地亚、德国、匈牙利、斯洛文尼亚、瑞士和土耳其。涉案人员除了球员、教练、裁判外，还有足协官员。赌球获利高达 1000 万欧元。[1]与其他犯罪形式一样，只要有网络覆盖之处，赌球便有生存之机，现代赌球已发展成以网络为主的模式，赌球全球化自然也成不争的事实。赌球从 20 世纪 90 年代自东南亚部分国家传入我国，随后迅速蔓延至我国体育事业的每一项运动。据中国彩票事业研究所调查的数据，我国每年因赌球而流失境外的资金有 6000 亿元人民币。目前，中文赌球网站已达几百家之多，这些赌球机构主要设在英国、美国以及一些东南亚国家。虽然赌球行为在世界各国或地区都普遍存在，但由于不同的文化背景与经济政策，各国对赌球的态度也不尽相同。比如，在欧洲，英国、德国的法律就不禁止社会大众参与赌球；[2]日本法律虽然没有明文规定对赌球的制约，但打击赌球犯罪行为的力度却非常大；菲律宾当局考虑到社会稳定，禁止一切形式的赌博行为，包括赌球；为保证我国体育事业的健康发展，社会和谐和经济稳定增长，打击赌球犯罪行为目前仍是我国司法机关的重要任务。

（四）跨国商业贿赂犯罪

"一带一路"倡议不仅涉及的国家范围广，而且涵盖基础设施、经贸、文化等多个领域的合作。无疑，在"一带一路"倡议的推进过程中，由于人员、资本、技术和公共权力的广泛参与，势必存在广阔的腐败空间，尤其是在政府采购、土地出让、企业审批和税收、基础建设招投标等领域。"透明国际"

---

〔1〕 参见 "赌球黑幕：对'不听话'球员下毒"，载 http://news.sina.com.cn/w/2009-12-06/075516725650s.shtml，最后访问日期：2020 年 2 月 24 日。

〔2〕 英国 2004 年实施的《赌博法案》，虽然英格兰足球组织严禁教练员、球员、官员参与赌球，并严禁他们在球赛开始前做任何形式的比赛预测，但法律并不禁止社会大众参与赌球。在德国，一般民众参加赌球活动是法律允许的，但却明令禁止足球行业的从业人员参与赌球活动。

(Transparency International，即透明国际组织，简称 TI)[1]发布的 2018 年全球清廉指数（Corruption Perceptions Index，简称 CPI)[2]显示，东欧及中亚地区（Eastern Europe & Central Asia）平均得 35 分，得分最高的是格鲁吉亚 58 分，得分最低的是土库曼斯坦 20 分；中东及北非地区（Middle Eastand Northern Africa）平均得 39 分，得分最高的是阿联酋 70 分，最低的是叙利亚 13 分。该组织发布的 2017 年 CPI 显示，在 180 个国家或地区中，俄罗斯、吉尔吉斯斯坦、老挝等并列第 135 名，也不乐观。而 2016 年在 190 个国家中，有 9 个人口数过亿的大国排名在 100 名之后，分别是：巴西、印度、俄罗斯、印尼、菲律宾、巴基斯坦、墨西哥、尼日利亚、孟加拉国。最能说明问题的是，2015 年"透明组织"对所有"一带一路"沿线 65 个国家近 4 年（2011~2014 年）的得分情况进行了统计，这 65 个国家平均分为 38.5 分，比 CPI 数据所涵盖的 168 个国家的平均分 42 分还低 3.5 个百分点，其中西亚和中亚多个国家存在中度和严重腐败现象。[3]

毫不讳言，在"一带一路"沿线国家的这种腐败形势下，面对推进"一带一路"建设中存在的大量商机和诱惑，各国之间的交流和合作必将受到贪污、贿赂等腐败犯罪的严重威胁，不仅会造成国有资产大量流失，还会严重影响到"一带一路"倡议的实施。随着越来越多的中国企业开始"走出去"，海外投资快速增长的趋势日益明显，海外资产结构也呈现多元化趋势，一些大型国有企业在境外投资和并购频频出现动辄数十亿甚至上百亿美元的"大手笔"，其中所蕴含的海外腐败风险也随之增加。目前，反海外腐败已成为全球化腐败治理的新理念，通过将贿赂外国官员或国际公共组织官员的行为规定为犯罪，实现反海外贿赂的目的。为此，《联合国打击跨国犯罪公约》将贪污受贿，向社会活动家、党务活动家、官员行贿等行为列为 17 种跨国犯罪之列。

如何定义海外腐败呢？其一，"海外"一词据《吕氏春秋》载，意指四海之外，边远之地。后来，凡是中国之外的地方就泛称为"海外"。其二，对于

---

〔1〕 "透明国际"是一个非政府、非营利、国际性的民间组织。于 1993 年由德国人彼得·艾根创办，总部设在德国柏林，旨在推动全球反腐败运动。目前，"透明国际"已成为研究腐败问题最权威、最全面和最准确的国际性非政府组织，目前已在 90 多个国家成立了分会。

〔2〕 该指数以调查数据和专家评估为基础，每个国家从 0（非常腐败）到 100（非常廉洁）不等。

〔3〕 参见潘思靓、刘少军："论'一带一路'反腐刑事司法合作体系构建"，载《哈尔滨学院学报》2017 年第 3 期。

"腐败"一词，与之相关的英文单词有两个：Bribery 和 Corruption。

《布莱克法律词典》将 Bribery 解释为"为了影响公务行为而腐败性支付、接受或恳求的私人好处"；翻译成汉语，人们往往将其译成"行贿、受贿、贿赂"，也有人翻译成"腐败"。而 Corruption 一词，除了解释为"腐败"外，还有译为"贪污、贿赂、受贿、使人堕落的行为"等。因此，从中文语境上看，"腐败"与"商业贿赂"含义相同。那么，海外腐败或跨国商业贿赂，就是指中国企业或工作人员在中国领域以外的国家和地区进行商业活动中，利用不正当手段为他人提供方便，收受贿赂；或者为了在海外获取竞争优势，暗中给交易相对人或者其他可以影响交易结果的当事人使用财物或者其他利益行使贿赂，损害其他交易者利益的行为。从这个角度上看，"跨国商业贿赂"与"贿赂"犯罪的区别在于，"跨国商业贿赂"不仅包括我国企业或工作人员在海外接受贿赂，同时也强调我国企业或工作人员在海外对外国公职人员的贿赂。

海外腐败的危害性极大，具体表现为：（1）腐败行为的曝光会损害公司的声誉、导致高额诉讼、合同被取消、海外资产被没收等严重后果；（2）危害国家安全，一方面会为国家外交政策带来棘手的难题，另一方面会严重威胁公有制经济的安全；（3）危害商业道德环境、破坏市场经济在资源配置中的基本功能，导致劣币驱逐良币的不良后果。[1]如果从跨国商业贿赂行为侵害的客体上讲，它不仅侵害国际市场公平竞争的秩序，还侵害了公职人员的廉洁性，同时也损害了东道国的经济利益。正因如此，目前对海外腐败的法律规制也成为近十年各国法制发展的重要问题。自 1977 年美国出台世界上第一部反海外腐败法——the Foreign Corrupt Practices Act（以下简称 FCPA）[2]以来，众多发达国家相继立法或修法，以促使反海外腐败法治的国际化。[3]《联合国反腐败公约》于 2005 年 12 月 14 日正式生效，这是世界各国反腐经验以及合作机制的总结。该公约确立了反腐败的五大机制：（1）预防机制。包括

---

〔1〕 参见石玉英："我国反海外腐败立法的现状、问题与出路"，载《湖北大学学报（哲学社会科学版）》2016 年第 4 期。

〔2〕 该法分别于 1988 年和 1998 年进行了两次大的修订。

〔3〕 如，德国于 1998 年修改《德国刑法典》有关条文的适用，将管辖权扩大至与美国 FCPA 类似；韩国于 1998 年出台了《海外贿赂禁止法案》；日本于 1998 年修改《防止不当竞争法》，增设了贿赂外国公职人员的犯罪类型；英国于 2010 年通过了全新的《反贿赂法》；加拿大于 2013 年通过了《外国官员腐败法案修正案》等。

规定专门的预防腐败机构，建立科学的非选任公职人员的管理制度，建立以透明、竞争、客观为标准的公共采购制度，简化行政程序，防止私营部门的腐败，促进社会参与，打击洗钱活动等。（2）刑事定罪和执法机制。该公约将贿赂外国公职人员及国际公共组织官员，贪污、挪用、占用受托财产，利用影响力交易等行为确定为犯罪。对腐败的制裁，除刑事定罪外，还包括取消任职资格、没收非法所得等，反腐败专门机关还有权采取特殊侦查手段。保护措施包括保护举报人、证人、鉴定人、被害人，对因腐败而受到损害的人员或实体予以赔偿或补偿等。（3）国际合作机制。《联合国反腐败公约》规定缔约国应当就打击《联合国反腐败公约》规定的犯罪进行国际合作，包括引渡、司法协助、执法合作等。（4）资产追回机制。《联合国反腐败公约》规定缔约国应当对外流腐败资产的追回提供合作与协助，包括预防和监测犯罪所得的转移、直接追回财产、通过国际合作追回财产、资产的返还和处置等。（5）履约监督机制。《联合国反腐败公约》规定设立缔约国会议，负责监督《联合国反腐败公约》的实施。《联合国反腐败公约》对各国加强反腐行动、提高反腐成效、促进反腐国际合作具有重要意义，它也成为目前全球范围内治理腐败问题最为完整的国际正式文件。

四、跨国犯罪对我国实施"一带一路"倡议的影响

"一带一路"倡议是全球建设规模最大的可持续发展规划，建设"一带一路"，既能实现政策沟通、设施联通、贸易畅通、资金融通、民心相通，也是解决和平赤字、发展赤字、治理赤字，实现互利共赢共享和地区和平稳定的根本手段。因此，"一带一路"倡议是中国致力于构建人类命运共同体的生动实践。我国外交部原部长王毅强调，我们要继续秉持共商共建共享原则，深化各国发展战略对接，实现各国发展优势互补，抓实抓好重点项目、重大工程，使"一带一路"成为各国共同参与的宏大"交响乐"。[1] 但在这个国际秩序复杂演变的时代背景下，"一带一路"倡议也面临一定的挑战。国家安全和社会稳定是"一带一路"倡议的基本条件和重要保障，是基础设施网络（陆、海、空交通网络）建设的决策因素，也是亚洲基础设施投资银行（Asian

---

〔1〕　参见王毅："以习近平新时代中国特色社会主义思想引领中国外交开辟新境界"，载《人民日报》2017年12月19日，第9版。

Infrastructure Investment Bank，AIIB 简称亚投行）未来投资区域选择的主要依据之一。[1]正如学者们指出的，包括恐怖主义在内的跨国犯罪，对"一带一路"、海外经济利益、边疆安全以及中国同周边国家关系的影响已经成为国际上普遍关注的重要问题之一。[2]恐怖袭击、绑架、抢劫等暴力伤害案件，走私、贩毒、网络诈骗等经济犯罪案件，都加剧了"一带一路"共建国家的社会安全、投资环境、能源安全的风险指数，进一步影响到我国企业"走出去"参与"一带一路"建设的积极性，同时也会对境外的中资企业、海外华人华侨以及驻外机构及人员带来极大的安全威胁。

（一）境外中资企业面临的社会安全风险

投资贸易合作是"一带一路"建设的重点内容。2015 年 3 月，国家发展改革委、外交部、商务部联合发布了《推动共建丝绸之路经济带和 21 世纪海上丝绸之路的愿景与行动》，其中强调：着力研究解决投资贸易便利化问题，消除投资和贸易壁垒，构建区域内和各国良好的营商环境，积极同沿线国家和地区共同商建自由贸易区，激发释放合作潜力，做好做大合作"蛋糕"。[3]根据中国商务部的统计，2018 年 1~11 月我国企业在"一带一路"沿线对 56 个国家非金融类直接投资 129.6 亿美元，同比增长 4.8%，占同期总额的 12.4%，主要投向新加坡、老挝、巴基斯坦、印度尼西亚、越南、马来西亚、泰国和柬埔寨等国家。

对外承包工程方面，我国企业在"一带一路"沿线国家新签对外承包工程项目合同 3640 份，新签合同额 904.3 亿美元，占同期我国对外承包工程新签合同额的 48.8%，同比下降 20.3%；完成营业额 736.6 亿美元，占同期总额的 53.4%，同比增长 12.6%。[4]2019 年 1~11 月，我国企业对外承包工程方面，新签对外承包工程项目合同 6055 份，新签合同额 1276.7 亿美元，占

---

〔1〕 参见赵敏燕等："'一带一路'沿线国家安全形势评估及对策"，载《中国科学院院刊》2016 年第 6 期。

〔2〕 参见刘青建、方锦程："恐怖主义的新发展及对中国的影响"，载《国际问题研究》2015 年第 4 期。

〔3〕 参见"推动共建丝绸之路经济带和 21 世纪海上丝绸之路的愿景与行动"，载 https://www.yidaiyilu.gov.cn/yw/qwfb/604.htm，最后访问日期：2020 年 2 月 25 日。

〔4〕 参见"2018 年 1-11 月我国对'一带一路'沿线国家投资合作情况"，载 https://www.yid-aiyilu.gov.cn/xwzx/gnxw/75213.htm，最后访问日期：2020 年 2 月 25 日。

同期我国对外承包工程新签合同额的 61.2%，同比增长 41.2%；完成营业额 746.1 亿美元，占同期总额的 55.3%，同比增长 1.3%。[1]随着"一带一路"建设的纵深发展，我国对外投资会进一步加大，走出去的中资企业会越来越多。然而，在"一带一路"沿线国家中，被列为投资高危国家的安全问题，正使境外中资企业和员工面临着双重风险：一方面，是日常高发的犯罪尤其是暴力犯罪侵害的"灰犀牛"类风险；另一方面，是多发的暴力恐怖袭击的"黑天鹅"类风险，这些风险与当地政治局势、政策风险、法律风险交叉叠加，放大了风险危害概率和损害后果。[2]在凤凰国际智库举办的《2017年上半年凤凰全球政治安全风险追踪》发布会上，相关人士就提醒企业一定要警惕"灰犀牛"的突然暴发。德威集团首席安保专家杨明辉表示：像肯尼亚和巴基斯坦这类国家，政治局势一直不稳定，中企在当地项目遇到的安全威胁是长期存在的。[3]

（二）海外华人华侨面临的社会安全风险

华侨华人分布在世界各地，但尤数东南亚华侨华人分布最多。根据华侨大学华侨华人研究院出版的《华侨华人蓝皮书：华侨华人研究报告（2017）》，依据 2007 年前后的估算，东南亚华侨华人总量约为 3348.6 万人，约占东南亚总人口的 6%，又占世界华侨华人总量的 73.5%。以调查所涉及的泰国、马来西亚、新加坡和菲律宾四国为例，2007 年，泰国华侨华人应在 700 万人左右，马来西亚华侨华人总数约为 645 万人，新加坡华侨华人总数约为 353.5 万人，菲律宾华侨华人总数约为 150 万人，单这四国的华侨华人数量就占整个东南亚华侨华人总量的 55.2%。[4]此外，我国公民因涉外商务、劳务输出、留学、出国旅游等原因派往或前往"一带一路"沿线国家的人数越来越多，海外华人华侨的安全问题也随之越来越突出。据外交部领事司官方微信消息，

---

〔1〕 "2019 年 1～11 月我国对'一带一路'沿线国家投资合作情况"，载 http://finance. sina. com. cn/roll/2019-12-23/doc-iihnzhfz7715835. shtml，最后访问日期：2020 年 2 月 25 日。

〔2〕 参见靳高风、邢更力、俞青青："'一带一路'共建国家社会安全风险及对我国的影响——基于 2018-2019 年社会安全形势分析"，载《中国人民公安大学学报（社会科学版）》2019 年第 6 期。

〔3〕 参见"企业出海警惕'灰犀牛'"，载 https://www. zocion. com/news/news19112080. html，最后访问日期：2020 年 2 月 25 日。

〔4〕 参见贾益民、张禹东、庄国土主编：《华侨华人蓝皮书：华侨华人研究报告（2017）》，社会科学文献出版社 2017 年版，第 57 页。

2018年，中国外交部和驻外使领馆全年处置海外中国公民安全事件比2017年有所上升，共计有85 439起，平均每天约234起，其中社会治安案件13 188起，涉及中国公民141 577人，盗窃、抢劫、绑架人质和意外伤亡事故是主要案件类型。[1]如近年来，巴基斯坦本土恐怖组织"俾路支解放军"就制造了多起杀害绑架中国援巴工程师事件。2018年8月11日，该恐怖组织还策划了一起针对中国大巴车的自杀式袭击。可以预见，随着中亚、中南亚等经济走廊的推进，未来到巴基斯坦、阿富汗、伊朗等国家的中国人会越来越多，除了依靠当地政府的保护外，还需要做好安全形势动态评估，采取相应安全防范措施。

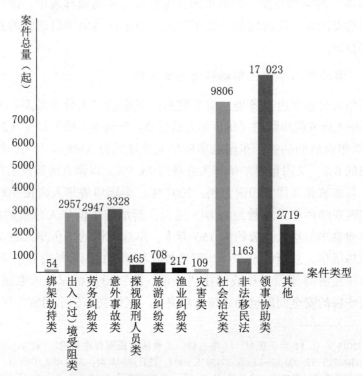

图一：2018年全球领事保护与协助类案件分类统计图[2]

---

[1] 参见"2018年外交部和使领馆处理海外中国公民安全事件8万余起"，载 http://www.chinanews.com/hr/2019/04-11/8806401.shtml，最后访问日期：2020年2月25日。

[2] 来源：https://baijiahao.baidu.com/s? id=1630506122574549358&wfr=spider&for=pc，最后访问日期：2020年2月25日。

表一：2018 年全球领事保护与协助类案件地域统计表〔1〕

地区	案件数量（起）
北美	1781
拉美	1076
撒哈拉以南非洲	2479
西亚北非	3229
东北亚	4216
东南亚	10 583
南亚	2053
欧亚	3300
欧洲	10 938
大洋洲	1841
总计	41 496

（三）驻外机构及人员面临的社会安全风险

驻外使领馆是派驻国与驻在国开展外交事务、促进通商贸易和发展两国间经济、文化和科学关系的重要桥梁，同时也承担着保护本国及其侨民和企业境外利益的责任。通常情况如果驻在国国内环境比较稳定，当地政府做好相关的保护工作，驻外使领馆不会作为恐怖袭击的目标。但从近年来我国使领馆发生的社会安全事件来看，当前我国驻外机构及外交人员面临的威胁和风险频发，其中暴力恐怖活动日益凸显。中国派驻在"一带一路"沿线国家的使领馆不断面临着恐怖袭击的威胁。2016 年 8 月 30 日，中国驻吉尔吉斯斯坦大使馆遭汽车炸弹袭击，造成使馆 3 名人员轻伤。2018 年 11 月 23 日，中国驻巴基斯坦卡拉奇总领馆遭恐怖分子袭击。3～4 名武装分子携带爆炸物试图闯进领馆但并未成功，交火当中，2 名附近街区警察遇袭身亡，卡拉奇领馆 1 名安保人员受伤。据路透社报道，巴基斯坦极端组织"俾路支斯坦解放军"宣称对此事件负责，其主要目的在于制造社会动乱、扩大其恐怖组织的影响

---

〔1〕 来源：https://baijiahao. baidu. com/s？id = 1630506122574549358&wfr = spider&for = pc，最后访问日期：2020 年 2 月 25 日。

力和破坏中巴关系。这些事件凸显了我国驻外使领馆在地缘政治背景下所面临的安全问题。尤其在政局动荡的中北亚、西非、北非、中东、南亚等地区，驻外使领馆面临的暴力恐怖袭击风险不断提高。

五、"一带一路"倡议研究的未来展望

自"一带一路"倡议提出以来，学术界对此展开了积极地研究和探讨，成果丰硕，为"一带一路"倡议的科学推进奠定了学理支撑。但就目前的研究成果而言，在学科交叉性、视角多样性等方面依然存在一些短板。主要集中在：（1）多视角的整合性分析相对不足。"一带一路"倡议不仅关注国内发展，更关注国际和区域的发展。[1]此外，由于"一带一路"沿线国家恐怖主义、海盗犯罪、毒品犯罪等跨国犯罪，移民、贫困、社会动荡、能源冲突等诸多传统安全问题或非传统安全问题，都对未来推进带来巨大挑战。（2）多学科、交叉性研究有待拓展。目前大部分研究主要还是从经济学角度出发进行解释，从其他学科，如从法学视角，尤其是证据法视角，对"一带一路"倡议进行的分析相对较少。（3）研究过程缺乏持续性，难以在理论与实践之间形成有效统一。基于此，笔者认为，应进一步强化以下几方面的研究工作：第一，立足于国际区域协作和国际社会的关联性，对"一带一路"倡议运作的整体性和区域性运作规律做出探究；第二，进一步推进"一带一路"倡议的学科交叉化研究；第三，积极开展"一带一路"背景下的国际司法合作研究，加强合作，共同打击恐怖主义、贩毒、走私等有组织跨国犯罪，推动国际司法合作改革手段，为"一带一路"倡议实施打造可靠、安全、有序的发展环境。

本课题的研究对象是我国及"一带一路"沿线有关国家的司法制度与证据采信规则，研究的总体目标一方面是为立法机关未来修订和完善刑事证据采信规则以及为我国证据制度的法典化提供专家意见，另一方面为我国司法机关进一步完善证据规则的运作机制提供建议。本研究从三个层面、五个纬度、三个着力点展开。三个层面分别是，国际立法层面、国外立法层面和我

---

〔1〕 参见耿协峰："'一带一路'遭受的地缘冷战思维挑战及其思想根源"，载《国际观察》2019年第6期；阮建平："'地缘竞争'与'区域合作'：美国对'一带一路'倡议的地缘挑战与中国的应对思考"，载《太平洋学报》2019年第12期。

国立法层面；五个纬度分别是，国际司法纬度、立法比较纬度、实践分析纬度、经验借鉴纬度和制度建构纬度；三个着力点分别是，规则论、原理论和应用论。具体而言：以美国、瑞士、荷兰、德国、俄罗斯等为分析样本，介绍这些国家证据规则的演变与改革，从而提炼出有关证据规则的一般性命题，以提供理论体系上有说服力的解释。在此基础上，以他国制度作比较，以相关案例为补充，构建证据制度新模型以及构建新型证据制度所应遵循的原则。

加强司法合作 消除打击跨国犯罪法律障碍

一、"一带一路"背景下打击跨国犯罪国际刑事司法合作

跨国犯罪的基本特征之一是"跨国性",并且行为人为了犯罪而刻意流动往返于两个以上的国家,流动往返的目的就是实施某种特定的犯罪。故其犯罪行为往往是多重的、相互交错的,这就为管辖权的争议增添了大量不确定的因素。此外,在办理跨国犯罪的案件中,由于这些犯罪多发生在两个以上的国家,除了要克服语言、习俗上的障碍,还要面对因不同法律制度所导致的从调查取证到司法审判的种种困难。因此,若没有各国司法机关的司法协助,实现域外执法几乎是不可能的。即使国家间签署有司法协助条约,但在办理跨国犯罪的案件中,还要克服语言、习俗和法律制度上的种种障碍,导致这类犯罪从调查取证到司法审判都极为困难。面对这些跨国犯罪,尤其是跨国有组织犯罪,纯粹依靠任何一个国家采取自力手段进行防控和惩治是远远不够的。想要及时、有效地对这些跨国犯罪进行防控和惩治,实现"一带一路"倡议下各国共同发展和稳定,就必须在国家主权的基础上,跳出单一国家治理的思维模式,在全球治理的思维模式下,加强各国之间的刑事司法合作。[1]

国际刑事司法合作是一个比较宽泛的概念,所谓"合作",通常是指多层面、多方位、多角度的相互配合与协作。还有一个与"国际刑事司法合作"相似的概念,就是"国际刑事司法协助"。应该说后者是一个法律层面的概

---

〔1〕 参见何成学:"论中国改革开放的六大国际影响力",载《广西师范学院学报(哲学社会科学版)》2019年第3期。

念，而前者多指政治或外交层面。如果按照《联合国打击跨国有组织犯罪公约》《联合国反腐败公约》等相关公约和示范条约的文本范式，国际刑事司法合作包括：引渡、刑事司法协助、刑事诉讼移管、相互承认和执行刑事判决，即"四分法"理论。[1]那么，国际刑事司法协助与其他三种途径一起并列构成国际刑事司法合作的框架。但如果从法学界对国际刑事司法协助的范围的理解，则有不同的观点：第一种观点是，认可国际上对刑事司法合作的"四分法"；第二种观点是，国际刑事司法协助包括引渡，即刑事司法协助、刑事诉讼移管、相互承认和执行刑事判决是国际刑事司法合作的框架；第三种观点认为，国际刑事司法协助不仅包括引渡，还包括刑事诉讼移管和外国刑事判决的承认与执行。如果按照第三种观点，那么国际刑事司法合作与国际刑事司法协助则是同一个含义，可以互相代指。笔者认为，为了便于阐释国际刑事司法合作的法律依据与具体实践，在此不予回应哪种区分更为合理，仅从上述四个方面予以论述。

（一）引渡

所谓引渡是指一国把在其境内而被其他国指控为犯罪或已被定罪判刑的人，根据有管辖权国家的请求，在条约或互惠的基础上，移交请求国，以便请求国追究其刑事责任或执行刑罚的一项制度。[2]

引渡制度可以追溯到 13 世纪，那时引渡的对象主要是政治犯、宗教异端分子和亡命徒者。进入 18 世纪后，引渡制度逐步从欧洲国家扩大至欧洲以外的其他地区，引渡的对象也扩大适用至普通刑事犯罪人，现代意义的引渡制度逐渐形成，各种引渡法律也相继出现。在引渡理论的初期研究阶段，学界对引渡的概念基本不存在分歧，普遍认为引渡是国家之间对司法权的一种让渡。但随着二战后国际法院等国际组织移交犯罪人这种新形式的出现，学术界就出现了比较激烈的争议。就国内学术界而言，基于对引渡主体范围界定的不同，引渡的概念就有以下三种观点：第一种观点，是以高铭暄、黄

---

〔1〕 《联合国打击跨国有组织犯罪公约》《联合国反腐败公约》等在国际合作问题上，也采用独立的条款来特别调整上述四方面的内容。参见黄风：《国际刑事司法合作的规则与实践》，北京大学出版社 2008 年版，第 2～3 页。

〔2〕 参见孙彩虹主编：《刑事诉讼法学》，中国政法大学出版社 2011 年版，第 73 页。

风等教授为代表的学者认为，引渡的主体仅限于主权国家。[1]第二种观点，主张引渡的主体可以延伸至同一主权国家的不同法域。这种观点将主权国家中存在的独立司法管辖区视为"准引渡主体"，例如英联邦成员国等区域。[2]第三种观点是依据《国际刑事法院罗马规约》规定，当国际刑事法庭、国际刑事法院依照条约对国际犯罪的犯罪人享有管辖权并行使管辖权时，可以依据国际法向犯罪人所在国提出请求，请求有关国家向国际刑事法庭、国际刑事法院移交有关人员。[3]认为引渡的主体可以延伸至国际组织，这是现代引渡合作的一种新形式。[4]但笔者认为，因"引渡"涉及主权国家对部分管辖权的让渡，因此引渡向来就是国家间所展开的司法合作行为。而一个主权国家内所存在的独立司法管辖区其与其他主权国家所进行的移交罪犯的行为，自然就谈不上让渡管辖权。所以，引渡的主体只能是主权国家。

如上所述，引渡是国家主权对管辖权的让渡，而任何一个主权国家都视司法管辖权为国家主权的一部分。因此，在国际刑事合作实践中，引渡一直被视作国家的主权行为，即只有主权国家才有权决定是否引渡以及决定引渡给哪个请求国。[5]换个角度讲，被请求引渡人在何种条件下可以被引渡至请求国，在国际上并不存在统一的标准，而完全取决于被请求国的立场。正因如此，在请求引渡及引渡请求执行过程中，请求国和被请求国均需要给予对方一定的承诺。如果有任何一方未能满足对方的需要，引渡合作就可能会终止。而在双方达成共识的过程中，条约义务、互惠原则、国际礼让都不同程度起着影响作用。[6]其中，条约义务（包括国际条约、国际公约以及国内引渡立法）是大部分国家进行引渡合作的前提。截至2019年7月，我国与其他国家

---

〔1〕 参见高铭暄等主编：《刑法论丛》，法律出版社1998年版，第459页；参见黄风：《引渡制度》，法律出版社1997年版，第79页。

〔2〕 参见周建海、慕亚平："引渡制度的新问题与我国引渡制度之健全"，载《政法论坛（中国政法大学学报）》1997年第5期。

〔3〕 《国际刑事法院罗马规约》第91条规定，逮捕并移交的请求应以书面形式提出。在紧急情况下，请求可以通过任何能够发送书面记录的方式提出，但其后应通过第87条第1款第1项规定的途径予以确认。

〔4〕 参见刘亚军：《引渡新论》，吉林人民出版社2004年版，第7~9页。

〔5〕 参见黄太云："《中华人民共和国引渡法》的几个问题"，载《人民检察》2001年第5期。

〔6〕 参见成良文：《刑事司法协助》，法律出版社2003年版，第72页。

签订的双边引渡条约有 57 项（其中 39 项生效）；[1] 参加包含引渡条款的国际公约有：《联合国打击跨国有组织犯罪公约》《联合国反腐败公约》《禁止并惩治种族隔离罪行国际公约》《制止恐怖主义爆炸的国际公约》《1971 年精神药物公约》《禁止酷刑和其他残忍、不人道或有辱人格的待遇或处罚公约》《关于制止非法劫持航空器的公约》等；参加含有引渡条款的区域协定主要有：上海合作组织成员国《打击恐怖主义、分裂主义和极端主义上海公约》《关于修改 2001 年 6 月 15 日在上海签署的〈打击恐怖主义、分裂主义和极端主义上海公约〉的议定书》《上海合作组织成员国打击非法贩运麻醉药品、精神药物及其前体的协议》等。[2] 另外，我国于 2000 年实施的《中华人民共和国引渡法》（以下简称《引渡法》），规定了外国向我国政府提出请求引渡时的一些程序和具体审查标准。这些双边和多边国际条约与我国的《引渡法》一起构成了我国引渡法律制度。

近年来，我国一直努力推进国际司法合作，力图与更多的国家建立引渡条约关系，尤其是与"一带一路"沿线国家。目前与我国签订双边引渡条约的 55 个国家，主要分布在亚洲地区且以"一带一路"沿线国家居多。[3] 这为打击跨国、跨区域犯罪，进行国际司法合作提供了便利，但仍然存在一些明显问题。首先，由于我国宪法没有关于国际法和国内法效力等级的规定，导致引渡国际法与国内法的关系不明确，这不免使在引渡实践中产生法律适用的选择困惑。对此，国内学术界有两种观点：一是国际法优先说；二是同等说，即认为国际法规范与国内法规范处于相同的效力等级，二者发生矛盾和冲突时，遵循特别法优于一般法，新法优于旧法的效力原则。但这也仅代表学术观点，还需在立法中加以厘清和明确。其次，对待"死刑不引渡原则"态度暧昧。所谓"死刑不引渡"是指被请求国有理由相信在接受引渡之后，被引渡人可能被请求国法院判处死刑时拒绝接受引渡请求的原则。[4] 从我国《引

---

[1] 数据来源：中华人民共和国外交部，司法协助类条约缔约情况一览表，载 https://www. fmprc. gov. cn/web/ziliao_ 674904/tytj_ 674911/tyfg_ 674913/.

[2] 参见冯殿美等：《国际刑法国内化研究》，山东大学出版社 2014 年版，第 201~202 页。

[3] 这些国家包括：泰国、白俄罗斯、俄罗斯、保加利亚、罗马尼亚、哈萨克斯坦、蒙古国、吉尔吉斯斯坦、乌克兰、柬埔寨、乌兹别克斯坦、菲律宾、老挝、阿联酋、立陶宛、巴基斯坦、阿塞拜疆、波兰等。

[4] 参见王水明、叶剑锋："死刑不引渡原则与国家主权"，载《中国刑事法杂志》2011 年第 8 期。

渡法》的规定看，对"死刑不引渡"的适用，立法者并没有给出明确的态度。根据《引渡法》第 8 条第 7 项的规定，外国向中华人民共和国提出的引渡请求，如果被请求引渡人在请求国曾经遭受或者可能遭受酷刑或者其他残忍、不人道或者有辱人格的待遇或者处罚的，应当拒绝引渡。对此，《引渡法》第 50 条作为补充规定，被请求国就准予引渡附加条件的，对于不损害中国主权、国家利益的，可以由外交部代表中国政府向被请求国作出承诺；对于限制追诉的承诺，由最高人民检察院决定；对于量刑的承诺，由最高人民法院决定。但是在我国与西班牙签订的双边条约中，就引入了"死刑不引渡"原则。笔者对这个问题，没有特别的倾向。在附条件的引渡合作中，绝对拒绝与部分拒绝都有一定因素的考量。但笔者要声明的是，在签订双边引渡条约时，内容不宜差异过大，否则会对我国法律的严肃性和权威性造成冲击，甚至会使我国在开展国际引渡合作中陷入法律制度自相矛盾的困境。

（二）刑事司法协助

如前所述，刑事司法协助有广义和狭义之分，广义上的刑事司法协助等同于刑事司法合作，狭义上的刑事司法协助是与引渡等其他途径一起构成国际刑事司法的合作框架。本书采用狭义上的概念，即刑事司法协助是指不同国家的司法机关为履行刑事司法职能的目的而相互提供便利、帮助与合作行为的总和。[1]一般而言，国际司法协助的形式，主要有：交流刑事信息、委托送达司法文书、委托搜查或查封财产、委托调查和搜集证据、委托传唤证人、鉴定人出庭作证等协助方式。刑事司法协助在我国首次入法是 1996 年《中华人民共和国刑事诉讼法》（以下简称《刑事诉讼法》）修正案，但《刑事诉讼法》也仅仅是用了一个条文[2]引入了刑事司法协助的概念而已，并未作出规定。随着经济全球化的深入发展，国家间的交往范围不断扩大，"一带一路"倡议在逐步推进，但随之而来的是，跨国犯罪案件日益猖獗。共同打击跨国犯罪、推进反腐败国际追逃追赃合作已经成为我国与有关国家和国际组织开展交流合作的重要领域。为了加强国际合作、打击严重有组织犯罪、

---

〔1〕 参见黄风："国际刑事司法协助及其基本原则"，载《中国国际法年刊》（1997），法律出版社 1999 年版，第 265 页。

〔2〕 2018 年《刑事诉讼法》第 18 条规定，根据中华人民共和国缔结或者参加的国际条约，或者按照互惠原则，我国司法机关和外国司法机关可以相互请求刑事司法协助。

腐败犯罪，同时满足顺应国际合作的规则需要，历经两审，2018 年 10 月 26 日，第十三届全国人大常委会第六次会议以 171 票赞成、1 票弃权，表决通过了《中华人民共和国国际刑事司法协助法》（以下简称《国际刑事司法协助法》）。从该法所规定的内容上看，该法集合了刑事司法协助和移管被判刑人两部分。具体而言，包括：刑事司法协助请求的提出、接收和处理，送达文书，调查取证，安排证人作证或者协助调查，查封、扣押、冻结涉案财物，没收、返还违法所得及其他涉案财物，移管被判刑人等内容。[1]司法部国际合作局副局长张晓鸣表示，《国际刑事司法协助法》的立法目的就是让国际法义务落地。

值得注意的是，《国际刑事司法协助法》将国家监察委员会确定为开展国际刑事司法协助的主管机关之一，赋予了监察机关在腐败犯罪案件调查等活动中与外国有关部门和机构开展反腐败国际合作和刑事司法协助的职责。[2]可见，我国在开展国际刑事司法协助中，同时存在着监察委、司法部、最高检、最高法、公安部和国家安全部等多个部门共同负责的情况。在这种情况下，有学者担忧，由于缺乏专门的法律规范对其进行职责划分，各部门之间的分工和配合会比较混乱，甚至可能出现相互推诿扯皮的情况，再加上缺乏对各部门办理此类案件的时限规定，可能导致多部门共同负责的弊端更加突出。这不仅影响我国与"一带一路"沿线国家共同打击跨国、跨区域犯罪的刑事司法合作，还会影响我国在其他国家的国际声誉，阻碍"一带一路"倡议的长远推进。[3]

（三）国际刑事诉讼移管

国际刑事诉讼移管，也称刑事管辖权的国际转移或国际刑事案件移交，它是指一国的司法主管机关，应有管辖权的他国有关主管机关之请求，根据国际法和本国法的有关规定，对在他国犯有某种罪行的本国公民进行追诉的

---

〔1〕 参见孙梦爽、王博勋："国际刑事司法协助法通过：加强国际刑事司法合作的法律保障"，载《中国人大》2018 年第 21 期。

〔2〕 参见孙梦爽、王博勋："国际刑事司法协助法通过：加强国际刑事司法合作的法律保障"，载《中国人大》2018 年第 21 期。

〔3〕 参见李斌："'一带一路'倡议下我国与沿线国家刑事司法合作制度研究"，载《南宁师范大学学报（哲学社会科学版）》2020 年第 1 期。

一种司法合作制度。[1]可见,刑事诉讼移管就是刑事案件的管辖权在国与国之间的转移制度。其实,诉讼移管制度最先是在民商事领域开始实行的。如1968年欧共体成员国签署《关于民商事司法管辖权和判决执行公约》,1969年比利时、荷兰、卢森堡三国签署《关于实现比-荷-卢经济联盟宗旨以及在行政和司法法规方面合作的公约》,都是涉及民商事诉讼移管制度的规定。而涉及对刑事案件管辖权在国与国之间转移的国际合作是引渡制度,但根据国际公约引渡必须遵守双重犯罪原则、罪名特定原则、政治犯不引渡原则及本国国民不引渡原则。那么在一些特殊案件中,引渡制度就会出现一定的缺陷,比如,双重国籍的人、无国籍人如何适用这些引渡原则。为了弥补引渡原则的一些缺陷,就需要一种引渡制度的替代措施。在一定意义上说,刑事诉讼移管就是对引渡制度某些天然缺陷的弥补,它是随着国际刑事司法合作不断发展和完善起来的一种新形式,也是刑事司法合作的更高级形式。而欧洲国家由于地缘关系,国际交往频繁,随之而来的问题就是跨国犯罪、涉外犯罪数量激增。为了适应打击跨国犯罪这一新的国际形势,需要在制度上有所突破,此时,国家之间在刑事司法合作就开始出现妥协。在借鉴民商事领域的诉讼移管制度的前提下,1972年5月15日,欧洲理事会各成员国在斯特拉斯堡签署了《欧洲刑事诉讼移转管辖公约》(European Convention on the Transfer of Proceedings in Criminal Matters)(以下简称《移管公约》),对欧洲理事会各成员国的刑事诉讼移管作了系统规定。该制度后来也慢慢得到了联合国的认可和肯定。在《联合国禁毒公约》、《联合国打击跨国犯罪公约》和《联合国反腐败公约》中都有关于刑事诉讼移管的条款。根据《移管公约》的规定,刑事管辖权转移后,在请求国和接受国发生以下法律效力:第一,接受国对接受转移的案件行使刑事管辖权,依照本国法开始刑事诉讼程序;第二,请求国放弃对转移案件的管辖权,停止已经开展的刑事诉讼程序,并将有关本案的证据移送接受国;第三,接受国完成刑事诉讼程序后,应将结果告知请求国,并附判决书或裁定书(副本)。[2]

目前,我国除了加入的《联合国禁毒公约》、《联合国打击跨国犯罪公约》和《联合国反腐败公约》中有关于刑事诉讼移管的条款之外,尚没有与任何

---

[1] 参见高建新:"国际司法协助及其在我国的发展",载《政治与法律》1991年第3期。

[2] 参见于沛:"欧盟刑事诉讼移管问题研究",载《求是学刊》2015年第5期。

一个国家签订有关刑事诉讼移管的专门条约，国内法中也没有规定刑事诉讼移管方面的内容。需要特别关注的是，2018 年 10 月 26 日下午，第十三届全国人大常委会第六次会议闭幕后，全国人大常委会办公厅在人民大会堂广西厅召开新闻发布会，司法部国际合作局副局长张晓鸣在回答记者提问时表示，《国际刑事司法协助法》是将与刑事类国际合作有关的法律包括引渡、刑事司法协助和移管被判刑人三个部分中的后两部分内容（即刑事司法协助和移管被判刑人）集合成法推出的。[1]但实际上，虽然被判刑人移管（Transfer of Sentenced Person）制度与刑事诉讼移管（Transfer of Proceedings in Criminal）很相近，但二者有着本质的区别。所谓被判刑人移管，是指将已经被判刑并正在服刑的外国犯罪人移交其原属国继续执行所判刑罚的情形。[2]可见，刑事诉讼移管的是案件"管辖权"，而被判刑人移管的则是"人"；另外，被判刑人移管制度的主要目的在于"更有助于实现对被判刑人的教育和改造"，[3]而刑事诉讼移管制度的主要功能在于弥补引渡制度某些缺陷，从而实现接受国对跨国案件的管辖。

一直以来，我国在处理国家刑事司法主权问题上都表现得比较谨慎，这是毋庸置疑的。但随着我国与"一带一路"沿线国家在打击跨国犯罪领域的司法合作越来越紧密，在一些问题的处理上就需要寻求比较便捷的解决方案。作为刑事司法合作的新方式，刑事诉讼移管制度能有效降低"请求国"与"被请求国"之间因长期协商引渡而带来的时间成本、司法成本，使得刑事司法合作变得越来越便捷，最终达到"双赢"目的。

（四）承认与执行外国刑事判决

在国际司法合作中，承认与执行外国刑事判决，是指本着司法公正的目的，一国赋予对方国家司法机关或者国际刑事审判机构宣告的刑事处罚裁决以与本国刑事处罚裁决相同的法律效力的一系列行为的总称。[4]从内容上看，该制度主要包括对自由刑、财产刑和资格刑判决的承认与执行。

---

〔1〕 参见孙梦爽、王博勋："国际刑事司法协助法通过：加强国际刑事司法合作的法律保障"，载《中国人大》2018 年第 21 期。

〔2〕 参见于文沛："欧盟刑事诉讼移管问题研究"，载《求是学刊》2015 年第 5 期。

〔3〕 参见黄风："国际刑事司法协助中的被判刑人移管"，载《比较法研究》1990 年第 4 期。

〔4〕 参见黄风、凌岩、王秀梅：《国际刑法学》，中国人民大学出版社 2007 年版，第 341 页。

　　依据国家主权的独立性和排他性，在国际社会，任何一个主权国家都没有义务去承认和执行另一个国家的刑事判决。但这样的做法，从法律层面上讲，会违反国际上通行的司法准则——"一事不再理原则"或"禁止双重追诉原则"。不论是《联合国公民权利及政治权利国际公约》，还是《联合国打击跨国有组织犯罪公约》《联合国反腐败公约》《联合国禁毒公约》《移管公约》等，都从一国国内刑事诉讼程序的角度对禁止双重追诉原则进行了规定。如果仅从国家司法独立原则出发，虽然保证了一个主权国家应该拥有的国家主权和统一的司法统治权，但却无从实现人权保障与一事不再理原则的目的。打个比方，当 A 国公民甲在 B 国犯罪，按照两国法律规定，甲的行为均被视为犯罪，那么，按照属地管辖原则，甲需要在 B 国接受司法机关的刑事追究；当甲回到 A 国后，A 国按照属人管辖原则，甲还要再次面对 A 国司法机关的刑事追究。如此，甲因同一个犯罪行为，就要面临属人国和属地国的两次刑事追究，这就是双重管辖。显然这是违反人权和一事不再理原则的。为了解决双重管辖的问题，在国际上便产生承认和执行外国刑事判决的呼声。但从该制度的发展历程上看，进展并不顺利，该制度经历了从绝对否认到消极承认再到积极承认的过程。为了促成国内法院判决能在全世界范围内自由流通，国际社会一直在努力。2010 年 4 月，海牙国际私法会议重新启动有关外国判决承认与执行公约的谈判，终于在 2016 年完成了《外国判决承认与执行公约草案》的起草，并展开政府间的谈判工作。该公约一旦获得通过，将推动建立国内法院判决全球流通的全新国际法律制度。我国现阶段承认与执行外国判决仅在民事诉讼领域中进行了立法，[1]在刑事诉讼领域，相关立法仍是空白。但并不代表我国对于外国刑事判决是持绝对否认态度的。从我国《刑法》第 10 条[2]和《国际刑事司法协助法》第 66 条[3]的规定上看，我国对外国刑事判决采纳的是消极承认的态度。

　　实际上，从互惠原则的角度考虑，当外国的刑事裁决在中国得到承认与

---

　　〔1〕《中华人民共和国民事诉讼法》第 287 条~288 条；《最高人民法院关于适用〈中华人民共和国民事诉讼法〉若干问题的解释》第 543 条~548 条。

　　〔2〕《刑法》第 10 条规定，凡在中华人民共和国领域外犯罪，依照本法应当负刑事责任的，虽然经过外国审判，仍然可以依照本法追究，但是在外国已经受过刑罚处罚的，可以免除或者减轻处罚。

　　〔3〕《国际刑事司法协助法》第 66 条规定，被判刑人移管回国后对外国法院判决的申诉，应当向外国有管辖权的法院提出。

执行时，中国司法机关的裁决也可以得到外国的承认与执行，因此，启动我国承认与执行外国刑事判决的相关立法是目前亟须提到立法日程上的工作。但作为国际刑事司法合作的内容之一，外国刑事判决的承认与执行并非单纯地对裁判予以认可并付诸执行，其中还涉及承认与执行中诸多环节与国内法上的协调。如按照我国《刑法》第 10 条的规定，虽然对外国刑事判决并没有绝对否认，但却仍然保留对本国犯罪人二次追究的国家刑罚权。这不仅违背国际上通行的一事不再理原则，同时也会导致自身法律规定的冲突和实践中的选择混乱。[1]

二、国际刑事司法合作的一个分析框架及其应用：规则与协调

在"一带一路"倡议下，由于各种"硬联通"和"软联通"可能会被滥用，从而为跨国有组织犯罪、暴力和冲突提供便利，使经济与社会发展面临威胁。因此，"一带一路"沿线国家必须紧密合作，确保跨国有组织犯罪不会随着"一带一路"倡议的实施而增长。然而，"一带一路"国家有着不同的法律体系、司法程序，如何有效治理有组织犯罪，从而为打击恐怖主义、贩毒、贩卖人口以及其他暴力侵犯人权的犯罪行为提供法律保障，是亟待解决的问题。正如亚洲和平和解理事会主席、泰国前副总理素拉杰·沙田泰所指出的那样，"一带一路"倡议有许多不同的国家参与，这些国家有着不同的法律要求和条件，这可能妨碍"一带一路"倡议的发展。而这一倡议的进展和实施可能需要更多地注意所有参与国之间的法律合作。在这个过程中，不仅带来法治的概念，而且还必须在新全球主义的国际协调中发挥核心作用，这就意味着会有许多国际法律和非法律合作的要求。[2]

---

〔1〕《引渡法》第 8 条规定，外国向中华人民共和国提出的引渡请求，有下列情形之一的，应当拒绝引渡：……（二）在收到引渡请求时，中华人民共和国的司法机关对于引渡请求所指的犯罪已经作出生效判决，或者已经终止刑事诉讼程序的；……这一规定表明我国是承认一事不再理原则的。另外，从我国已经签订的双边刑事司法合作条约或多边国际公约来看，我国也承认一事不再理原则下的外国刑事判决的效力。如 2005 年签订的《中华人民共和国和西班牙王国关于移管被判刑人的条约》第 10 条，就对缔约他国的刑事判决规定了承认和执行的义务。参见黄伯青："试论附条件地承认和执行外国的刑事判决——以我国刑法第 10 条为视角"，载《社会科学》2008 年第 9 期。

〔2〕参见外交部、中国法学会编：《规则与协调 "一带一路" 法治合作国际论坛文集》，法律出版社 2018 年版，第 25 页。

（一）打击跨国犯罪与民族国家刑事司法制度之间的张力

目前，跨境犯罪所呈现的国际化、区域化、有组织化特点和发展趋势与民族国家原有的刑事司法制度之间内在的紧张关系日益突出：一方面犯罪行为已突破了领土的限制；而另一方面各国用以打击跨国犯罪的刑事实体法、刑事程序法包括证据法与证据规则仍然固守在主权范围内。且"一带一路"沿线国家和地区的法律制度和框架差异又很大，从法系上讲就存在普通法系、大陆法系和伊斯兰法系等，不同的法系，有着不同的法律传统、法治文化，呈现出来的法治形态也各不相同。这种紧张关系客观上为跨国犯罪分子提供了逃避法律制裁的"避风港"，导致各国在开展国际刑事司法协助时面临种种法律上的障碍，使各国在打击跨国犯罪上陷于不利境地。

打击跨国犯罪，最有效的方法就是展开国际司法合作。而国际司法合作必须在尊重和符合合作国双方的国内司法体制的基础上开展，这样才能得到当事国的主动配合或者仅仅是消极的默许。因此，如何确立一个既能高效独立又坚实有力的司法体系，同时依然能够保障各成员国家彼此之间的主权平等，这在对跨国犯罪进行起诉和执法的过程中，就显得尤为重要。从刑事诉讼的角度讲，在追诉跨境犯罪过程中通常会遇到三个司法难题：一是如何从国外成功引渡被追诉人到国内起诉；二是在进入到司法程序后，对于从其他司法辖区（国外）获得的相关证据，如何确保能够在本国法院使用，即使其具有可采性；三是域外取证程序如何启动和规范。比如，在"湄公河"案件中，糯康不认可书面证言并据此否认指控的罪行。检察机关根据《中华人民共和国和泰王国关于刑事司法协助的条约》《中华人民共和国和老挝人民民主共和国民事和刑事司法协助的条约》等司法合作条约，最终向审判机关提请13名来自老挝、泰国的警方人员和专家证人在我国法院出庭作证。[1]可见，在域外刑事证据可采性的判断中，由于取证行为发生在被请求国，原则上依据被请求国法律进行，但涉及证据能力规则或证据的可采性问题时，原则上则需要根据请求国法律来判断，这造成了取证程序与可采性规则的分离。

尽管不同国家的具体法律制度不尽相同，但是在法治理念、法治精神与法律原则中却有许多共同元素，比如，法律面前人人平等、宪法法律至上、

---

〔1〕参见杨健鸿、吕彬："指控糯康，证据6000页"，载《检察日报》2012年11月8日，第5版。

司法公正、权力制约等。实现良法善治，实体法治和程序法治两者不可偏废。"一带一路"建设需要一套完善的规则体系，既包括实体法规则，也包括程序法属性的冲突法和争端解决规则。[1]在这方面，我们应加强案例研究的能力，总结教训、分享经验，用法律和制度为"一带一路"倡议的顺利实施提供实践指南。

（二）加强证据合作，开创域外刑事证据可采性判断新思路

在追诉跨国犯罪过程中，刑事司法协助是域外取证最重要的方式。随着"一带一路"倡议的推进和实施，中国与沿线国家开展国际刑事司法合作方面也逐步进入机制化和常态化。在这之前，基于相互尊重以及打击跨国犯罪等原因的考虑，合作国往往会有意、无意去淡化域外证据的证据能力审查问题，而直接赋予司法互助证据以刑事证据能力。但随着追诉跨国犯罪的案件越来越多，国际司法协助日益频繁，跨国犯罪案件也逐步公开化、信息化，诉讼主体各方，甚至社会公众，都对域外证据的证据能力问题越来越感兴趣。然而打击跨国犯罪的刑事程序法包括证据法与证据规则仍然固守在主权范围内，传统国际刑事法律问题方面都不能够取得更大的突破，严重滞后于日益猖獗的跨国有组织犯罪现状，因而有必要对其进行强有力的改革和创新。比如，为消除在对抗恐怖主义和跨国犯罪案件中因繁琐的法律规定而造成的一些障碍，东盟十国的司法部长于 2003 年就着手讨论草拟一项协定，希望为东盟各国提供一个法律框架，以便彼此交换证据，安排证人往来各国并提供证词，冻结嫌疑犯的境外资产，以及进行搜查和没收。时任马来西亚副首相的安华曾表示，国与国之间在法律上的合作将使"在我们的领域里犯罪分子没有安全的避风港。更不能允许犯罪分子仅仅因为在取证程序和行政上的困难而逍遥法外。"[2]

从现有法律规定上看，各国内法所涉及的证据种类，差别并不大；但证据规则、取证程序、审查认证，却存在较大差异。以证人证言为例，英美法

---

〔1〕　参见陈冀平："将'一带一路'建设成为法治合作之路"——在"一带一路"法治合作国际论坛上的主旨发言，载外交部、中国法学会编：《规则与协调"一带一路"法治合作国际论坛文集》，法律出版社 2018 年版，第 46 页。

〔2〕　参见"东盟加强证据合作 消除打击跨国犯罪法律障碍"，载 https://www.chinacourt.org/article/detail/2003/07/id/67043.shtml，最后访问日期：2020 年 3 月 1 日。

系国家基本上不存在书面证词的情形，如果不能出庭作证接受双方当事人的交叉询问，不论该证据关联性有多强，均不具有可采性。而按照我国《刑事诉讼法》第192条第1款的规定："公诉人、当事人或者辩护人、诉讼代理人对证人证言有异议，且该证人证言对案件定罪量刑有重大影响，人民法院认为证人有必要出庭作证的，证人应当出庭作证。"再以银行查询为例，在西方发达国家除了需要经过严格的审批程序外，还需要提交所需调取的信息与案件调查之间的关联性证据。而按照我国《刑事诉讼法》的规定，尽管也有严格的审批程序，但往往不需要证明与案件的关联性。因此，我国法律有必要在国际司法合作中，在域外所获证据所适用的规则与程序问题上，就国内法与国际条约的衔接进行改革，尝试制定或修改自己的国内法以与相关条约或公约接轨。但必须要设置一定的原则，以确保刑事司法协助法律制度得到遵守。

三、刑事司法协助所获域外证据的合法性审查原则

如上述，由于请求国与被请求国的证据制度存在差异，那么在域外所获刑事证据的合法性上形成了四种"冲突类型"。类型1：依据被请求国国内法，合法；但依据请求国国内法，不合法。类型2：依据被请求国国内法，不合法；但依据请求国国内法，合法。类型3：依据被请求国国内法与依据请求国国内法，都合法。类型4：依据被请求国国内法与依据请求国国内法，均不合法。[1]针对这一问题，传统观点认为，请求国应承认通过司法协助方式获得的域外刑事证据都可在本国法院使用，否则不仅会妨碍刑事正义的实现，也直接有违刑事司法协助的目的。也有学者认为，从保障被追诉人权利的角度出发，主张域外刑事证据应当同时满足请求国和被请求国立法上的可采性要求，才可以在请求国法院作为证据使用。[2]那么，如何规范域外刑事证据的取证程序？如何建构域外所获刑事证据可采性规则？本国的非法证据排除规则是否具有域外延伸效力？如何缓解不同国家刑事司法制度之间的张力？

〔1〕 参见冯俊伟："域外取得的刑事证据之可采性"，载《中国法学》2015年第4期。

〔2〕 See C. Gane & M. Mackarel, "The Admissibility of Evidence Obtained from Abroad into Criminal Proceedings: The Interpretation of Mutual Legal Assistance Treatied and Use of Evidence Irregularly Obtained", *European Journal of Crime*, *Criminal Law and Criminal Justice*, Vol. 2, 1996, p. 118.

笔者认为需要从下述原则与解决思路入手。

（一）尊重国家主权原则

可以说，刑事司法主权上的隔阂是域外刑事证据在本国审判使用中遇到的最大难题。原则上，域外取证以证据所在地国法律为准据法，而域外刑事证据的使用则以证据使用地国法律为准据法。鉴于各主权国家一律平等，请求国对于被请求国协助取证的行为无权复查，通过司法协助取得的域外刑事证据当然具有可采性。[1]以被请求国法律为取证准据法并默认域外刑事证据的可采性，这样做的最大的优点在于，保障了被请求国司法主权的完整性。也就是说，无论是通过司法协助自主侦查所获证据，还是通过司法协助所获的证据，域外所获刑事证据的可采性评价，都必须建立在国家主权相互尊重的基础上，而非单纯强调请求国或被请求国某一方的"主权至上"。因此，主张对于通过司法协助所获域外刑事证据的可采性不予审查，均可在本国法院使用的观点，是不可取的。这种观点实质上是以对域外取证合法性的默认，代替了对域外刑事证据可采性的判断。在近代刑事司法协助史上有重要影响的1959年《欧洲刑事司法协助公约》第3条第1款规定，被请求方应当采取本国法律所规定的方式执行由请求方司法机关为获取证据、移送物证、档案或文件而提出的任何刑事委托书。但是，现实情形是，遵循司法协助条约规定的正式机制从域外获得证据，并不能确保其在本国法院可以使用。[2]当然，完全以请求国法律为审查依据，即以请求国法律为准据法来解决域外刑事证据可采性问题，这种模式同样也不可取。这一模式在欧盟相关立法中得到了充分体现。比如，按照2000年《欧盟成员国间刑事司法协助公约》第4条第1款的规定，被请求国当尽可能地根据请求国明确要求的手续与程序执行协助请求。[3]但从近年来欧盟的相关实践来看，欧盟成员国间的域外取证并不乐观。因为，"世界上没有完全相同的两片树叶"，也同样不会存在请求国和被

---

〔1〕参见何家弘主编：《证据的审查认定规则 示例与释义》，人民法院出版社2009年版，第295、328页。

〔2〕See Susan Nash，"The Admissibility of Witness Statements obtained abroad：R v Radak"，*International Journal of Evidence & Proof* Vol. 3，No. 3.，1999，p. 195，p. 198.

〔3〕See Council Act of 29 May 2000 establishing in accordance with Article 34 of the Treaty on European Union the Convention on Mutual Assistance in Criminal Matters between the Member States of the European Union.

请求国在诉讼权利保障上完全一致。综上，笔者认为，对于域外刑事证据的可采性审查方法，应立足于本国法，同时还要关照被请求国（或执行国）法律的基本规定，这种做法最为科学。

（二）履行条约义务原则

事实证明，打击跨国犯罪仅仅依赖任何一个国家的力量是远远不够的，必须展开国际司法合作。而国际公约、多边或双边国际条约以及互惠原则，则是开展国际司法合作的前提。为了更顺利地开展国际刑事司法合作，必须要有国际法思维，要尊重国际条约和国际习惯，要改变国内法先于国际法、国内议事日程高于国际社会呼求的传统。[1]目前针对跨国犯罪，影响较大的有《联合国反腐败公约》《联合国打击跨国有组织犯罪公约》《联合国禁毒公约》等国际公约；此外，还有大量的多边条约，如《美国瑞士刑事司法协助条约》《亚洲地区反海盗及武装劫船合作协定》《上海合作组织反极端主义公约》《上海合作组织反恐怖主义公约》等。此外，在国际法上，除了打击跨国犯罪、开展司法协助的国际公约或条约，还有专门的国际人权公约。因此，在理解履行国际条约义务问题上，不仅包括多边和双边司法协助条约，还包括国际人权公约等在内的全部国际条约义务。[2]

在此需要特别强调的是，在遵守履行国际条约义务原则前提下，对通过刑事司法协助所获域外证据进行合法性审查时要注意以下两点：第一，应遵循司法协助条约中关于对证据可采性的特别规定。如《中华人民共和国政府和美利坚合众国政府关于刑事司法协助的协定》第7条第3款规定，未经被请求方中央机关同意，请求方不得为了请求所述案件之外的任何其他目的使用根据本协定提供的任何资料或证据。我国与其他国家签订的司法协助条约中也存在相关规定，主要包括四种类型：一是规定"仅在被请求方指明的条件下"，可将通过司法协助获得的信息或证据材料作为证据使用，如《中华人民共和国政府和美利坚合众国政府关于刑事司法协助的协定》第7条第2款的规定；二是规定通过司法协助获得的信息或证据材料仅可用于"司法协助请求中所限的目的"，如《中华人民共和国和保加利亚共和国关于刑事司法协

---

〔1〕 参见王逸舟："中国人为什么特别需要尊重国际法"，载《世界知识》2015年第21期。

〔2〕 参见陈光中主编：《〈公民权利与政治权利国际公约〉与我国刑事诉讼》，商务印书馆2005年版，第10页。

助的条约》第 13 条的规定；三是规定未经被请求方的事先同意，不得因其他目的而披露通过司法协助获得的信息或证据材料，如《中华人民共和国政府和法兰西共和国政府关于刑事司法协助的协定》第 6 条第 3 款；第四种类型最为严格，规定"请求方不得将所获得的材料或证据，以及任何派生材料用于请求以外的目的"，如《中华人民共和国和印度尼西亚共和国关于刑事司法协助的条约》第 16 条第 3 款。[1]第二，对于司法协助中，有损国家主权、领土安全、社会公共利益的请求，任何被请求国都有权拒绝。比如，《最高人民法院关于适用〈中华人民共和国刑事诉讼法〉的解释》（以下简称《刑诉法解释》）第 492 条规定，外国法院请求的事项有损中华人民共和国的主权、安全、社会公共利益以及违反中华人民共和国法律的基本原则的，人民法院不予协助；属于有关法律规定的可以拒绝提供刑事司法协助情形的，可以不予协助。

（三）保障公民权利原则

在国际法上，刑事司法协助行为的进行不仅关涉多边、双边司法协助条约，还涉及请求国或被请求国加入的国际人权公约，这些国际人权公约中规定了刑事案件中犯罪嫌疑人、被告人的基本诉讼权利。如《公民权利和政治权利国际公约》《联合国禁止酷刑和其他残忍、不人道或有辱人格的待遇或处罚公约》《欧洲人权公约》《美洲人权公约》等。而证据问题不仅关涉案件输赢，更直接涉及被追诉人的权利保障。正因如此，在现代刑事诉讼中，各国刑事诉讼法都规定了被追诉人有权享有律师法律援助、不被强迫自证其罪、沉默等权利。为了保障程序的公正、公民个人权利不被侵害，非法证据排除规则也被视为国际上通行的刑事司法准则。

因此，国家权力的合法行使与公民诉讼权利的有效保障共同构成了域外刑事证据可采性判断的主要内容。在域外刑事取证中被追诉人等诉讼参与人的权利保障主要牵涉三个方面：一是被追诉人享有被告知指控罪名、无罪推定、获得律师帮助等基本诉讼权利；二是从限制国家权力的角度，规定了不被强迫自证其罪、证言特免权的权利；三是在打击跨国犯罪中衍生的诉讼权利保障，主要是外国人享有获得免费翻译的权利。根据该原则，对于司法协

---

[1]　参见冯俊伟："域外取得的刑事证据之可采性"，载《中国法学》2015 年第 4 期。

助中严重违反国际人权法律文件中规定的公民基本人权所获得的证据，请求国应考虑予以排除。

四、证据法体系和功能

（一）证据的概念和属性

1. 证据概念的理论学说

纵观各国刑事证据的立法体例，几乎很少有在成文法律中设定证据概念的做法。作为一种理论问题，证据概念更应属于学术争论的范畴，而不必为成文法确立为法律规范。况且，即便在法律中明文确立证据的概念，这种概念也无法对司法人员的诉讼行为产生任何有效的规范作用。[1]但是我国有将一些重要的法律概念明文规定在法律条文之中的立法传统，对证据概念的法律条文化，就属于这种立法传统的有机组成部分。关于证据的概念，在我国的证据法学理论中，一直存在着较多的争论，法学界也出现了多种观点。其中，影响较大的有事实说、根据说、材料说、统一说等观点。（1）事实说。该观点认为，证据就是证明案件真实情况的事实。代表的学者有陈一云、陈光中等，他们认为，诉讼证据就是司法人员在诉讼过程中可用以证明案件真实情况的各种事实。[2]或者表述为，刑事诉讼证据，是指以法律规定的形式表现出来的，能够证明案件真实情况的一切事实。[3]（2）定案根据说。又称为"狭义说"，将证据界定为"证明案件事实的根据"。其主要代表为英国学者墨菲（Murphy），他认为，证据是能够说服法官认定某个案件事实成立或者可能成立的任何材料。与"事实说"不同的是，"定案根据说"本身并不包含证据必须真实，而是强调证据作为法官定案的依据必须真实、可信并具有充分的关联性，是经过认证后的结果。在我国持这种观点的代表学者有杨荣新、何家弘、刘品新等。[4]（3）材料说。把证据界定为"证明案件事实情况

---

[1] 参见陈瑞华："证据的概念与法定种类"，载《法律适用》2012 年第 1 期。

[2] 参见陈一云主编：《证据学》，中国人民大学出版社 1991 年版，第 104 页。

[3] 参见陈光中主编：《刑事诉讼法》，北京大学出版社、高等教育出版社 2002 年版，第 129 页。

[4] 参见杨荣新主编：《民事诉讼法教程》，中国政法大学出版社 1991 年版，第 210 页；何家弘、刘品新：《证据法学》，法律出版社 2004 年版，第 108 页。

的材料"。[1]该观点强调证据既是一种材料，也要能够证明案件事实。同时要求，在表现形式上证据是各种法定的证据材料；从所要证明的内容上看，证据又是能够证明案件事实的材料。（4）统一说。这种观点将证据看作"证据内容和证据形式的统一"，该说是一种折衷的观点。从内容来看，证据是客观存在的事实；从形式来看，证据表现为法律确认的种类；从证明关系来看，证据是认定案件事实的手段。因此，证据是"事实内容与法律形式的统一，即以法律规定的形式表现出来的能够证明案件真实情况的一切事实"。[2]

2. 我国证据概念的法律规定

2012 年《刑事诉讼法》第 48 条第 1 款将 1996 年《刑事诉讼法》第 42 条第 1 款规定的"证明案件真实情况的一切事实，都是证据"修改为"可以用于证明案件事实的材料，都是证据。"由此，"材料说"取代了使用多年的"事实说"，成为立法采用的学说。这一修改的重大意义表现在，一方面解决了原法律规定中自相矛盾的逻辑混乱的问题，另一方面也反映了证据内容与证据载体的统一，又凸显了立法对运用证据客观规律的尊重。

根据 1996 年《刑事诉讼法》对证据的定义，证据应当是真实的——因此才能"证明案件真实情况"，同时法律又规定证据"必须经过查证属实，才能作为定案的根据"。但事实上，证据有真有假，这显然与证据是"证明案件真实情况的一切事实"的定义产生了矛盾。从实践情况看，司法机关进行刑事诉讼，主要是通过收集、审查、采信证据来认定案件事实，而侦查机关收集来的证据不一定都是真实的，也不一定都能被司法机关采纳作为定案的根据。因此，"事实即证据"这一提法在逻辑上和实践中都存在问题。而"材料说"回到了刑事诉讼运用证据的逻辑起点，区分了"材料"与"客观证据"、"证据"与"定案根据"。依据"材料说"，只要这些"材料"符合法定的形式，即可被判断为证据，其中真实性并不影响其成为证据。至于"证据"是否真实，能否作为"定案根据"，则需要在刑事诉讼过程中对各种证据进行审查、判断和认定。另外，这样规定使证据概念的形式与内容真正统一起来。"材料

---

〔1〕 应松年主编：《行政诉讼法》，中国政法大学出版社 1994 年版，第 136 页。

〔2〕 参见卞建林主编：《证据法学》，中国政法大学出版社 2000 年版，第 70 页；樊崇义主编：《证据法学》，法律出版社 2001 年版，第 45 页。

说"并不要求证据的内容具有真实性，只要其内容可以反映案件事实即可，即证据形式只不过是承载事实的载体，也不再对证据提出"是证明案件真实情况"的高标准要求，这显然是一种立法上的进步。[1]

对于新的证据概念，可以从以下四个方面去理解：其一，证据是一种"材料"，它必须依赖于某种有形的载体而存在；其二，证据具有"相关性"，即"可以用来证明案件事实"。不过这种"相关性"应当是"形式上相关"或"表面相关"，这往往需要取证主体依据经验法则进行初步判断，而是否具有"实质的相关性"则需要司法机关通过法定程序进行审查判断；其三，证据具有一定的主观性，即证据是否"可以证明案件事实"本身是一种主观上的判断。在实践中，如果取证主体认为某项"证据材料"可以用来证明案件事实，则可能会被收集从而成为"证据"进入诉讼程序；但如果取证主体不认为某项"证据材料"有证明价值，则它就很可能不被注意或收集。可见，一项材料从"先验的客观存在"转化为"证据"必然包括人的主观认识因素。其四，证据具有"两面性"，既有有罪证据、罪重证据，也有无罪证据、罪轻证据。因为在刑事诉讼中要证明的案件事实，既包括有罪、罪重的事实，也包括无罪、罪轻的事实，围绕这些事实所收集的证据也就有了有罪、罪重证据和无罪、罪轻证据之分。认识到证据的"两面性"，有助于确立正确的证据观，正因如此，我国《刑事诉讼法》第52条规定，审判人员、检察人员、侦查人员必须依照法定程序，收集能够证实犯罪嫌疑人、被告人有罪或者无罪、犯罪情节轻重的各种证据。对于司法机关而言，无论是有罪、罪重证据，还是无罪、罪轻证据，都应当"一视同仁"、同等对待，坚决抵制"重控诉、轻辩护"的证据观。

3. 证据的属性

在我国，关于证据属性的研究起步较晚，自20世纪60年代开始，对证据属性的研究成为我国法学界的焦点之一，相继出现了"两性说""三性说""四性说""五性说"等观点，其中以"两性说"与"三性说"之争最为激烈，矛盾的焦点集中在证据应否具有"合法性"（或"法律性"）的特性。否认证据"合法性"的学者认为，如果将"合法性"作为证据的属性，就等于

---

〔1〕 参见陈瑞华："证据的概念与法定种类"，载《法律适用》2012年第1期。

承认了在证据认定上的主观性，如此会动摇，甚至否定证据客观性的属性。[1]目前，一般以"三性说"为证据属性的通说，即证据应当具有客观性、关联性和合法性。实际上，对于上述证据属性的种种争议，根源在于混淆了证据属性与证据概念的范围。证据概念回答的是"证据是什么"的问题，而证据属性回答的则是"什么样的事物可以作为证据被采用及其证明作用、证明价值有多大"的问题。如果说以刑讯逼供的非法手段获得的口供不是证据，则大多数学者不会同意；但如果说以刑讯逼供的非法手段获得的口供不能作为证据被采纳并在诉讼中使用，则不会有人提出异议。笔者认为，从证据能力和证明力两个方面来分析证据的属性，就可以避免上述混乱。

（1）大陆法系中的证据能力与证明力

在大陆法系的证据制度中，存在着两个重要概念：一是证据能力，二是证明力。证据能力，也称证据资格或者证据的适格性，它是指证据材料能够被法院采信，作为定案根据的资格。可以这样说，证据能力对于诉讼证明具有重要意义，从证明的条件看，一项证据要成为法庭认定事实的依据，必须以具有证据能力为前提条件；从证明的过程看，证据能力的有无是法院认定证据时首先要解决的问题。因为从逻辑上说，证据材料只有具备证据能力，才有资格进入诉讼发挥证明作用，才需要进一步判断其证明力的大小。无证据能力的证据材料进入诉讼不仅会浪费时间和精力，还可能造成法官对事实的错误认定。因此，在证明活动中，如果一方当事人提出某一证据材料而另一方当事人质疑，法庭应当先对证据能力进行审查，如缺乏证据能力，就应当将它排除出诉讼。证据能力可以分为积极规定和消极规定两种。从消极的层面来说，凡是不符合法定标准的证据材料均不能作为定案的根据；从积极的角度来看，一个证据要具有证据能力，首先必须具有合法的证据形式，同时还要经历严格的法庭调查程序。但实际上，对于证据能力问题，法律很少作积极的规定，而主要是就无证据能力或其证据能力受限制的情形加以规定。

证据能力，即证据的资格，是指某一物质资料能够作为证据被司法机关所采纳，用来证明本案讼争的实体要件事实的资格或者能力。因此，证据能力又称为证据的采纳标准、证据的可采性（Admisibility of Evidence）、证据资

---

〔1〕　参见洪浩主编：《证据法学》，北京大学出版社 2005 年版，第 56 页。

格（Competency of Evidence）。按照美国《布莱克法律词典》的解释，证据资格是指某证据所具有的属性或特征符合有关法律对证据的基本要求，可以作为该项证明活动中的证据。一个证据具备了证据能力后，才能被采纳进入诉讼等程序，才能发挥对案件事实的证明作用，才能成为定案的依据。严格讲，"证据的采纳标准"与"证据的采信标准"二者是完全不同的概念。证据能力解决的是什么样的证据可以被采纳的问题，而证据的采信标准关注的是证据的可靠性和证明力。一个证据能否被采纳，是由证据法的一般原则和相关规定所决定的，而一个证据能否被采信是由裁判者根据采信规则来判断的，要求裁判者相信证据是真实可靠的。简单而言，能够被采纳的证据不一定会被裁判者所采信，也就是说具有证据能力的证据不一定会成为认定案件事实的证据。按照英美法系的规定，在有陪审团参加的审理活动中，证据的"资格""能力"问题由法官决定，证据的"可靠性"（Credibility）问题则由陪审团掌握。这种做法从一定程度上反映了证据能力与证据采信标准之间的区别，我国法律通常将二者的关系表述为"证据"与"定案依据"之间的关系。[1]

证据证明力，是指证据对案件中待证事实的证明作用及证明价值的大小。根据日本《世界大百科事典》的定义，证据证明力，也称证据力或证据价值，指证据对需要证明的事实所具有的作证效力。证据之所以可以证明案件事实，就是基于证据对待证事实具有证明的作用和价值，而证明作用和价值的基础在于证据的关联性。关联性越紧密，证明力越大，证据对案件事实的证明作用和价值就越大；反之就越小。尽管证明力问题对证据非常重要，但目前还没有有效的手段来规范事实认定者处理该问题的方式，这导致了证据法中与证明力相关的证据规则非常有限。按照大陆法系中的"自由心证"或者"自由判断证明力"原则，证据的证明力大小强弱要由裁判者根据自己的理性、经验和良心进行自由判断，法律不作任何限制性的规定。

对于证据而言，证明能力与证明力是证据属性中密不可分的两个部分，前者属于法律范畴，解决证据的资格问题；后者属于经验和逻辑判断，解决证据的作用和价值问题。然而，关于证据能力与证明力的关系，学术界的观点分歧较大。第一种观点主张证据能力优先。认为证据能力的存在是证据证

---

〔1〕 参见孙彩虹主编：《证据法学》，中国政法大学出版社 2008 年版，第 73 页。

明力存在的前提，先有证据能力而后才产生证据证明力，没有证据能力就没有证据证明力；有证据能力未必有证据证明力，但有证明力的证据一定有证据能力。[1]第二种观点是证据证明力优先。该观点与上述理论相反，认为证据证明力是证据能力的前提，没有证明力的证据就没有证据能力。[2]第三种观点认为二者互为前提。此种观点认为证据能力和证据证明力是互为前提的，并不存在孰先孰后的问题，二者辩证地统一于证据之中。[3]最后一种观点是折衷论。主张者认为，证据能力和证据证明力既不能产生孰先孰后的问题，也不能产生互为前提的问题。[4]上述诸多观点均从一个角度揭示了二者的关系，但也有值得商榷之处。作为证据属性的证据能力和证明力是证据本身的固有属性，在产生时间上具有同步性，因此从这个角度上看，二者不存在互为前提、孰先孰后的问题。但如果从诉讼规律上看，不具备证据资格的证据，根本无法进入诉讼程序以发挥证明作用，如此证据能力则实为证明力的前提和基础。因此，笔者认为，证据能力与证明力的关系不能一概而论，从客观层面上讲，证据能力与证明力随证据同时产生，是证据属性不可分割的两个方面，不存在互为前提，孰先孰后的问题；但从主观逻辑层面看，二者又互相依存，证据能力是证明力的前提和基础，而证明力是证据能力发挥作用的衡量标准。不具备证据能力的证据，根本不可能被采纳而进入到诉讼程序中，更谈不上发挥证明作用的情况。然而，具有了证据资格的证据，由于其证明作用和价值有大有小，有强有弱，只有达到一定的程度或者标准后，才能被裁判者所采信，作为定案的依据，最终完成证明案件事实的使命；而如果没有足够的证明力，即使具有了证据资格，其证明案件事实的目的也无法实现。因此，证据能力与证明力是既相互独立，又相互依存、互为前提的关系。[5]只有具备了证据能力的证据，才能够进入法庭调查的视野；而只有进入法庭调查的证据，经过法庭的审查判断，才有可能最终成为认定案件事实的根据。从这个意义上讲，证据能力是能够进入法庭调查的前提，证明力则是进入法庭

---

〔1〕　参见江伟主编：《证据法学》，法律出版社 1999 年版，第 289 页。

〔2〕　参见樊崇义主编：《刑事诉讼法学》，中国政法大学出版社 1996 年版，第 198 页。

〔3〕　参见刘广三、孙世岗："刑事诉讼中非法证据及其证明力辨析"，载《烟台大学学报（哲学社会科学版）》1998 年第 4 期。

〔4〕　参见何家弘主编：《新编证据法学》，法律出版社 2000 年版，第 431 页。

〔5〕　孙彩虹主编：《证据法学》，中国政法大学出版社 2008 年版，第 78 页。

调查的证据转化为定案根据的基础，只有同时具备了证据能力和证明力的证据，才能最终作为认定案件事实的根据。

（2）英美法系中的可采性与关联性

在英美法系证据法中，所要解决的首要问题在于哪些证据具有可采性，也就是具有出现在法庭上的资格。只有那些具备可采性的证据，才是可以在法庭上出现的证据。至于该证据是否具有证明价值，以及具有多大程度的证据价值，那是属于事实裁判者自由判断的事项，并不是一个需要由证据法加以规范的法律问题。在英美法系中，负责事实裁判的是陪审团，法官的使命是决定证据是否具备可采性；一旦法官决定准许某一证据出现在法庭上，陪审团就要负责确定这个证据的证明力（Weight）。

与可采性密切相关的另一概念是"关联性"（Relevance），也称相关性（Relevancy）。在英美法系证据法中，证据的关联性与证据的可采性密不可分。一般而言，那些不具有关联性的证据，都不具有可采性；只有具有关联性的证据，才具有可采性。但这也并不意味着，所有具有关联性的证据都必然具有可采性。比如，非法取得的证据尽管具有关联性，但可能不具有可采性。为了检验证据是否具有关联性，有下面几个标准：第一，所提的证据必须使某一事实主张更有可能成立；第二，所提的证据所要证明的某一事实主张与实体法之间具有直接的联系；第三，所提的证据与所要证明的某一事实主张是案件的实质性问题。通俗讲，证据的关联性要解决下列问题：①所提证据是用来证明什么的？②这是案件的实质性问题吗？③所提的证据对该问题有证明性吗？原则上，对于所有不具备可采性的证据，控辩双方都可以向法庭提出异议，要求法官依据证据规则将其排除于法庭之外。对于这种旨在限制证据可采性的规则，英美法系一般将其视为广义上的"证据排除规则"。根据美国《联邦证据规则》，证据即使具有关联性，但可能导致不公正的偏见、混淆争议或误导陪审团的危险大于该证据可能具有的价值时，或者考虑到采纳该证据将导致过分拖延、浪费时间时，法官也可以不采纳该项证据。可以看出，证据的关联性是证据具有可采性的前提，法官在庭审前对证据关联性的判断结果，决定了该证据是否应当在法庭上出示，即是否让陪审团接触到该证据。但是在英美法系证据法中，证据不可在法庭上出示除可能因为欠缺关联性以外，还包含大量的其他原因。如传闻证据、非法证据等排除，一般被认为仅属于可采性问题，而与关联性无关。

因此，在英美法系证据法中，关联性与可采性是两个不同的概念：一方面，关联性关注的是证据与证明对象之间的形式性关系，即证据对于证明对象是否具有证明性；而可采性不仅包括上述因素，还包含法律基于合法性、正当性的考虑对某些证据进行的筛选。另一方面，证据的可采性虽以证据的关联性为前提，具有可采性的证据都具有关联性，但是，具有关联性的证据却不一定具有可采性。

（3）我国证据法中的"三性说"

在我国证据法学的理论体系中，证据属性与证据概念无疑都是开端性的、基石性的理论问题，被反复讨论和严肃对待。我国学者对于证据的属性曾先后提出过数十种概念，但最后当属"两性说"与"三性说"最为流行。但不管人们对证据的属性如何争论，也无论证据的属性问题出现在何国、何一历史时期的证据法学论坛，人们对于证据的关联性似乎总是不加争执，为证据属性之中的当然品格。其次是客观性。人们对于证据应当具有客观性这一点基本上也是无争议的，但证据在具有客观性的同时，是否还有主观性的一席之地，主观性和客观性如何在证据的属性当中求得统一或是否有统一的余地，人们却争论难休。至于合法性，则更是因为它的伦理色彩和内涵的难以捕捉性，而易起论争。[1]

第一，证据的客观性。证据的客观性，是指证据事实必须是伴随着案件的发生、发展的过程而遗留下来的，不以人们的主观意志为转移而存在的事实。证据客观性的根据有二：一是由案件本身的客观性决定的，任何一种行为都是在一定的时间和空间内发生的，只要有行为的发生，就必然要留下各种痕迹和影像，即使行为诡秘，甚至毁灭证据，也还会留下毁灭证据的各种痕迹。这是不以人们的意志为转移而客观存在的。二是辩证唯物主义哲学观告诉我们，对证据的认识，同对任何事物的认识一样，必须坚持物质存在第一、认识第二的基本路线和方法，按照这一基本理论的要求，从证据的来源考察，其客观性是必然存在的。没有客观存在为依据的任何一种陈述，是理所当然的谎言，不能作为定案的证据使用。因此，证据的客观性就是审查判

---

[1] 参见汤维建："关于证据属性的若干思考和讨论——以证据的客观性为中心"，载《政法论坛》2000年第6期。

断证据的一条基本标准。[1]我国《刑事诉讼法》第 50 条第 1 款规定："可以用于证明案件事实的材料，都是证据。"该条第 3 款同时还规定："证据必须经过查证属实，才能作为定案的根据。"也就是说，尽管提出证据、调查证据可能会受人的主观因素的影响，但是定案根据必须是客观存在的材料，而不是任何人的猜测或主观臆造的产物。所谓证据的"客观性"并非仅指证据内容的客观性，还包括证据内容赖以存在的载体具有客观性，如果证据不是一种客观存在的载体，它就无法为人们所感知和认识，也无法揭示其所包含的信息。正是因为证据具有客观性，才能使不同的裁判者可以借助司法途径对同一案件事实的认识有大体相同的结论，公正地作出裁判。因此，证据必须具备客观性，这是证据最重要的属性，缺乏这个属性，证据便不能成为证据。

第二，证据的关联性。证据的关联性，是指证据与案件的待证事实之间存在着客观上的内在联系性，从而起到证明的作用。证据法理论认为，为了限制诉讼调查和辩论的范围，凡对自己的主张提出证据的，所提的证据材料必须与其主张及争议事实有关联性，这种关联性要求证据应该是能够全部或部分地证明案件有关事实是否存在。承认证据的关联性根据有二：其一，由于证据是伴随着刑事案件的发生过程而形成的，所以它和案件事实之间应当具有必然的客观联系。如作案的工具，在作案后必然要留下与工具相吻合的痕迹，这是随着案件的发生而必然形成的后果，这也是案件的重要物证之一。其二，世界上万事万物皆存在因果联系，这是普遍规律。即使有些现象的原因暂时还没有被人发现，但并不代表着这些现象的出现是没有原因的，只是我们还没有认识到而已。但随着科学技术的发展和人们认识水平的提高，总有一天会被人们所发现和认识。因此，在收集、判断证据和查明案件事实真相的过程中，必须紧紧把握住证据的关联性特征。[2]证据的关联性并不涉及证据是否真实的问题，其重点是要解决证据与证明对象的形式关系问题，即证据对于证明对象是否具有实质性和证明性。《刑诉法解释》第 247 条规定："控辩双方申请证人出庭作证，出示证据，应当说明证据的名称、来源和拟证明的事实。法庭认为有必要的，应当准许；对方提出异议，认为有关证据与

---

〔1〕 参见樊崇义主编：《刑事诉讼法学》，法律出版社 2016 年版，第 173 页。
〔2〕 参见樊崇义主编：《刑事诉讼法学》，法律出版社 2016 年版，第 174 页。

案件无关或者明显重复、不必要，法庭经审查异议成立的，可以不予准许。"本条确立了证据调查的关联性规则。在运用证据关联性时，还需要以下几点：一是证据的关联性是客观存在的，这种关联是不以人们的主观意志为转移的。这就要求办案人员在理解和把握证据事实与案件事实是否具有某种关联时，既不能主观臆造、牵强附会，也不能故意忽视或强加，否则很有可能导致冤假错案的发生。二是证据的关联性在表现形式、途径与方法上都呈现出多样性特征。这种关联性有时间、空间上的关联，有直接、间接关联，有积极层面的关联、消极层面的关联，有必然关联、偶然关联，还有重合关联[1]，等等。三是确定证据的关联性是一项非常重要而复杂的工作。只有正确判断证据的关联性，在侦查阶段才能明确调查和收集证据的方向和范围，在审查起诉和审判阶段才能防止错案，保证案件的审判质量。然而，在司法实践中，有些证据的关联性比较明显，很容易判明；但大多数情况下，关联性却显得很隐秘，需要经过仔细的比对、分析、推理、勘验、检查、辨认、鉴定等一系列手段才能确定下来。为了准确打击犯罪、保障人权，就需要不断提升办案人员的业务能力与认识水平。

第三，证据的合法性。证据的合法性，是指证据必须是按照法律的要求和法定程序而取得，且必须是经过法定的审查程序所认定的事实材料。关于证据的合法性，我国证据法学界说法不一，有人认为它是证据的本质特征或基本要素之一，与"客观性"和"关联性"一起，构成了证据的三属性，此说称为"三性说"。还有一部分人坚持认为，合法性不是证据的本质属性之一，证据不需要具备合法性就能发挥证明作用。此说称为"二性说"。笔者认为，合法性应是证据的本质属性之一，有些证据材料虽然具有客观性和关联性，但因为其严重违法而应被排除。证据的合法性也称为证据的许可性，可以理解为英美法系中的可采性，它包括收集证据的主体要合法，证据来源的程序要合法，证据的形式要合法，证据还要经过法定的程序查证属实。证据的合法性是证据客观性与证据关联性的重要保证，也是证据具有法律效力的重要条件。反过来讲就是，非法的证据不具有可采性。我国《刑事诉讼法》第56条第1款规定："采用刑讯逼供等非法方法收集的犯罪嫌疑人、被告人

---

[1] 也就是证据既表现为证据事实，又表现为案件事实，二者是完全重合的。比如，一封勒索信，它既能证明勒索事实的存在和发生，同时它本身又是书证。

供述和采用暴力、威胁等非法方法收集的证人证言、被害人陈述，应当予以排除。收集物证、书证不符合法定程序，可能严重影响司法公正的，应当予以补正或者作出合理解释；不能补正或者作出合理解释的，对该证据应当予以排除。"可见，作为诉讼证据必须具有合法性，它是证据的客观性和关联性的法律保障。

综上，证据的属性是由客观性、关联性和合法性三个基本要素组成。客观性和关联性是对证据的内容要求，合法性是对证据的形式要求，这三个要素表明证据内容与形式的统一。只有这样完整理解证据的本质属性，才能明确什么样的"材料"可以作为证据、哪些人有权收集证据、怎样收集和审查证据，掌握了这三要素，就为正确判断案件事实提供了可靠的基础。

（二）刑事证据规则

证据规则（Rule of Evidence）通常是指用于指导法官以及诉讼参与人在收集证据、审查判断证据和采信运用证据时所遵循的一系列准则的总称，其核心是规范证据的可采性问题。我国法律并无证据规则的明文规定，在刑事诉讼法学研究中，"证据规则"一般是借鉴英美法系国家对证据的关联性、可采性、非法证据排除及举证责任等一系列规定时的称谓。证据规则的作用在于防止主观臆断，保证司法裁判的准确性。最早使用"证据规则"一词对英美法系证据制度作以介绍的是巫宇甦先生主编的《证据学》，该书中提到的基本规则主要有：证明责任的规则、证据关联性的规则以及传闻证据的规则等。[1]樊崇义主编的《刑事诉讼法学研究综述与评价》一书建议我国制定证据规则应包括：保障证据客观性和关联性的规则、非法证据排除规则、证人拒绝出庭作证规则、疑罪从无原则等。[2]在徐静村1997年主编的《刑事诉讼法学》教材中，认为证据规则应包括：传闻证据规则、违法证据排除规则、补强规则、意见规则四个部分。[3]

通常认为，刑事诉讼程序分为收集证据、采纳证据、庭审调查证据、运用证据认定案件事实四个阶段，从设立证据规则的目的上，可分为证据的自

---

〔1〕 参见巫宇甦主编：《证据学》，群众出版社1983年版，第22~23页。

〔2〕 参见樊崇义主编：《刑事诉讼法学研究综述与评价》，中国政法大学出版社1991年版，第700~701页。

〔3〕 参见徐静村主编：《刑事诉讼法学》（上册），法律出版社1997年版，第164~172页。

身规则和证据的运用规则两大类。证据的自身规则是指关于证据的证据能力和证明力的规则，其中证据能力规则是解决何种证据材料可以作为证据来使用的问题，包括传闻证据规则、最佳证据规则、非法证据排除规则、意见证据规则、相关性规则等；证据的证明力规则包括孤证不能定案规则、补强证据规则等。证据的运用规则是指诉讼各方在运用证据时必须遵守的规则，包括规范证据的收集、提出、审查、定案等内容。与证据的自身规则不同，证据的运用规则往往不是针对某一项证据，而是针对在运用证据的过程中所应遵守的一种动态规则，具体包括：举证责任规则、疑罪从无原则、不得强迫自证其罪原则、令状主义、直接言词原则、作证豁免原则等。根据英美法系的规定，证据规则的核心是证据的可采性问题，故本书仅对证据的采证规则进行阐述。这里的采证规则，并不是针对某项证据能否被"采信"，而是确定证据是否具有可采性的证据规则，即某些证据材料能否作为证据在法庭上被提出，进而被法庭所采纳，它主要解决证据资格的问题。[1]

1. 传闻证据规则（Rule of Hearsay Evidence）

所谓传闻证据，在普通法中最为广义的定义是：在审判或询问时作证的证人以外的人所表达或做出的，作为证据提出以证实其所包含的事实是否真实的，一种口头或书面的意思表示或有意无意地带有某种意思表示的非语言行为。[2]英国证据法学者麦克米可认为，传闻证据是指在法庭之外作出、在法院之内作为证据使用的陈述，或者是口头的，或者是书面的，用于证明该陈述本身所声明的事件的真实性。[3]因此，传闻证据可表现为口头形式、书面形式或者行为，行为还可以分为有明确表示的行为和无明确表示（默示）的行为。需要注意的是，是否构成传闻证据，与该证据所指向的争议焦点密切相关。换言之，如果某项证据是针对其所陈述事实真实性的证明手段所提出，那么该证据就是传闻证据；如果某项证据不是针对其所陈述事实真实性的证明手段所提出，则不构成传闻证据。例如，证人在法庭上回答律师提问

---

〔1〕 就法官的认识过程来说，采纳是对证据的初步审查和认定，采信是对证据的深入审查和认定；采纳是采信的基础，采信是采纳的延续；没有被采纳的证据当然谈不上采信，但是被采纳的证据也不一定都被采信。参见何家弘：《短缺证据与模糊事实——证据学精要》，法律出版社 2012 年版，第 238 页。

〔2〕 参见［美］乔恩·R·华尔兹：《刑事证据大全》，何家弘等译，中国人民公安大学出版社1993 年版，第 81 页。

〔3〕 参见樊崇义主编：《刑事诉讼法学》，法律出版社 2016 年版，第 281 页。

时说:"2002 年 5 月 3 日,被告人对我说:'昨天我在甲市'"。如果争议焦点是被告人 2002 年 5 月 3 日是否在甲市(即被告人的庭外陈述是作为证人所说内容的真实性的证明手段而提出来的),该证言就是传闻证据;但是,如果说争议焦点是 2002 年 5 月 3 日被告是否讲过这样的话(即被告的庭外陈述本身就是需要被证明的事实,而非手段),那么该证据就不是传闻证据。因此,将任何人就待证事实所作的书面陈述或其他有关的行为向法庭提出,而不是由该陈述者本人当庭作言词陈述的,就属于传闻证据。需要注意的是,传闻证据不同于传来证据,二者的概念在外延上存在包含与被包含关系,传闻证据被包含在传来证据之中。根据英美法系的规定,传闻证据包括两种:一种是不在法庭上作证的证人明示或者默示事实的肯定;另一种是在没有证人出庭作证时,向法院提出的文书所载事实的肯定。可见,传闻证据仅适用于言词证据,而传来证据除适用与言词证据外还适用于实物证据,具体包括各种物证的复制品,犯罪现场的照片、模型、录音、录像,根据证人和被害人的描述所绘制的犯罪嫌疑人模拟画像,各种书证的复印件、抄本、副本,证人转达其所听到的被别人告知的事实等。

传闻证据规则,又称传闻证据排除规则,是指传闻证据不具有可采性,应当被排除在法庭之外。传闻证据规则是一项关于证据能力(或证据可采性)的证据规则。传闻证据规则作为排除证明手段,在英美证据法上占据十分显著的地位,它起源于英国,与陪审团制度一起被认为是英国证据法最为重要的特征。[1] 在 16 世纪和 17 世纪,随着英美法系对抗式审判制度的确立,控诉职能与审判职能被严格区分开来,陪审团成员也与证人进行了严格的区分,陪审团不能再根据自己在法庭之外所了解的情况作出裁判。同时,对抗式审判制度也要求证人必须在公开的法庭上进行作证,以接受双方当事人的交叉询问。因此,传闻证据的可靠性受到了广泛的质疑,法院也开始怀疑传闻证据的证明价值。直到 17 世纪,传闻证据排除规则得以完全地确立下来,不仅口头传闻证据必须排除,就是原本可以采纳的经过宣誓的书面证言也在排除之列。可见,传闻证据规则是陪审制的产物,因为陪审员并非法律专家,不具备正确评判传闻证据所含证明力的能力,为了确保证据的可靠性,就应当排除缺乏证明力的证据。因此,在诉讼中原则上禁止将传闻证据作为正常的证

---

〔1〕 参见沈达明编:《英美证据法》,中信出版社 1996 年版,第 285 页。

据来使用，只有在不至于对陪审团产生误导作用的例外情况下，传闻证据才有可能被采纳。从理论上讲，传闻证据规则是对抗式诉讼制度的当然结果。因为英美法系采取较为彻底的当事人主义，证据的提交、质证都完全都由当事人进行，而当事人提交的证据和交叉询问时有明显的利己倾向，如果原证人不到场就无法直接通过交叉询问来质证，而产生无法检验其是否存在的危险，并且也无法通过交叉询问来直接审查证人的感知能力、记忆能力等，以判断其陈述内容的真实可靠性。

传闻证据排除规则的目的在于，对构成传闻的证据阻止其作为证据参加到庭审中，以保证证据的真实可靠，避免因不直接质证、证人不宣誓和误传而造成的危险。但是，在特定情况下，法律或者判例允许使用传闻证据，这就是传闻证据排除规则的例外。设定传闻证据规则的例外主要是为了防止因适用传闻证据的绝对排除而延迟诉讼或影响司法公正。对于英美法系传闻证据排除规则的例外，有不同的分类。根据美国《联邦证据规则》第803条和第804条的规定，有两种类型的例外。一种类型是，陈述者可否作证无关紧要。意指即使陈述者可以作证，这些证据也不受传闻证据规则的影响；[1]另一种类型的例外是，陈述者确实不能到庭作证。[2]需要说明的是，第一种类型的例外类似于我国的书证，以某种文书、文件或其他材料所记载的内容来反映案件情况，而这些文书的形成是某人陈述的结果。第二种类型的例外是由于客观原因导致陈述者不能到场。日本《刑事诉讼法》对传闻证据例外的规定有较突出的特色。一般规定，被告人以外的人所写成的供述书或记录该

---

[1] 这种例外，《美国联邦刑事诉讼规则和证据规则》列举了24种。具体有：（1）表达感觉印象；（2）刺激的发泄；（3）当时存在的思想、情绪或身体状态；（4）出于医疗诊断或治疗目的而作的陈述；（5）被记录的回忆；（6）关于日常行为、活动的记录；（7）在关于日常行为、活动的记录中没有记载；（8）公共记录或报告；（9）重要的统计资料；（10）缺乏公共记录或没有记载；（11）宗教组织的记录；（12）婚姻、洗礼和类似证明；（13）家庭记录；（14）反映财产利益的文件记录；（15）文件中反映财产利益的陈述；（16）在古老文件中的陈述，有二十年或二十年以上历史的文件；（17）市场报告、商业出版物；（18）学术论文；（19）关于个人或家庭历史的名声；（20）关于边界和一般历史的名声；（21）性格、品格方面的名声；（22）先前定罪的判决；（23）关于个人、家庭或一般历史或边界的判决；（24）其他例外。参见卞建林译：《美国联邦刑事诉讼规则和证据规则》，中国政法大学出版社1996年版，第120~124页。

[2] 美国《联邦证据规则》列举了五种情况：（1）先前证词；（2）临终陈述；（3）对己不利的陈述；（4）关于个人或家史的陈述；（5）其他例外。参见卞建林译：《美国联邦刑事诉讼规则和证据规则》，中国政法大学出版社1996年版，第124~126页。

供述的书面材料，并由供述人签名或盖章的记录书，由于供述人死亡、精神或身体障碍、住所不明或现在国外不能在公审准备或公审期日供述，并且其供述不为证明是否犯罪不可缺少时，而其供述具有特别可信性，可以作为证据。[1]

经过数百年的发展，传闻证据排除规则已经成为一个庞大复杂的证据规则体系，其本身也体现了深厚的价值内涵：首先，传闻证据排除规则是对抗式审判制度得以实现的重要手段。对抗式审判制度是由当事人主导程序的一种诉讼模式，具有鲜明的对抗色彩，直接言词原则是保障这种诉讼模式顺利进行的不可或缺的规范之一，而对质权也由此成为当事人的一项最基本的诉讼权利。为了保障对抗性，实现当事人尤其是被告人的对质权，一切证据必须在公开的法庭上出示，而一切以言词形式表现的证据都要求证人必须接受双方当事人的询问和反询问。因此，传闻证据排除规则就能够确保法官和当事人直接与提供证言的证人接触，通过亲身观察和感受来审查、判断证据。其次，传闻证据排除规则有利于案件裁判的准确性。传闻证据由于是对他人陈述的转述，转述的频次与内容都决定了其出错的必然性，这种先天的缺陷限制了传闻证据证明价值的发挥。由此，根据传闻证据作出的裁判误判的风险极大。而一旦排除了传闻证据的使用，就有利于案件的准确处理，从而达到公正裁决的目的。最后，传闻证据排除规则有利于实现司法公开、公平。在传闻证据排除规则的规范之下，无论是证人作证还是当事人陈述都必须在公开的法庭上进行，这样将双方的对抗置于法庭指挥和监督下，一方面可以增加法庭审判的公开性，另一方面还可以保障当事人的知情权、对质权，使法

---

[1] 具体包括：（1）在审判官、检察官面前供述的书面材料。被告人以外的人在审判官或检察官面前所作的书面供述材料，并由供述人签名或盖章的，由于上述原因确实无法出庭作证的，可以采纳；（2）记录被告人以外的人在公审准备或公审日期供述的书面材料；（3）记载法院或审判官勘验结果的书面材料；（4）记载检察官、检察事务官或司法警察职员勘验结果的书面材料，以及鉴定人所写的记载鉴定过程和结果的书面材料。当供述人在公审期日作为证人接受询问时，已经供述该书面材料的写成为真实时，可以采纳；（5）被告人的供述和供述记录书。该供述和供述记录书有被告人签名或盖章，并且其陈述是供认不利事实或者是在特别可信赖的情形下所作，可以采纳；倘若怀疑被告人并非出于自由意志而作出的不利供述时，不能采纳；（6）其他书面材料。包括：户籍副本、公证书副本等公共记录或重要数据统计；其他公务员（包括国外公务员）在其职务上可以证明的事实而由该公务员所写成的书面材料、商业账簿、航海日志以及其他在通常业务过程中所写成的书面材料；以及在特别可信赖情况下所写成的书面材料。参见孙彩虹主编：《证据法学》，中国政法大学出版社2008年版，第266页。

官全面掌握案件事实，有利于公正解决案件。

我国学术界一般认为，英美法系中的传闻证据规则与大陆法系中的直接言词原则规定的内在精神是一致的，但由于两种证据规则分别隶属于两大法系，存在于两种不同的诉讼模式之中，因此二者在许多方面还是存在差异。(1) 二者的适用范围不同。传闻证据规则主要是禁止传闻证据进入法庭审理程序；而直接言词原则主要是规范法官的审判行为，要求法官的行为必须符合直接言词的要求。(2) 二者发挥作用的方式不同。传闻证据规则必须以对方当事人提出为前提，法官不得主动排除传闻证据；直接言词原则无须当事人提出，法官必须以职权贯彻。(3) 对证据效力的影响不同。传闻证据规则要求证据必须经过对方当事人的反询问或同意方具有可采性；直接言词原则要求证据在法官面前以言词的方式提出才具有证据能力。[1]我国《刑事诉讼法》并没有照搬英美法系传闻证据排除规则的规定，但对于有关证人、被害人、鉴定人出庭作证的问题，在借鉴传闻证据规则的基础上进行了改良。《刑事诉讼法》第 192 条规定："公诉人、当事人或者辩护人、诉讼代理人对证人证言有异议，且该证人证言对案件定罪量刑有重大影响，人民法院认为证人有必要出庭作证的，证人应当出庭作证。人民警察就其执行职务时目击的犯罪情况作为证人出庭作证，适用前款规定。公诉人、当事人或者辩护人、诉讼代理人对鉴定意见有异议，人民法院认为鉴定人有必要出庭的，鉴定人应当出庭作证。经人民法院通知，鉴定人拒不出庭作证的，鉴定意见不得作为定案的根据。"第 193 条第 1 款规定："经人民法院通知，证人没有正当理由不出庭作证的，人民法院可以强制其到庭，但是被告人的配偶、父母、子女除外。"这样的规定可以理解为，在法律上证人、鉴定人不出庭而以书面陈述代替出庭作证的，该书面陈述不具有证据能力，但是《刑事诉讼法》随后关于可以当庭宣读不出庭证人证言的规定，无疑削弱了此规定的作用。虽然传闻证据排除规则在我国立法中并没有得到完整的体现，但在学术界很多学者期待未来将其纳入我国证据法，以解决证人不出庭的问题。应该说，我国确立传闻证据排除规则是符合当前审判方式改革的需要的，也是尊重和保障被告人对质权、抑制书面证言泛滥的必经途径。

---

〔1〕 参见宋英辉、李哲："直接、言词原则与传闻证据规则之比较"，载《比较法研究》2003 年第 5 期。

2. 非法证据排除规则（Exclusionary Rule of Illegally Obtained Evidence）

非法证据排除规则最早产生于美国，是指刑事诉讼中，以非法的手段取得的证据，不得被采纳为认定被告人有罪的根据。一般意义上讲，非法证据排除规则是对非法取得的供述和非法搜查、扣押取得的证据予以排除的统称。包括适用于非法取得的供述予以排除的自白规则和对非法搜查、扣押取得的实物证据排除规则两种。非法取得的证据能否在法庭上作为证据提出，一直是刑事诉讼中最易发生价值冲突之处，尽管从证据能力的论述中可以看出，非法证据由于存在合法性方面的瑕疵，因而明显不具有可采性，但是由于法律文化传统等的不同，以及特定时期控制犯罪与保障人权的需要，不同国家之间以及同一国家的不同时期有关这一问题的诉讼理论和具体对策往往存在着许多差异。不过，随着人类社会的进步和对刑事诉讼规律认识的提高，各国对违法取证的危害性的认识也日趋深刻，并在一些原则问题上达成了共识。[1]关于非法证据排除规则的具体内容，将在议题三中详细阐释，在此不再赘述。

3. 最佳证据规则（Best Evidence Rule）

为了保证被告人得到公平的审判，防止错误认定案件事实，所有的证据资料不仅需要具备相关性的特点，还要力求客观真实，"最佳证据规则"就是为了实现这一目的而产生的。"所谓最佳证据法则，则为关于文书内容之证据容许性之法则。该法则需要文书原本之提出，如果不能提出原本，直至有可满意之说明之前，则拒绝其他证据，其理由至为明显。该文字或其他符号，如差之毫厘，其意义则可能失之千里；观察时之错误危险甚大，尤以当其在实质上对视觉有所近似时为然。因此之故，除提出文书之原本以供检阅外，于证明文书之内容时，诈伪及类似错误之机会自必甚多。"[2]简言之，最佳证据规则就是指在对书证进行采纳时，必须提交原件或者原本，复印件或者副本不得采纳，除非符合例外情况的规定。最佳证据规则是英美法系证据法中的一项关于文字材料的证据可采性规则，主要涉及的是为保证书证内容的真实性，用什么样的证据效果最佳的问题，因此又被称为"原始文书规则"。通

---

〔1〕 参见陈光中、［加］丹尼尔·普瑞方廷主编：《联合国刑事司法准则与中国刑事法制》，法律出版社1998年版，第261页。

〔2〕 参见［美］埃德蒙·M·摩根：《证据法之基本问题》，李学灯译，台湾世界书局1982年版，第385页。

常认为最佳证据规则仅适用于文字材料，如信件、电文等。然而随着科技的发展，文书的范围也进一步扩大，司法实务和法规中都认为该规则同样适用于录音录像和照片，包括电影胶片和 X 光片。需要说明的是，书证不仅仅局限于书面的材料，还涉及书证的载体部分，因此，该规则不仅只适用于文件、信件等，还可能是某种物品。比如，该书证可能是带有编号的校徽，或者是带有序号的发动机、也或者是刻字的订婚戒指、还有可能是一块刻有文字的石碑等。

在普通法系中，根据最佳证据规则的要求，提供书面证据时应当提供原件；如果原件在第三人手中，法院可以用"证令状"命令其交出；如果原件仍未交出或者存在原件毁损、遗失，原件无法提供的情况时，法庭才允许采纳第二手材料。如美国《联邦证据规则》第 1002 条就规定，为证明文字、录音或照相的内容，要求提供该文字、录音或照相的原件，除非本证据规则或国会立法另有规定。[1]

那么何为原件或原本呢？根据证据法原理，原件或者原本是指文件制作者在将有关的内容予以记载的当时所形成的原始文本，即原始证据（Primary Evidence）；经过复印、复制、扫描、摘抄、誊写等方法，将原件或在原本进行制作后形成的第二手材料，则称为复印件、复制品或副本等，即二手证据（Second Evidence）。[2]

根据最佳证据规则的要求，如果文书的内容成为证明犯罪的关键证据时，则应当直接提出文书为证，其他二手证据甚至包括证人证言都在排除之列。比如，某一证人证明当事人所收受的文书是在某日到达的，除了该证人的言词陈述外还要出示文书原件以证明该文件上写明的制作日期。但该规则不适用于那些仅具有附属或表面意义的文字材料，换句话说就是，该规则仅适用于与案件中重大问题相关的文字材料。如一个证人作证被告招供的日期是案

---

〔1〕　参见卞建林译：《美国联邦刑事诉讼规则和证据规则》，中国政法大学出版社 1996 年版，第 130 页。

〔2〕　如美国《联邦证据规则》第 1001 条规定："……（3）原件。文字或录音的'原件'即该文字或录音材料本身，或者由制作人或签发人使其具有与原件同样效力的副本、复本。照片的'原件'包括底片或任何由底片冲印的胶片。如果数据存储在电脑或类似设备中，任何从电脑中打印或输出的能准确反映有关数据的可读物，均为'原件'。（4）复制品。'复制品'指通过与原件同样印刷，或者以同一字模或通过照相手段制作的副本，包括放大或缩小制品，或者通过机械或电子的再录，或通过化学的重制，或通过其他相应手段准确复制原件的副本……"参见卞建林译：《美国联邦刑事诉讼规则和证据规则》，中国政法大学出版社 1996 年版，第 130 页。

发的第二天，他获知这个日期的途径是通过阅读当天的某种报纸。证人在证词中提及的这份报纸就是附属的或表面意义的文字材料，法官不要求出示该份报纸，更不必追究记者报道这起案件的原始材料。决定一份文字材料是否为附属或表面意义的证据时，法官需要考虑：第一，它看起来是否是案件中重大问题的核心；第二，其相关部分的复杂情况；第三，有关内容是否真正存在着争议。

跟其他证据规则的运用一样，最佳证据规则也存在例外。当一份重要书证的原件或原本不能在审判过程中提出时，在满足法律规定的特定条件后，原件或原本的复制品、复印件等也可被允许作为证据使用，这就是最佳证据规则的例外。按照美国《联邦证据规则》第1004条的相关规定，符合以下条件时可以使用复制品、复印件等二手证据：（1）原件遗失或毁坏。但提供者出于不良动机的除外；（2）原件无法获得。不能通过适当的司法程序或行为获得原件；（3）原件在对方的掌握中。原件处于该材料的出示对其不利的一方当事人的控制中，已通过送达原告起诉书或其他方式告知该当事人在听证时该材料的内容属于证明对象，但该当事人在听证时不提供有关原件；（4）附属事项。有关文字、录音或者照相与主要争议无紧密联系。同时该规则第1003条还规定，在例外情况下，采纳复制品后，其证明力应当与原件相同，除非对复制品是否忠实于原件产生疑问，或者以复制品代替原件采纳将导致不公正。[1]

与英美法系国家相比，大陆法系国家的最佳证据规则主要体现在民事法律中，而在刑事诉讼中对使用第二手材料则往往没有过于严格的要求。在我国，现行《刑事诉讼法》对此没有明确的规定，不过《刑诉法解释》第83条与第84条分别作了规定，要求"据以定案的物证应当是原物。原物不便搬运，不易保存，依法应当返还或者依法应当由有关部门保管、处理的，可以拍摄、制作足以反映原物外形和特征的照片、录像、复制品。必要时，审判人员可以前往保管场所查看原物物证的照片、录像、复制品，不能反映原物的外形和特征的，不得作为定案的根据。物证的照片、录像、复制品，经与原物核对无误、经鉴定或者以其他方式确认真实的，可以作为定案的根据。"

---

〔1〕 参见卞建林译：《美国联邦刑事诉讼规则和证据规则》，中国政法大学出版社1996年版，第131页。

"据以定案的书证应当是原件。取得原件确有困难的，可以使用副本、复制件。对书证的更改或者更改迹象不能作出合理解释，或者书证的副本、复制件不能反映原件及其内容的，不得作为定案的根据。书证的副本、复制件，经与原件核对无误、经鉴定为真实或者以其他方式确认真实的，可以作为定案的根据。"此处关于书证的规定就是英美法系中的最佳证据规则，关于物证的规定则是最佳证据规则适用范围的扩大。

4. 意见证据规则（Rule of Opinion Evidence）

在英美法系证据法上，意见规则是规范证人作证范围的证据规则。英美法系的国家，将证人分为普通证人（Lay Witness）和专家证人（Expert Witness）两种，而大陆法系国家则把证人和鉴定人区分开来。所谓意见证据规则，又被称为意见证据排除规则，是指证人只能就他曾经亲身感知的事实提供证言，而不得就这些事实进行推论，推论的意见将被排除，但专家证人的意见除外。英美法系上对普通证人的要求是，普通证人必须只陈述他们所知道的第一手资料并且只能就事实提供证言，即他们不可以提供意见、推论或者结论。所以在审理事实时，常沿用古老的法谚，即"证人应具备亲身之见闻"，如果只是证人的意见，则不能采用为证据。[1]

意见证据排除规则的法理依据一般认为有两个：一是侵犯事实审理者的职权。在英美法系中，依据证据材料做出推断或结论，属于裁判者的职能。而证人仅是一种证据的来源，其职责在于将其亲身体验的事实如实提供给法庭即可。如果允许证人提供意见陈述，无异于允许证人代替行使事实裁判者的权力。二是有影响公正认定事实的危险。因普通证人没有做出推断或意见的特殊技能，如允许证人提供意见，其陈述的内容中混杂有证人的个人见解而误导陪审团，以至于可能错误地认定案件事实。但是对于专家证人，则可以提供意见证据。按照意见证据规则的要求，在提供证言时，普通证人一般不得依据观察的事实进行推断或表达自己的意见；普通证人提供的推断或者意见不得采纳。可见，意见证据规则适用的前提是区分普通证人陈述的"事实"还是"意见"。但事实上，"事实"和"意见"难以截然分开，正因如此，英美法系大多数国家的意见证据规则从最初的"绝对排除"逐步发展为现在的"相对排除"，即不仅规定了意见证据的一般排除规则，同时也规定了

---

〔1〕参见陈朴生等著、刁荣华主编：《比较刑事证据法各论》，汉林出版社 1984 年版，第 258 页。

一些例外情形。[1]

就我国立法规定而言，意见证据规则最早出现在 2002 年 4 月 1 日起施行的《最高人民法院关于民事诉讼证据的若干规定》第 57 条中，该条规定出庭作证的证人应当客观陈述其亲身感知的事实。证人为聋哑人的，可以其他表达方式作证。证人作证时，不得使用猜测、推断或者评论性的语言。同年 10 月 1 日起施行的《最高人民法院关于行政诉讼证据若干问题的规定》第 46 条也作出了类似规定："证人应当陈述其亲历的具体事实。证人根据其经历所作的判断、推测或者评论，不能作为定案的依据。"相较于民事诉讼与行政诉讼，我国刑事诉讼中的意见证据规则直至 2010 年才出现在同年 7 月 1 日开始施行的《关于办理死刑案件审查判断证据若干问题的规定》（以下简称《死刑案件证据规定》）的第 12 条第 3 款，之后在《刑诉法解释》第 88 条第 2 款中再次重申："证人的猜测性、评论性、推断性的证言，不得作为证据使用，但根据一般生活经验判断符合事实的除外。"但通过比较刑事诉讼法的有关规定与民事诉讼和行政诉讼的证据规定可以发现，其对意见证据的排除实际上采取了不同的立法态度，即刑事诉讼法规定意见证据"不得作为证据使用"，此处的"排除"属于对意见证据在采纳层面上的约束；而民事诉讼和行政诉讼的证据规定强调意见证据"不能作为定案的依据"，此处的禁止性规定则属于证据采信层面上的约束。而从英美法系国家的立法规定上看，意见证据规则属于采纳层面上的约束。因此，从立法技术上评价，我国刑事诉讼法关于意见证据规则的规定相对成熟和完善，不仅对意见证据规则作出了一般性规定，还规定了例外情形。

但遗憾的是，《刑诉法解释》规定的"一般生活经验"的例外情形，由

---

[1] 如美国《联邦证据规则》第 701 条规定，如果证人不是以一个专家的身份作证，那么该证人的意见或推论形式的证言仅限于下列意见或推论：（a）合理基于该证人的知觉；并且（b）有助于清晰理解证人证言或对争议事实作出判定；以及（c）不是基于科学、技术或其他属于该规则 702 范围的专业知识。参见李学军、张鸿绪："我国刑事诉讼中意见证据规则适用的实证分析"，载《证据科学》2016 年第 5 期。又如，《澳大利亚联邦证据法》第 77 条规定，意见证据之所以被采纳，是因为其因证明就其存在而表达意见的事实之存在之外之目的而具有相关性，则意见规则不适用于该意见证据。第 78 条规定，在下列情况下，意见规则并不适用于某人表达的意见证据：（a）该意见是建立在该某人对某事项或者事件的所见、所听或者其他方式的感知基础上的；并且（b）该意见证据为足够说明或者理解该某人关于该某事项或者事件的感知所必需。参见澳大利亚司法部编：《澳大利亚联邦证据法（中英对照）》，王进喜译，中国法制出版社 2013 年版，第 115 页。

于其评判标准过于模糊，在实务运用中存在"放水"之嫌，从而大大淡化了意见证据规则的存在功用。显然，对于"一般生活经验"的判断标准，立法者交给了司法裁判人员，而每个司法人员自身的社会经验、判断标准、知识结构、情感认知等诸多因素都存在差异，这必然导致对于同样的某项"意见"会给出不同的判断。比如，在"秦某某等故意杀人、窝藏案"中，[1]一审法院（甘肃省庆阳市中级人民法院）和二审法院（甘肃省高级人民法院）均采纳了证人姚某的"猜测性""推断性"的证言，证人姚某作证说："2010年2月24日，我儿子刘二某打电话说我孙子和孙女不见了，我和丈夫刘五某租车回到家四处找也没有找见，第二天在我家井里发现了我孙子和孙女的尸体。我怀疑是我女婿秦某某杀害的。"而在广东省高级人民法院审理的"费某某故意杀人、盗窃案"中，[2]证人林某群所作的证言："我见过曾某乐的男朋友，他容易冲动，对于曾某乐的死我怀疑是曾某乐的男朋友所为。"该证人的"猜测性""推断性"证言就被法院所排除。可见，刑事诉讼法规定的"根据一般生活经验判断符合事实的除外"，这种例外情形由于每个法官的理解不同，判定不同，相应地也决定了意见证据的不同归属。假若对何为"一般生活经验"给出最基本的司法解释，使司法人员掌握一个较为客观的评判准则，或者可以减少这种不一致的裁判。

5. 关联性规则（The Rule of Relevancy）

广义上讲，关联性规则是指只有与本案有关的事实材料才能作为证据使用，其又被称为相关性证据规则，它是证据规则体系中的一项基础性规则。在英美法系中，证据的关联性（或相关性）是可采性的前提，因而对证据的关联性极为重视。作为证据，必须既有关联性，又有可采性；只有相关的证据才可能具有可采性，不具有关联性的证据，根本不发生可采性的问题。与传闻证据规则不同的是，关联性规则关注证据的内容或实体，而不是证据的提出形式或方式；而传闻证据规则关注的是证据的形式，也就是说，当事人针对传闻证据提出异议是因为该证据是以传闻的形式提出的。但是，证据的关联性规则却并不涉及证据是否真实的问题，其重点是要解决证据与证明对象是否具有实质性和证明性。对于某些特定种类的证据来说，判断其与待证事实

---

〔1〕 参见甘肃省高级人民法院，(2011) 甘刑一终字第 28 号。
〔2〕 参见广东省高级人民法院，(2014) 粤高法刑二终字第 149 号。

是否具有关联性，进而是否可被采纳，常常会遇到困难，最为典型的就是"品格证据"（Character Evidence）。品格证据是指表明、反映特定诉讼参与人的品格或者品格特征的证据。判断品格证据是否具有关联性的一般规则是，一个人的品格或者一种特定品格（如暴力倾向）的证据在证明这个人于特定环境下实施了与此品格相一致的行为上不具有关联性。由此推论，被告人之前的不良品格不得提出来作为证明现在犯罪事实的证据。但是也存在例外情况，比如，被告人提出其具有良好品格的证据的，或曾攻击控告人的品格的，以及曾指证他人或共同被告是犯罪人的，则被攻击一方或原告可以质问被告人过去的品行，并提出关于其品格不良的证据。在这种情况下，所提出的品格证据不在排除行列，可以被采纳。因为此时这类品格证据的目的是评价证言的可信性，就不能说与案件无关联。除了品格证据之外，还有类似行为证据。[1]也就是说，有关以前的犯罪行为或其他不端行为的证据可以提出来证明一种正在实行的阴谋或计划的存在，而且有可能被告人被指控的犯罪也正是其一部分或一方面。改革后的英国立法规定也放宽了采纳的标准，即如果属于非常类似的行为，则可以采纳。

从目前有关规定看，我国刑事诉讼法并没有严格确立关联性（或相关性）规则，虽说 2010 年《死刑案件证据规定》第 6 条、第 7 条和第 9 条对证据的关联性予以了关注，但只是要求对于物证、书证进行审查时，相关性审查是其中的一项重要内容。修正后的《刑事诉讼法》也对证据的相关性作出了规定。第 52 条规定，审判人员、检察人员、侦查人员必须依照法定程序，收集能够证实犯罪嫌疑人、被告人有罪或者无罪、犯罪情节轻重的各种证据。根据该条的要求，公安、司法人员应当收集与犯罪嫌疑人、被告人有罪或者无罪以及犯罪情节轻重事实相关的证据。第 120 条第 1 款规定："侦查人员在讯问犯罪嫌疑人的时候，应当首先讯问犯罪嫌疑人是否有犯罪行为，让他陈述有罪的情节或者无罪的辩解，然后向他提出问题。犯罪嫌疑人对侦查人员的提问，应当如实回答。但是对与本案无关的问题，有拒绝回答的权利。"根据该条的要求，犯罪嫌疑人供述应当与案件有关。第 141 条第 1 款规定："在侦查活动

---

[1] 如，美国《联邦证据规则》第 404 条（b）规定："关于其他犯罪、错误或行为的证据不能用来证明某人的品格以说明其行为的一贯性。但是，如果出于其他目的，如证明动机、机会、意图、预备、计划、知识、身份，或缺乏过失，或意外事件等，可以采纳。"参见卞建林译：《美国联邦刑事诉讼规则和证据规则》，中国政法大学出版社 1996 年版，第 105~106 页。

中发现的可用以证明犯罪嫌疑人有罪或者无罪的各种财物、文件，应当查封、扣押；与案件无关的财物、文件，不得查封、扣押。"根据该条的要求，查封、扣押物证、书证应当与案件有关。应该说，最高人民法院2021年1月公布的《刑诉法解释》对证据的相关性规定进行了完善和发展。该解释第82条规定："对物证、书证应当着重审查以下内容：……（四）物证、书证与案件事实有无关联；对现场遗留与犯罪有关的具备鉴定条件的血迹、体液、毛发、指纹等生物样本、痕迹、物品，是否已作DNA鉴定、指纹鉴定等，并与被告人或者被害人的相应生物特征、物品等比对。"第85条规定："对与案件事实可能有关联的血迹、体液、毛发、人体组织、指纹、足迹、字迹等生物样本、痕迹和物品，应当提取而没有提取，应当鉴定而没有鉴定，应当移送鉴定意见而没有移送，导致案件事实存疑的，人民法院应当通知人民检察院依法补充收集、调取、移送证据。"第108条规定："对视听资料应当着重审查以下内容：……（六）内容与案件事实有无关联……"第110条规定："对电子数据是否真实，应当着重审查以下内容：……（五）完整性是否可以保证。"另外，在审查和运用证据环节，该解释第139条着重要求："对证据的真实性，应当综合全案证据进行审查。对证据的证明力，应当根据具体情况，从证据与案件事实的关联程度、证据之间的联系等方面进行审查判断。"不足在于：我国《刑事诉讼法》与司法解释对证据的关联性虽然都作出了较为明确的规定，但这些规定仍显得过于笼统和抽象，并且还欠缺关联性的判断标准以及对品格证据处理的规则等。因此，很难说我国刑事诉讼法中已经确立了证据的关联性规则，从上述立法规定上看，我国法律也只是对证据的相关性作出了明确的要求。

（三）刑事证明制度

在证据法研究领域，证明责任与证明标准一直是学术研究的兴趣所在，同时又是争议颇多的领域。诚如有学者所言："证明责任乃诉讼之脊梁。无论是对抗式诉讼还是职权式诉讼，作为风险分配的证明责任分配都具有适用性。[1]而围绕着证明标准，无论是理论界还是实务界都产生了各种学说，可谓仁者见仁智者见智，但"作为一种确定的、统一的、具有可操作性的证明标准的

---

〔1〕　参见［德］汉斯·普维庭：《现代证明责任问题》，吴越译，法律出版社2000年版，第30~31页。

构建只能是乌托邦。"[1]

1. 证明责任的界定与分配原则

（1）证明责任的界定。按照古罗马法的定义，证明责任即举证责任，是指在诉讼过程中原、被告双方必须举出一定证据证明自己提出的诉讼主张；在不能完成该义务时，负担败诉风险的责任。从这一概念看出，证明责任首先与诉讼主张联系在一起，没有诉讼主张，不产生证明责任；其次，证明责任是一种义务，它是提出证据支持并证明自己的诉讼主张的义务；最后，证明责任表现为一种风险机制，它在本质上是当事人对于自己的诉讼主张不能提供相应证据加以证明时所负担的败诉风险。

证明责任是证明制度的重要组成部分，但由于诉讼性质、诉讼结构的不同，证明责任的分配也有所区别，证明责任的概念也随之发生变化，正因如此，证明责任的概念界定也成为当今证据法理论研究中的难题之一。在我国证据法学界，证明责任这一概念在民事诉讼领域的争论更为激烈，有学者认为，证明责任是指，在事实真伪不明时，法官因不得拒绝裁判而采用的处理案件的方法。[2]还有学者认为，证明责任是指，在作为裁判基础的某个事实真伪不明时，依照预先规定的裁判规范由当事人所承担不利后果的一种负担。[3]那么，证明责任究竟是种什么性质的责任呢？对此，各国学者都进行了诸多探讨，并出现了以下几种主要学说：

①权利说。认为根据诉权原理，证明责任应属于承担者的一种权利，即当事人有权请求法院给予司法救济，并通过审判来实现其民事权益。因此，为了维护自己的实体权益，当事人在诉讼中提出主张和运用证据是法律赋予公民的一项基本权利。②义务说。认为承担证明责任是提出诉讼主张的当事人应负的义务。因此，证明责任应为法律上的义务，若提出诉讼主张的当事人拒不履行证明责任，就必须承担不利的诉讼后果。③权利义务说。该说实则是"权利说"和"义务说"的融合。④责任说。认为证明责任是诉讼当事方的法律责任，它与义务不同，义务一般是相对他人而言，而责任是由当事人自己承担的，因此对负有证明责任的当事人来说，不承担证明责任只是对自

---

〔1〕 张卫平："证明标准建构的乌托邦"，载《法学研究》2003 年第 4 期。

〔2〕 参见陈刚："证明责任概念辨析"，载《现代法学》1997 年第 2 期。

〔3〕 参见张卫平："证明责任概念解析"，载《郑州大学学报（社会科学版）》2000 年第 6 期。

己不利，而并非没有履行对他人的义务。⑤后果说。又称"效果说"，认为负有证明责任的当事方如果不能举证，或举证不足，则必然承担不利的诉讼后果。⑥负担说。又称"必要说"、"风险说"或"危险说"，认为证明责任是指当事人请求依其主张而为裁判时，就其主张的待证事实有责任举证证明的负担。如不能举证证明，则负担不能依其主张作出裁判的危险。另外，证明责任与举证责任又是什么关系呢？学术界主要有以下几种观点：①同一说。该观点认为，证明责任就是举证责任，即是指由谁负有提出证据证明案件事实的义务。②并列说。与上述观点截然不同的是，该观点主张证明责任与举证责任是两个完全不同的概念。证明责任是指在刑事诉讼中，公、检、法机关承担的收集、运用证据以证明犯罪嫌疑人、被告人是否有罪的法律义务。在这种观点下，犯罪嫌疑人、被告人不承担任何证明责任；而举证责任是指当事人向司法机关提供证据的责任。③大小说。该观点既区别于同一说，又不同于并列说，认为证明责任包含举证责任。证明责任是指司法机关或者某些当事人应当收集或提供证据证明案件事实或者有利于自己的主张的责任，不负证明责任将承担其认定或主张不得成立的后果。举证责任则仅指当事人提供证据证明有利于自己的主张的责任。④包容说。认为举证的目的是证明，而证明是举证的结果，因此二者之间是相互包容的关系。⑤前后说。这种观点认为，虽然举证责任与证明责任是两个独立的概念，但二者之间存在前后的关系。举证责任主要是提出和收集证据，证明责任主要是判断和适用证据。从认识论的角度看，前者属于感性认识，后者属于理性认识。

　　在英美法系和大陆法系中，证明责任的概念都包含两层含义：一是英美法系称为"提供证据的责任"，大陆法系称为"主观证明责任"。证明责任是指当事人在诉讼的不同阶段提出证据证明所主张或所反驳的事实使法庭相信该事实存在的责任。二是英美法系称为"说服责任"，大陆法系称"客观证明责任"。证明责任是指当事人对交付法庭审判的案件，在法庭审理的最后阶段仍然真伪不明时，由对该要件事实负有主张责任的当事人承担不利后果的责任。从程序功能上讲，提供证据的责任和说服责任分别在诉讼中发挥着不同的作用。控诉方如果没有提供证据或者经审查法院认为提供的证据不充分，即认为没有满足提供证据的责任要求，那么该案件就无法进入到审判环节。没有进入立案程序正式交付审判的案件，也就不涉及说服责任的问题。而说服责任的功能在于，确保法官在事实真伪不明的状态下也能作出裁判。说服责任作为一种法定的风险分配机制，始终位于争议事实的主张者一方。根据无罪推定原则的要求，如果在案件审判结束时仍然事实真伪不明，那么控诉方就要承担败诉的风险，也就是说法院必须按照疑罪从无原则作出无罪判决。

笔者认为，将证明责任的概念分为两个方面进行理解是符合司法实际情况的。在国内也有不少学者主张证明责任的"双重含义说"，认为证明责任应当包括行为与结果两个方面，即行为意义上的证明责任与结果意义上的证明责任。前者是指当事人对所主张的事实负有提供证据证明的责任；后者是指在事实处于真伪不明状态时，主张该事实的一方承担不利的诉讼后果。

（2）证明责任的分配原则

在英美法系国家的刑事诉讼中，要求控诉方必须对指控犯罪事实的要件承担提供证据的责任和说服责任。其中，说服责任必须达到能够排除合理怀疑的程度。而被告方不承担说服责任，但是在诉讼的不同阶段，被告方需要承担一定的提供证据责任。如在英国《刑事诉讼法》中，就规定被告方对阻却违法性事实（包括正当防卫、紧急避险、不可抗力、意外事件）、精神病等事实承担提供证据责任。不过，被告方的举证仅限于提出合理解释，在被告方提出这一主张并举出相应证据后，控诉方有义务加以反驳，并且必须将与被告方提出事实的相反结论证明到排除合理怀疑的程度。在大陆法系国家刑事诉讼中，一般遵循"控方承担证明责任"的分配原则，但是在特殊情况下，为了解决检察官的证明困难，法律也规定某些特别要件事实的证明责任由被告承担。[1]我国《刑事诉讼法》第51条规定："公诉案件中被告人有罪的举证责任由人民检察院承担，自诉案件中被告人有罪的举证责任由自诉人承担。"第52条规定："审判人员、检察人员、侦查人员必须依照法定程序，收集能够证实犯罪嫌疑人、被告人有罪或者无罪、犯罪情节轻重的各种证据。严禁刑讯逼供和以威胁、引诱、欺骗以及其他非法方法收集证据，不得强迫任何人证实自己有罪……"由此，根据我国《刑事诉讼法》的规定，证明被告人有罪事实的证明责任由控诉方（在公诉案件中是检察机关，在自诉案件中是自诉人）承担，这是刑事诉讼中关于证明责任分配和承担的核心原则。也就是说，控诉方既负有提出证据证明犯罪事实的责任，也负有说服法官的

---

〔1〕 如在日本《刑事诉讼法》中就规定有两种情形：（1）毁损名誉中真实的证明；（2）同时伤害。

责任；如果指控的犯罪事实真伪不明时，法官应按照无罪推定的原则判定被告人无罪，此时，控诉方将承担诉讼上的不利后果。

在这里需要澄清几点认识：第一，公安机关也承担一定的证明责任。根据法律规定，公安机关提请逮捕犯罪嫌疑人时，应当向检察机关提供证据证明有犯罪事实；公安机关侦查终结移送审查起诉时，必须就所认定的犯罪事实提供确实、充分的证据；人民检察院经过审查，认为事实不清、证据不足，可以退回公安机关补充侦查；经两次补充侦查仍然事实不清、证据不足的，人民检察院应当作出不起诉的决定。第二，人民法院不承担证明责任。虽然我国刑事诉讼法规定，法院对证据有疑问时，可以调查核实，但这并不是指法院要单独提供新的证据。即便根据《刑事诉讼法》第 52 条规定的"审判人员……必须依照法定程序，收集能够证实犯罪嫌疑人、被告人有罪或者无罪、犯罪情节轻重的各种证据"，但这并不能理解为法院的证明责任，因为法院在诉讼中并不会因为不能提供证据而承担不利的后果。第三，犯罪嫌疑人、被告人不承担证明责任是刑事诉讼证明责任分配的原则。虽然我国刑事诉讼法规定了犯罪嫌疑人对于侦查人员的讯问应当如实回答的义务，但从法律和逻辑上都不能得出犯罪嫌疑人不如实回答就要承担不利后果的结论。但该原则也有例外情形，主要涉及的案件类型有：①巨额财产来源不明罪的案件。《刑法》第 395 条第 1 款规定："国家工作人员的财产、支出明显超过合法收入，差额巨大的，可以责令该国家工作人员说明来源。不能说明其来源的，差额部分以非法所得论……"可见在该罪中，被告人就其巨额财产的差额负有说明其合法来源的义务，承担相应的证明责任。但是对于被告人的财产状况存在巨大差额以及被告人系国家工作人员等事实仍由检察机关承担证明责任。②持有型犯罪的案件。如非法持有枪支罪、弹药罪，非法携带枪支、弹药、管制刀具、危险物品危及公共安全罪，持有假币罪，非法持有国家绝密、机密文件、资料、物品罪，非法持有毒品罪等。在这些犯罪中，被告人需要就其合法持有负说明义务，承担相关的证明责任。但是，对于被告人确实曾经持有等事实则仍由检察机关承担证明责任。③自诉案件中，被告人提出反诉的案件，被告人须就其反诉承担证明责任。

2. 证明标准及制约证明标准的因素

证明标准，又称证明要求、证明任务，它是指承担证明责任的诉讼一方提供证据对案件事实加以证明所要达到的真实程度。也就是说，承担证明责任的一方要成功地证明所主张的待证事实，就必须将该事实的真实性证明到法定的程度；否则该方就等于没有履行证明义务，该方所主张的待证事实也无法为裁判者所接受。[1]从证明标准的概念可以看出，证明标准与证明责任有着密切的联系。证明责任是解决对于某项待证事实由谁来提供证据加以证明的问题，证明标准则是解决对于该项待证事实应当证明到什么程度才算达到要求的问题；证明责任是产生证明标准的基础，而证明标准则是证明责任的方向和准绳，证明责任因证明标准的存在而变得具体和富有可操作性。为正确理解刑事诉讼证明标准，须注意以下两点：第一，刑事诉讼证明标准特指审判阶段法院认定某具体事实主张的存在真伪，使法官达到可以确信该事实为真实的程度。至于审判阶段之前的立案、逮捕、侦查终结、移送审查起诉，尽管也需要达到一定证明程度的要求，但由于这些阶段没有建立典型的司法证明机制，因此这些证明程度要求不属于证明标准范畴。[2]第二，证明标准的内容实际上是就案件事实的存在使法官产生确信的程度。这种确信程度，英美法系国家通常称为"排除合理怀疑"，大陆法系国家通常称为"内心确信无疑"，中国则确立了"事实清楚，证据确实、充分"的标准。

一般而言，不同的证明对象所要求达到的证明标准是不一样的。如对于一个程序性的争议事实，其证明标准一般不需要达到最高的程度，而最多达到高度可能性即可；而对于实体事实而言，尤其是那些可能判处死刑的案件所要达到的证明标准尤为严格，不仅对犯罪事实要达到最高的确信程度，而且对那些支持适用死刑的量刑事实也要达到不低于犯罪事实的证明程度。另外，证明标准的分布除了要考虑证明对象的因素以外，还要考虑证明责任的承担者。[3]通常情况下，法律会确立控诉机关承担较高的证明标准，而由被告人承担证明责任时，法律所确立的证明标准会低一些，只需达到高度可能性即可。如在非法证据排除程序中，被告人对侦查行为的违法性证明只要达到令法官产生疑问的程度就可以，而检察机关要证明侦查行为的合法性并排除非法证据的存在，则需要达到最高的证明标准。

---

[1] 参见陈瑞华："刑事诉讼中的证明标准"，载《苏州大学学报（哲学社会科学版）》2013年第3期。

[2] 参见陈瑞华：《刑事证据法学》，北京大学出版社2012年版，第252页。

[3] 参见陈瑞华："刑事诉讼中的证明标准"，载《苏州大学学报（哲学社会科学版）》2013年第3期。

（1）英美法系国家的"排除合理怀疑"标准

排除合理怀疑（Beyond Reasonable Doubt）是英美法系国家普遍实行的刑事证明标准制度，它是指检控方指控一个人犯罪必须达到让裁判者内心没有合理怀疑的程度。"排除合理怀疑"作为证明标准产生于英国，18 世纪下半期被引入到刑事诉讼中，并逐步得到推广。它的产生和适用与法官对陪审团的指示有关，因为法官需要找到合适的语言告诉不熟悉法律的平民陪审团，使其尽量充分理解一个公正而理性的刑事判决对定罪的证据要求。而逐渐使用"排除合理怀疑"的概念并将其最终作为刑事案件证明标准确定下来，这与当时的哲学思想与宗教思想有关。[1]在美国，排除合理怀疑的标准被判例法、制定法和州宪法广泛接受，但对其是否属于联邦宪法保障的正当法律程序所要求的一部分，很少得到关注，直到温斯普（Winship）案，美国联邦最高法院才提到了这个问题，并裁决："正当法律条款保护被告人非因证据达到排除合理怀疑的程度不被定罪的权利，这些证据必须排除合理怀疑地证明构成他所被指控的犯罪所必需的每一事实。"[2]在辛普森一案中，排除合理怀疑正是作为正当法律程序实施的一部分从而导致辛普森在刑事上被判无罪。

对于排除合理怀疑的概念，没有统一的说法，关键是对"合理"标准的确定，要排除的不是一切怀疑，而是合理的怀疑。所谓合理怀疑"是指案件的这样一种状态，即在全面比较和考虑了所有证据之后，在陪审团成员心目中留下了这样的印象，即他们不能说自己对指控事实的真实性和确信的确定性感到了有一个可容忍的定罪。"[3]加拿大联邦最高法院曾对合理怀疑作过著名的解释：顾名思义，一项合理的怀疑准确地说就是一项建立在理性基础上的怀疑，亦即建立在逻辑推理过程之上的怀疑。它不是一种想象出来的怀疑，也不是基于同情或者偏见而产生的怀疑。它是这样一种怀疑，也就是如果你问自己"为什么我要怀疑"的时候，你能够通过回答这一问题，而给出一种逻辑上的理由。这种逻辑上的理由可以是指与证据有关联的理由，包括你在

---

〔1〕 参见 ［美］巴巴拉·J·夏皮罗："对英美'排除合理怀疑'主义之历史透视"，载王敏远主编：《公法》（第 4 卷），熊秋红译，法律出版社 2003 年版，第 43~44 页。

〔2〕 参见刘善春、毕玉谦、郑旭：《诉讼证据规则研究》，中国法制出版社 2000 年版，第 302页。

〔3〕 参见 ［美］罗纳德·J·艾伦等：《证据法：文本、问题和案例》，张保生等译，高等教育出版社 2006 年版，第 818 页。

考虑了全案证据之后所发现的矛盾，也可以是指与某一证据的不存在的相关理由，而该证据在这一案件中属于定罪的前提条件。许多英美学者都强调，"排除合理怀疑"的表述规定了一个非常高的证明标准，它"是如此接近确定性以致几乎没有什么分别"，但是，由于绝对确定是不必要的和不可能达到的，所以无论这一标准如何的高，都不能等于绝对确定。布伦南大法官认为，由于说一个人被推定无罪并不意味着什么，而除非这一声明指出谁应该对罪责问题提出证明以及这种证明应达到什么样的标准，所以排除合理怀疑标准为无罪推定这一刑事司法的基础原则提供了实质性的内容，它是减少定罪裁决事实错误的最重要的工具，在美国刑事程序的架构中发挥着极其重要的作用。

（2）大陆法系国家的"内心确信"标准

大陆法系国家的证据制度并不发达，加上实行职权主义的诉讼制度，法官的司法调查权对法庭上的司法证明机制造成了很大影响，因此没有形成较为系统的证明标准制度。"内心确信"是大陆法系国家普遍确立的定罪标准，也是证明被告人构成犯罪的证明标准。根据自由心证原则，法律不对每个证据的证明力大小强弱作出限制性规定，法律也不对裁判者形成内心确信的理由作出任何要求，对案件事实的认定完全交由法官、陪审员根据经验、理性和良心，根据其从法庭审判过程中所形成的主观印象，进行自由裁判。[1]

在我国，有的学者直接将证据评价中的自由心证作为一种证明标准，进而将自由心证和内心确信的概念混同，认为是翻译外文时的用词不同而已。[2]但事实并非如此。德国法学家贝塔斯（K. Peters）将自由心证主义解释为"客观+主观的证据评价原则"，这个解释在日本学界也引起很大共鸣。"自由心证作为描述证据评价的方式而被使用，而内心确信则作为自由心证时法官内心所达到的一种心理状态，法官可以据此作为裁判的依据，该词是作为描述一种证明标准而被使用的。"[3]可见，自由心证作为证据评价属于事实问题，而证明标准则属于法律问题。在大陆法系国家，证明标准的基本内容是

---

[1] 参见陈瑞华："刑事诉讼中的证明标准"，载《苏州大学学报（哲学社会科学版）》2013年第3期。

[2] 参见裴苍龄："制定证据法典刻不容缓"，载《法商研究（中南政法学院学报）》1999年第5期；毕玉谦：《民事证据法及其程序功能》，法律出版社1997年版，第92页。

[3] 张卫平主编：《外国民事证据制度研究》，清华大学出版社2003年版，第434页。

"内心确信"，这与英美法系国家的"排除合理怀疑"是互为表里的两种表述，其中排除合理怀疑是证伪，而内心确信则是证实。"内心确信"要求法官在认定事实的时候达到深信不疑的程度，而当出现疑问时，实行"存疑有利于被告人"的原则。当然，这里的内心确信标准主要适用于针对实体法事实的"严格证明"情况。[1]

（3）我国"事实清楚，证据确实、充分"的证明标准

"事实清楚，证据确实、充分"一直是我国刑事诉讼中最重要的证明标准，学术界通常将这种标准称为客观化的证明标准。所谓客观化的证明标准是指裁判者在认定某一案件事实是否成立时，需要达到某一外在的证明目标或证明要求。至于举证方要在多大程度上说服裁判者，裁判者对这种案件事实要形成多大程度的内心确信，法律则不作明确的要求。[2]长期以来，这种客观化的证明标准背离了"标准"的本意，扩大了"标准"的外延，也在逻辑上陷入了循环证明的尴尬境地。因为将证明标准人为地提高到"客观""真实"的程度，显然无法验证，极易导致公民与司法机关产生认识上的分歧。自2010年以来，为了让我国刑事证明标准更趋科学、合理，更具有可操作性，立法在为客观化的证明标准设置越来越具体的客观要素的同时，也逐步引入了一些主观层面上的证明要求。在最高人民法院颁布的《死刑案件证据规定》中首次引入了"排除合理怀疑"的主观标准，随后在2012年修正《刑事诉讼法》时，更是将"排除合理怀疑"全面纳入证明标准，将其作为判断"证据确实、充分"的三大法定条件之一。根据现行《刑事诉讼法》第55条第2款的规定，证据确实、充分，应当符合以下条件：第一，定罪量刑的事实都有证据证明。这一标准要涵盖定罪量刑的每一事实，包括需要提出证据证明犯罪事实已经发生、被告人实施了犯罪行为以及犯罪行为的具体细节、被告人的身份与刑事责任能力、被告人的罪过以及共同犯罪中被告人的地位和作用等。第二，据以定案的证据均经法定程序查证属实。这是对单个证据转化为定案根据的要求。所谓"经法定程序"，是指证据要具备证据能力；而所谓"查证属实"，则是指证据要满足真实性和可靠性的要求，从而具备证明

---

〔1〕　参见孙彩虹、张进德主编：《新编刑事诉讼法学》，中国民主法制出版社2013年版，第193～194页。

〔2〕　参见陈瑞华：《刑事证据法的理论问题》，法律出版社2015年版，第263页。

力。任何证据唯有同时具备证据能力和证明力，才能转化为定案的根据。第三，综合全案证据，对所认定事实已排除合理怀疑。这是借鉴英美法系的刑事证明标准，以"排除合理怀疑"来界定和解释"证据确实、充分"，有助于裁判者把握证明标准。

可以说，"证据确实、充分"和"排除合理怀疑"是理解我国刑事证明标准的两个方面：其一是正面的证明。即证据必须达到确实、充分的质和量的要求，这一要求强调证明的客观性；其二是反面的排除。即对事实的认定达到了排除合理怀疑的程度，这一要求则着眼于事实认定者的主观意识。刑事诉讼法将"排除合理怀疑"引入我国刑事诉讼的证明标准，意味着在原来的客观化证明标准中注入了带有主观性因素的证明要求，从而形成一种客观要求与主观要素相结合的证明标准，不得不说是我国从过去注重外在的、客观化的证明标准走向重视裁判者内心确信主观化要求的立法尝试。这种立法尝试既不是对"证据确实、充分"标准的简单解释，也并非要降低我国刑事诉讼中的证明标准，而是从裁判者主观认识的角度重新确立如何作出有罪裁判的标准。[1]尽管目前我国刑事诉讼法并没有对"排除合理怀疑"的含义作出具体的解释，但这也要比动辄强调"实事求是""客观真实"等抽象概念的证明标准要更加科学、合理，更具可操作性。当然，要使"排除合理怀疑"标准在我国刑事司法实践中得到真正的贯彻落实，还需要进一步将这一主观标准与客观标准进行真正的融合。为了避免法官滥用"排除合理怀疑"的标准，法律还要为其构建有效的外部制约机制。[2]

---

〔1〕 参见陈瑞华：《刑事证据法的理论问题》，法律出版社 2015 年版，第 289 页。
〔2〕 参见陈瑞华：《刑事证据法的理论问题》，法律出版社 2015 年版，第 284~288 页。

打击跨国犯罪的证据法应对：比较与评析

一、"一带一路"沿线代表性国家刑事证据制度概况

（一）新加坡刑事证据制度概况

1. 特定证据类型的可采性规则

（1）关于被指控人陈述[1]的可采性。涉及被指控人陈述可采性的有两个重要法律条文，即《新加坡刑事诉讼法典》第258条共3款内容以及第259条第2款。第258条第1款规定，依据本条第2款、第3款的规定，如果某人被指控实施一项罪行，他在任何时候所作的任何陈述，不论口头还是书面，在被指控之前还是之后做出，或者是否在任何执法机构执行的任何侦查过程中做出，都可以在他的庭审中作为证据使用；并且此人选择自己作为证人，那么，对以上陈述都可以进行交叉询问，并且可以检查此人作为证人的可信性；第2款规定，如果第1款中所提到的陈述是由某人对警官做出的，则对级别在警长以下的警官所作的陈述都不可作为证据；第3款规定，法院认为某人的上述陈述可能是因为办案人员基于针对该人的指控进行引诱、胁迫或者承诺而做出的，如果该法院认为，该引诱、胁迫或者承诺足以给该人充分的理由使其合理地认为，通过作出上述陈述，他可以在针对他的上述程序有关的事务中获得任何利益或避免任何不利，那么，该法院应当拒绝采用该人所作的陈述，或者拒绝以第1款中规定的方式使用该陈述。对本条第3款法律又

---

[1]《新加坡刑事诉讼法典》第257条规定，本章中，"陈述"包括呈现事实的任何表现形式，不论是口头形式，还是其他形式。

作出如下解释：如果被指控人的陈述是由任何办案人员的行为意图或事实上已经干预陈述者是自由意志的情形下所得，并且法院认为这种行为使得被指控人有理由合理认为作出上述陈述能够使其在根据对他提起的诉讼程序上获得任何利益或者规避对他提起的指控的暂时性的不利，这种行为将视为具体情况构成胁迫、引诱或者承诺，并将导致该陈述不能被采纳。[1]第259条第2款规定，某人被指控实施与任何陈述的作出或其内容有关的任何犯罪，并且该陈述是由他在执法机构的一名官员进行的任何侦查过程中向该官员作出的，该陈述可以在该指控中作为证据使用。[2]

（2）关于证人证言的可采性。根据《新加坡刑事诉讼法典》第259条第1款的规定，由执法机构进行案件调查的，被指控人以外的其他人所作的陈述都不可作为证据，但是该陈述具备下列情形的除外：被《证据法》第147条认可的；依据《证据法》第157条规定方式检测其可信性的；依据本法、《证据法》或者其他成文法的规定，在任何刑事诉讼程序中被认为可采纳的证据的；在列队辨认的过程中作出的；或者属于《证据法》第32条第1款第a项情形的。[3]

2. 排除性证据规则的例外

《新加坡刑事诉讼法典》第258条第4款规定，如果法院认为一项陈述是在本条第3款中提到的引诱、胁迫或者承诺行为的影响已经完全消除的情形下做出的，则该陈述具有可采性。另外，针对该法第258条第3款，解释2规定，新加坡2012年第30号法律也规定，如果一项陈述在其他方面是可以接受的，并不会因为是在以下任一情形下做出而导致不可采用：（a）基于保密协议，或者为了获得被指控人的陈述而对该人设局诱骗的；（b）当被指控人处于醉酒状态下的；（c）当被指控人回答无须其回答的任何问题的；（d）当被指控人没有被告知其没有义务作出该陈述，以及该陈述可能构成对他极为不利的证据的；（e）当被指控人的记录人员或者翻译人员没有完全依照第22

---

[1]《新加坡刑事诉讼法典》第258条第3款解释1。

[2] 参见卞建林主编：《刑事证据制度——外国刑事诉讼法有关规定》（上册），中国检察出版社2017年版，第96~97页。

[3] 参见卞建林主编：《刑事证据制度——外国刑事诉讼法有关规定》（上册），中国检察出版社2017年版，第97页。

条或者第 23 条中的规定的条件进行记录的。[1]

3. 关于证人出庭作证的规定

《新加坡刑事诉讼法》第 294 条规定，如果可以为控方或者辩方就任何罪行提供实质性证据的人患重病，依法律正常程序不能提供证据的，任何治安法官可以向控辩双方作出合理通知，表明其将收集该书面证言以及收集的时间和地点，并在此之后向此人收集书面证言。被指控人被羁押的，法官或治安法官可以命令负责该监狱的官员将被指控人按照规定的时间带到规定的地点，负责该监狱的官员必须照做。在审判被指控人时，证实作证人死亡或者因任何充分理由无法到庭的，如果在该书面证言被举证时被指控人不在庭，而审理案件的法院确信存在以下事项，该书面证言仍可以被宣读：（a）询问证人时证人正患有严重疾病；（b）书面证言的收集严格遵循指定的地点和时间；并且（c）提交该书面证言的意图已经合理地告知该证据直接指向的人，以便该人或其辩护律师可以出庭，并且，如果出庭，有充分的机会进行交叉询问。

4. 关于传闻证据的规定

新加坡立法中关于传闻证据的规定比其他普通法系国家更加宽泛。根据《新加坡刑事诉讼法》以及《新加坡证据法》的规定，陈述的形式包括口头和书面两种。如《新加坡刑事诉讼法典》第 257 条规定，"陈述"包括呈现事实的任何表现形式，不论是口头形式，还是其他形式。第 268 条又重申，在任何刑事诉讼程序中，任何陈述可以在本法、《证据法》或其他任何成文法规定的范围内作为证明该陈述所涉事实的证据被采纳。

（二）泰国刑事证据制度概况

从立法体例上看，泰国刑事证据制度立法与我国相似，也是在刑事诉讼法典中专列一编予以规定。在证据的可采性规则上，大致可归纳为以下几个方面：

1. 非法证据排除规则及其例外

《泰国刑事诉讼法》第 226 条规定，所有的物证、书证或言词证据，能够证明被告人有罪或无罪的，不是通过引诱、允诺、威胁、欺骗或者其他非法手段取得的，均具有可采性。反过来说，也就是所有通过引诱、允诺、威胁、

---

〔1〕　参见卞建林主编：《刑事证据制度——外国刑事诉讼法有关规定》（上册），中国检察出版社 2017 年版，第 97 页。

欺骗或者其他非法手段取得的能够证明被告人有罪或无罪的证据，无论是物证、书证还是言词证据，均不具有可采性。

那是不是根据法律的这一规定，就可以得出泰国立法者对于非法取得的证据，其态度就是绝对排除、一律排除呢？根据《泰国刑事诉讼法》第226/1条的规定，呈送法庭的证据如由恶意手段或者错误方式取得，法庭不得采纳。但从刑事司法标准或公民基本权利与自由的角度，采纳该证据更有利于实现正义的，法庭可以采纳。不过，法庭在决定是否采纳该证据时，应当充分考虑案件的各种情况，但不得包括下列因素：（1）证明价值，证据的重要性和证明力；（2）案件所涉犯罪的状况和严重性；（3）恶意取得证据的性质和造成的损害；（4）采用错误手段导致证据不可采之人是否受过处罚以及受到何种处罚。[1]

可见，泰国刑事诉讼法规定的非法证据排除规则内容，从范围上看，包括实物证据和言词证据；从排除的原则上看，采用的是相对排除。

2. 传闻证据规则的规定

《泰国刑事诉讼法》第226/2条规定，由证人在法庭中提供或记录于书证、物证中作为呈堂证据的言词陈述，在查证时，应被认定为传闻证据。关于传闻证据的证明力，该法第227/1条规定，在判断传闻证据的证明力时，法庭对于与案件有牵连的、被告没有机会交叉询问的、有其他与之相悖可能影响其可信度的证据应当慎重。除存在充分的理由、特殊背景或其他证据支撑外，法庭不应仅依据该传闻证据惩罚被告人。[2]

即便如此，相较于英美法系国家，尤其是美国对于传闻证据的规定，泰国刑事诉讼法虽然也承认传闻证据不可采信，但是立法仍然留有不少余地。该法第226/3条规定，传闻证据不应被法庭采纳，除非：（1）传闻证据的状况、性质、来源和细节是可信且可查证的，或（2）亲自看到、听到或知道陈述内容的人是证人，但其无法出席法庭。出于公正，有合理理由和必要性采纳该传闻证据。如法庭认为传闻证据不应采纳，相关乙方对此表示反对的，法庭应当作出报告，列明证明的名称、种类和性质，拒绝采纳的原因及反对

〔1〕参见卞建林主编：《刑事证据制度——外国刑事诉讼法有关规定》（上册），中国检察出版社2017年版，第69页。
〔2〕参见卞建林主编：《刑事证据制度——外国刑事诉讼法有关规定》（上册），中国检察出版社2017年版，第69页。

意见。对反对方提出的理由，法庭应当根据情况写入报告或要求该方提供书面文件以保存在法庭记录中。[1]

3. 最佳证据规则

《泰国刑事诉讼法》第238条规定，只有原始文件才能被采纳为证据。如原件无法适用，经认证后的复印件或包含其内容的言词证据亦可接受。如官方文件被列为证据，即使原件存在，除经传票直接要求外，经认证的复印件亦可使用。第241条规定，任何被用作物证的物品必须带至法庭。如该物证无法带至法庭，法庭应根据物证的性质，在合理的时间采取合适的方式在物证所在地对其进行审查，并作出记录。[2]

4. 证明标准

《泰国刑事诉讼法》第227条规定，法庭应对全案证据进行裁量，除非法庭认定犯罪确已实施，且确由被告人实施，不得作出任何有罪判决。只要对被告人是否犯罪存在合理怀疑，均应作出有利于被告人的裁判。[3]可见，泰国刑事诉讼采"内心确信"与"排除合理怀疑"相结合的证明标准。

（三）印度的刑事证据制度概况

1. 1872年《印度证据法》

《印度证据法》采用的是典型的英美法系立法模式——证据法典化，不过印度证据立法要比英国证据立法早得多。1872年《印度证据法》虽历史久远，但其影响力不减，至今新加坡和马来西亚等国家仍然使用这部完整的法典。《印度证据法》一共分三编内容，第一编：事实的关联性；第二编：证明；第三编：证据的提供和效力。《印度证据法》有其独特的立法形式——"条文—解释—例解"，即凡是条文内容有"例外"情形或需要作出具体解释的，都会附在该条文的正式内容之后；如果需要对该条文内容加以进一步阐释，还会提供简明扼要的例子。[4]

---

〔1〕参见卞建林主编：《刑事证据制度——外国刑事诉讼法有关规定》（上册），中国检察出版社2017年版，第69页。

〔2〕参见卞建林主编：《刑事证据制度——外国刑事诉讼法有关规定》（上册），中国检察出版社2017年版，第74页。

〔3〕参见卞建林主编：《刑事证据制度——外国刑事诉讼法有关规定》（上册），中国检察出版社2017年版，第70页。

〔4〕前文所述的《新加坡刑事诉讼法典》就是采用的这种立法形式。

2. 印度刑事证据规则

（1）关联性规则。《印度证据法》规定了涉及证据制度的诸多规则，但有一点特别突出，就是事实关联性规则。其实，从广义上讲，证据规则就是指关联性规则。斯蒂芬曾经认为，证据法上只有一条规则，就是关联性规则。所以《印度证据法》也成为关联性规则的立法范例。那么，事实关联性规则都包括哪些内容呢？按照英国理论界的观点，事实分为争执中的事实和与争执点有关联的事实。因为有时候可能找到直接证据对争执事实予以证明，有时则需要根据与争执点有关联的事实来推理，根据这些事实与争执中的事实的联系是否紧密来对争执中的事实加以判断，从而认定争执事实的盖然性大小。[1]在立法技术上，关联性规则大多表现为对不具有关联性证据的排除规则。因为"法律在确定相关性规则的时候不可能从正的方面规定哪些证据是相关的，但从反的方面规定哪些证据是不相关的并应予以排除则是可能的。"[2]而《印度证据法》的最大特点还在于它是从正面规定了哪些事实是关联的，并将关联性事实限定于法律规定的范围之内。包括：第一，某个事实与争议事实共同构成了同一事务的某一部分，那么这一事实与争议事实之间具有关联性。例如，一个谋杀案中的杀人者与被害人在谋杀事实发生前后的言谈或行为对此案而言都具有关联性。例如连续发生的犯罪行为，每个独立的行为都是具有关联性的事实；第二，某些事实是讼争事实的原因或结果，可以视为具有关联性的事实；第三，某些事实是关联或讼争事实的动机、预备措施或该事实发生之前或发生之后的行为，可以视为具有关联性的事实；第四，基于解释或引入关联性事实的目的，或是用以支持或驳斥讼争事实或关联事实的目的这两方面目的而需要的事实，可以视为具有关联性的事实；第五，共谋者之间在共同策划犯罪或可起诉违法行为的过程中的言行，可以视为具有关联性的事实；第六，无关联事实转化为有关联的事实，可以概括为：自认、不能被传唤为证人的人的陈述、特殊情况下所作陈述、具有关联性的法院作出的判决、具有关联性的第三人的意见以及具有关联性的品格等。[3]

（2）意见证据规则。意见证据规则或称意见证据排除规则，它是对抗制

---

〔1〕 参见童勇："印度《1872年证据法》评介"，载《证据学论坛》2001年第1期。

〔2〕 参见马贵翔："刑事证据相关性规则探析"，载《东方法学》2009年第1期。

〔3〕 参见童勇："印度《1872年证据法》评介"，载《证据学论坛》2001年第1期。

事实模式中的一个重要规则。根据《印度证据法》的规定，对外国法、科学或艺术、笔迹或指纹的同一性问题方面具有特殊技能的人，对上述问题所作出的陈述意见为专家意见。[1]专家意见可以作为具有关联性的证据使用。

（3）最佳证据规则。最佳证据规则也叫证据优先性规则。古代英美法律以文书原件为最佳证据，只有当法庭确认了文书原件确已遗失或者损毁，当事人才可以提供复制的文书作为证据。《印度证据法》也要求对于制作成文书形式的文字材料或文书证据，可以排除口头证据。即不得使用对该文书的口头协议或陈述作为口头证据对其进行反驳、改变、增加或删减。[2]

（4）品格证据规则。品格证据是指关于某个人的个性特征的赞扬或谴责性的一般描述，关于一个人在社区中的道德立场的一般描述。[3]在刑事诉讼中，被告人的恶劣品格对于证明其实施特定犯罪的事实来说，一般不具有关联性而应当被排除，除非被告人首先提出了品格证据。根据《印度证据法》第54条的规定，在刑事诉讼程序中，如果被告人具有不良品格，则这一事实不具有关联性；但是，如果案件中提出其具有良好品格的证据，使得该事实成为关联事实的，则不在此限。也就是说，《印度证据法》的品格证据规则指的是：被指控人原先具有的良好品格的事实，是有关联性的事实；但原先的不良品格则不应视为具有关联性的证据，除非用以反对该人具有良好品格的证据。

（5）补强证据规则。又称单个证据补强规则，我国学术界一般称之为"孤证不得定案"，该规则主要适用于当事人陈述。根据《印度证据法》的规定，当事人的陈述不能作为定案的唯一证据；但如果一个证人意图提出补强证据，针对关联事实举出有关情况可以作为证据使用。经过调查核实，法庭可判定其具有可采性。

3. 关于证明责任的承担。《印度证据法》规定了以下情况的证明责任负担：第一，某人就其所主张的某种法定权利和责任，请求法院作出裁决，则他负有证明责任；第二，某人希望法庭相信某特殊事实的存在，则他负有证明责

---

[1]　参见何家弘、张卫平主编：《外国证据法选择》（下册），人民法院出版社2000年版，第1310页。

[2]　参见何家弘、张卫平主编：《外国证据法选择》（下册），人民法院出版社2000年版，第1333页。

[3]　See Bryan A. Garner, *BLACK's Law Dictionary*, West Group, 2004, p.595.

任；第三，某人被指控犯有某种罪行，他辩称自己存在一些例外情况，则他负有证明责任；第四，某个事实属于某人特殊知情的范围，则他负有证明责任。[1]

（四）哈萨克斯坦刑事证据制度概况

《哈萨克斯坦刑事诉讼法》用了 1 编 2 章共 17 个条文，规定了哈萨克斯坦有关的刑事证据制度。具体包括以下内容：

1. 证据概念和证据种类

《哈萨克斯坦刑事诉讼法》第 111 条第 1 款规定，刑事案件的证据是指依据本法典规定的程序，通过合法方式获取的事实资料。第 2 款规定，对于正确审理案件具有意义的事实资料，可以确定为：犯罪嫌疑人、刑事被告人、刑事被害人、证人、享有辩护权的证人、鉴定人、专家的供述；鉴定人、专家的意见；实物证据；诉讼行为笔录与其他文件。

2. 非法证据排除规则

（1）非法证据的认定及其效力。根据《哈萨克斯坦刑事诉讼法》第 112 条第 1 款的规定，违反《哈萨克斯坦刑事诉讼法》规定的要求，在案件的审前调查或者法庭审理阶段，通过剥夺或者压迫刑事诉讼程序参与人被法律保护的权利，亦或违反其他刑事诉讼程序规则的方式获取，影响或者可能影响对收集的事实资料进行确定的，不得作为证据使用。其中非法取证行为包括：①使用酷刑、暴力、威胁、欺骗以及其他非法行为与虐待手段；②利用刑事诉讼程序参与人因为未对其进行说明，亦或不全面或者不正确地对其说明所应享有的权利与义务，进而对自己应当享有的权利与义务存在误解的；③由于无权对该刑事案件进行审理的人员实施了相应的诉讼行为；④由于应当回避的人员参与了诉讼行为；⑤实质违反了上述行为的实施程序；⑥来源不清亦或来源无法在审判庭上得以确定的；⑦在证明阶段使用的方法违反科学知识。[2]上述违反刑事诉讼法典取得的事实资料，应当认定为是不予采信的证据，不得作为控诉的根据，不得在证明案件事实的任何情节时使用。[3]

---

〔1〕 参见童勇："印度《1872 年证据法》评介"，载《证据学论坛》2001 年第 1 期。

〔2〕 参见卞建林主编：《刑事证据制度——外国刑事诉讼法有关规定》（上册），中国检察出版社 2017 年版，第 13~14 页。

〔3〕《哈萨克斯坦刑事诉讼法》第 112 条第 4 款，参见卞建林主编：《刑事证据制度——外国刑事诉讼法有关规定》（上册），中国检察出版社 2017 年版，第 14 页。

（2）非法证据排除程序的启动。《哈萨克斯坦刑事诉讼法》第 112 条第 2 款规定，在刑事诉讼程序阶段不得作为证据使用的，以及限制使用的事实资料，由调查机关、调查官、侦查官、检察官或者法院自行决定亦或根据控辩双方的申请确定。调查机关、调查官、侦查官、检察官或者法官，在处理不得采信的证据有关问题时，在任何情况下都应作出说明，违规证据具体有哪些表现，并作出合理判决。[1]

3. 证据的审查与证据的评价

对于采集到的案件证据，应当进行全面、客观的审查。审查的方法可以是检验、对比、补充证据以及核查证据采集的来源。对于证据的评价需要从相关性、可采性、可信性等角度进行。对于采集的所有证据总和，从处理刑事案件的充分性角度进行评价。法官、检察官、侦查官、调查官，应当在法律与良知的引导下，在对所有证据总和进行全面、完整与客观审查的基础上，依据内心确信对证据进行评价。如果对相关证据进行审核的结果能够证明其符合事实，应当认定为具有可信性的证据。所有证据的总和，针对案件采集的可采信证据，无可争辩地能够对所有事实以及应予证明的每一情节予以确定的，应当认定为对于刑事案件的审理具有充足性的证据。[2]

（五）俄罗斯刑事证据制度概况

俄罗斯联邦也没有单独的证据法典，而是将证据的内容作为《俄罗斯联邦刑事诉讼法典》的有机组成部分，在第 3 编中专门对"证据与证明"问题作出规定。

《俄罗斯联邦刑事诉讼法典》第 3 编第 10 章对证据法的基本问题作出了规定，包括证明对象、证据的概念、证据的种类、证据的特征，各种类证据的收集与审查判断；第 11 章规定了证明标准、证明责任、取证规则等基本证据规范。主要内容如下：

1. 证据的概念和种类

《俄罗斯联邦刑事诉讼法典》第 74 条第 1 款规定，刑事案件的证据，是

---

〔1〕　参见卞建林主编：《刑事证据制度——外国刑事诉讼法有关规定》（上册），中国检察出版社 2017 年版，第 14 页。

〔2〕　《哈萨克斯坦刑事诉讼法》第 125 条。参见卞建林主编：《刑事证据制度——外国刑事诉讼法有关规定》（上册），中国检察出版社 2017 年版，第 21 页。

指法院、检察官、侦查官、调查官依照本法典规定程序进行案件审理时，以其为基础能够确定是否具有应予证明的情节等各种信息，以及对刑事案件审理具有意义的其他情况。根据本条第 2 款的规定，允许作为证据的有：犯罪嫌疑人、刑事被告人的供述；刑事被害人、证人的供述；鉴定人的结论与供述；专家的结论与供述；物证；侦查行为与审判活动笔录；其他文件。[1]

2. 不予采信的证据

根据《俄罗斯联邦刑事诉讼法典》第 75 条第 2 款的规定，不允许采信的证据包括：（1）犯罪嫌疑人、刑事被告人在刑事案件的审前诉讼阶段，在辩护人不在场的情况下，其中包括在拒绝辩护人辩护的情况下所作的，在法庭上未被犯罪嫌疑人、刑事被告人所证实的供述；（2）刑事被害人、证人在猜测、假设、传闻基础上作出的供述，以及不能指出其信息来源的证人供述；（3）违反本法典要求获取的其他证据。不予采信的证据不具有法律效力，不得作为指控的根据，也不能用来证明举证证明对象中的任何情况。[2]

3. 口供证据的运用

《俄罗斯联邦刑事诉讼法典》第 77 条第 2 款规定，刑事被告人承认自己在犯罪实施中具有过错的，在其过错被刑事案件所有证据证实的情况下，才能成为指控的根据。可以这么理解，俄罗斯刑事诉讼法的这条规定，与我国《刑事诉讼法》第 55 条规定的"只有被告人供述，没有其他证据的，不能认定被告人有罪和处以刑罚"有异曲同工之处。

（六）以色列刑事证据规则

在以色列，伊撒查洛夫案算得上一个具有里程碑意义的判例，[3]该案裁决表明，目前以色列最高法院非法证据排除采用的是司法廉洁理论。在该案中，最高法院在强调非法证据排除规则普遍效力的同时，还承认了一项新原则，即在证据可采性的判定方面，给予地方法院广泛的自由裁量权，充分考虑每个案件的具体情况以及所涉利益冲突价值之间的平衡。根据该项原则，

---

〔1〕 参见卞建林主编：《刑事证据制度——外国刑事诉讼法有关规定》（上册），中国检察出版社 2017 年版，第 184 页。

〔2〕 参见卞建林主编：《刑事证据制度——外国刑事诉讼法有关规定》（上册），中国检察出版社 2017 年版，第 184 页。

〔3〕 CrimA 5121/98 Issacharov v. Chief Military Prosecutor, 61 (1) P. D. 461, section 46-47 (2006).

如果采纳非法获取的证据"将大大损害被告获得公平审判的权利"时，那么就要予以排除。为了保障司法自由裁量权在一定的框架内行使，以色列最高法院还制定了一个指导原则，要求在排除非法证据时需要考虑三种因素：其一，非法获取证据的严重性。即如果是通过严重违反法律规定，侵犯被告人审讯期间应享有的权利；或者是通过严重侵犯被告人基本权利的手段获取的证据，此时，将大大增加非法证据排除的必要性。不过在这种情况下，法院还需要同时考虑，如果不使用非法的取证方法，执法机关是否能够发现或获得证据。其二，非法取证方法对所得证据的可靠性及证明价值的影响程度。最高法院特别指出，独立而真实存在于非法证据之外的实物证据，一般不予排除。其三，有罪证据的重要性与被告所犯罪行的社会危害性。此时法庭会考虑排除非法证据的成本与保护社会利益的收益，或者说，非法证据对整个司法系统廉洁性的影响。[1]虽然以色列最高法院就非法证据排除提出了上述三个标准，但却没有给出具体的实施指导意见，也没明确这三种标准的适用顺序，因此它并没有解决法律适用上的可操作性问题，尤其涉及对派生证据的效力认定。

二、非法证据排除规则域外法考察与比较

（一）非法证据排除规则理论基础及其评析

实际上证据本身并无"合法"与"非法"之分，所谓非法证据是指在刑事诉讼中，依法享有调查取证权或有权提供证据的主体违反法律规定的程序或方法收集、提供的证据。也有学者称为"非法取得的证据"（Evidence Illegally Obtained）。[2]

广义上讲，非法证据包括四种：第一种是收集主体不合法的证据。即由不具备法律规定的取证主体资格的人收集的证据，如不具有鉴定人资格、条件的人所提供的鉴定意见。第二种是收集形式不合法的证据。即没有按照法律所规定的法定形式收集的证据，如按照法律规定，勘验、检查的情况应当

---

〔1〕　CrimA 5121/98 Issacharov v. Chief Military Prosecutor, 61（1）P. D. 461, section 70（2006）.

〔2〕　参见［美］埃德蒙·M·摩根：《证据法之基本问题》，李学灯译，台湾世界书局1982年版，第43页。

写成笔录，由参加勘验、检查的人和见证人签名或者盖章。如果没有相关人员的签名或者盖章，就属于形式不合法的证据。第三种是收集程序不合法的证据。即违反法定程序取得的证据，如询问证人没有个别进行的、书面证言没有经证人核对确认的、询问聋、哑人，应当提供通晓聋、哑手势的人员而未提供的等都属于这类证据。第四种是收集方式、方法不合法的证据。这里的方法不合法是指使用法律所禁止的手段，如暴力、胁迫、刑讯逼供、诱供、骗供等手段取得的证据。综观各国刑事证据制度，对非法证据的排除因素一般都归纳为两种情形：一是取证程序非法，二是取证手段非法。

由于非法证据是案件证明链条中存在瑕疵的一个环节，随时都有断链的可能，如果不加以排除，很容易造成冤、假、错案。因此只有在刑事诉讼中确立非法证据排除规则，才能使案件经得起历史的考验。但是需要强调的是，非法证据排除规则并不完全等同于证据排除规则。"非法证据排除规则属于证据排除规则的一部分，该规则设立的依据是此类证据在性质上属于非法，因此应予以排除；除此之外尚有如传闻证据规则、意见证据规则、证人特权规则以及品格证据规则等多种排除证据的规则，这些规则所针对的对象显然无所谓非法与合法之分，只是由于其不符合法律规定的条件而被排除。"[1]因此，非法证据排除规则是为了排除那些采用侵犯人权等法律所禁止的手段收集的证据，是规范证据能力的一项重要证据规则。当通过不正当或非法的方法获得的证据具有证明力时，为什么还要排除该证据呢？这就是非法证据排除理论基础所要解决的问题。

1. 司法廉洁理论

该理论强调，维护司法体系的合法性要胜过追求事实发现，因为司法程序的最终目标永远是合法性高于事实发现。根据这一逻辑，侦查阶段是刑事程序的固有部分，作为一个整体，如果法院采纳了执法机关通过非法手段获得的证据，法院将被视为政府非法行为的帮凶，自然也会破坏司法廉洁以及削弱公众信任。因为公众无法接受法院在惩罚被告违法犯罪的同时，却纵容警察非法获取证据的行为。因此，排除非法证据是公众信任司法的先决条件，法院通过排除非法证据，避免成为警察不法行为的同谋，以维护惩罚犯罪的合法性。

---

〔1〕 参见孙远："证据是如何排除的"，载《政法论坛》2005 年第 5 期。

在美国，司法廉洁理论是通过美国联邦最高法院一系列案例逐步确立起来的。较早提出该理论的是 1928 年奥姆斯特德诉美国（Olmstead v. United States）一案。大法官布兰代斯在发表反对者意见时指出，对于一个法治政府而言，如果政府不能认真遵守法律，那么就会威胁到政府的存在……如果政府成为违法者，这会助长人们对法律的蔑视……如果政府以非法方式获得的证据为依据向法院提出控告，那么法院应该拒绝使用该证据，这是为了确保司法免遭玷污，也是为了增强人们对司法的信心。[1]之后在人民诉卡恩（People v. Cahan）案件中，大法官特雷纳在判决书中也表达了类似的观点，当非法搜查、扣押的目的是获取在审判时指控被告的证据，那么这种非法行为的得逞取决于法院允许其在法庭上提交该证据。作为执法者和证据收集者的政府与作为法官的政府之间又有什么区别……出于对作为正义化身和自由的守护神的尊严，法院不应该参与到这种肮脏的买卖中。[2]而麦考密克在评论该观点时，用比较通俗的语言将其译释为，如果非法获取的证据被政府通过它的法院加以使用，那么作为整体的政府与它的特定的法院，将会失去被统治者的尊重，并将使得它们履行其统治功能的能力降低。从法院的角度来说，这意味着它们将更难解决公民之间的纠纷。[3]在埃尔金斯诉美国（Elkins v. United States）一案中，大法官斯图尔特在谈到非法证据排除规则的作用时指出，联邦法院不应成为故意违反宪法者的共犯，毕竟他们曾经都宣誓过要维护宪法。鉴于此，我们认为，如果执法机关在搜查期间所收集的证据违反了被告人基于《宪法第四修正案》所享有的权利时，那么在被告人及时提出异议的情况下，该证据在联邦刑事审判中就不具有可采性。[4]

到了沃伦法院时期，埃尔金斯案所坚持的司法廉洁理论在后来的马普案中得到了认可，大法官克拉克指出，我们基于推理和事实所作的裁定，只是赋予个人以宪法所提供的保障，赋予警察诚实执法应当具备的授权，赋予法院在司法工作中保持必要的司法廉洁性。[5]后来，首席大法官沃伦在特里诉

---

〔1〕　See Olmstead v. United States, 277 U. S. 438, 484（1928）.

〔2〕　See People v. Cahan, 44 Cal. 2d 434, 445（1955）.

〔3〕　参见［美］约翰·W·斯特龙主编、肯尼斯·S·布莱等编著：《麦考密克论证据》，汤维建等译，中国政法大学出版社 2004 年版，第 318 页。

〔4〕　See Elkins v. United States, 364 U. S. 206, 222-23（1960）.

〔5〕　See Mapp v. Ohio, 367 U. S. 643, 660（1961）.

俄亥俄州（Terry v. Ohio）案和布伦南大法官在美国诉卡兰德拉（United States v. Calandra）案中都表示"维护司法的廉洁性"是非法证据排除规则的另一项重要职能。[1]非法证据排除规则一是能够避免法官在政府的违法行为中染上合谋的污点，二是可以使人民确信政府不会从非法行为中获益。[2]这些判例说明，法院排除政府机关非法获得的证据，是为了保持司法廉洁性，增强人们对司法的信心。在法庭审判中，如果法院对警察的非法行为熟视无睹而采纳其通过非法行为收集的证据，一方面是在纵容政府机关的违法行为，在某种程度上更是在为政府的违法行为予以背书；另一方面当警察获知非法取证行为并不影响证据在法庭上使用时，将会更加大胆地采用非法取证行为。[3]

需要说明的是，司法廉洁理论下的非法证据排除，其目的不是纠正非法证据，而是为了避免这些非法证据进入到司法程序从而对司法廉洁性造成危害的一种前瞻性补救措施。当然，坚持这种理论也存在另外一种负面效应，比如，仅仅因为一个取证程序上的小瑕疵而导致被告无罪释放，同样会破坏司法公信力。因此，秉持司法廉洁理论的国家一般都授权法官可以充分发挥法解释学的功能，就案件涉及的多种因素进行权衡，比如指控犯罪的社会危害性、警察的违法程度、被告人受侵害权利的性质等，以确定是否排除非法获得的证据。目前，司法廉洁理论被大多数国家所采纳，包括加拿大、英国、以色列、德国以及其他一些北欧国家。这些国家排除非法证据时，都要进行多种因素的综合考虑，但在权衡要件上会有所不同。不过，除加拿大、爱尔兰和以色列等少数国家外，其他国家并不主张将该理论运用到间接源于非法取证行为的派生证据中。

2. 权利保护理论

这一理论的原理是，犯罪嫌疑人在刑事侦查中也享有法律规定的基本权利，他们不应该承受通过侵犯其自身权利而导致的任何不利后果。因此，凡是通过侵犯其基本权利而取得的证据就不应该对他们使用，这也是犯罪嫌疑人权利保护的一部分。该理论的主要目的是保护被告人的基本权利，排除非法证据被认为是对被告人基本权利受到侵犯后所给予的一种补救措施，因此也

---

[1] See Terry v. Ohio, 392 U. S. 1, 12-3 (1968).

[2] See United States v. Calandra, 414 U. S. 338, 357 (1974).

[3] 参见王超：《排除非法证据的乌托邦》，法律出版社 2014 年版，第 40 页。

被称为"救济理论"。[1]当法院在寻求非法证据排除的理由时："如果程序是为了维护个人自由，而非法证据又是通过侵犯个人自由取得的，那么排除非法证据就具有了更强的说服力。"[2]

在美国最早排除非法证据的案例——威克斯诉美国一案中，联邦最高法院阐述非法证据排除的理由时指出："违法搜查扣押的证据，联邦法院应予排除，以确立排除法则的存在，并以此来保护联邦公民的人身和居住自由。"[3]在奥姆斯特德案中，首席大法官塔夫脱在撰写判决意见时对威克斯案进行了高度评价，认为威克斯案及其判例最为引人注目的贡献就是做出了一项影响深远的宣言：尽管《宪法第四修正案》并没有提及或者限制证据在法院上的使用，但是在证据是由政府官员通过违反该修正案的方式获得的情况下，实际上就违反了美国宪法，就应当禁止采纳该证据。[4]霍姆斯大法官在道奇诉美国（Dodge v. United States）一案中这样写道："如果搜查、扣押是在侵犯宪法所保障的个人权利基础上进行的，那么允许使用其所得的证据就是对这些权利的进一步侵害。"[5]美国联邦法院更是在1961年的马普案中宣称，非法证据排除规则是《宪法第四修正案》和《宪法第十四修正案》必不可少的一部分。此后，权利保护理论在全美范围内成为非法证据排除规则适用的理论基础。支持排除非法证据是由宪法修正案推导出来的一项宪法性权利的学者们也认为，排除那些通过不合理的搜查、扣押所获取的证据，是搜查、扣押的受害者所享有的宪法权利。这是因为当官员没有正当理由搜查或逮捕公民时，公民的安全就会受到威胁。为了反对自由权或者隐私权被非法剥夺或侵犯，公民应该受到《宪法第四修正案》的保护，以便避免在法庭上受到非法证据的伤害。[6]

之所以说该理论也被称为"救济理论"是因为，当检控机关在法庭审判中使用通过非法搜查、扣押等违反宪法手段获得的证据时，被告人有权申请

---

〔1〕　See A. Zuckerman, *The Principles of Criminal Evidence*, Oxford University Press, 1989, p. 356.

〔2〕　Kerri Mellifont, *Fruit of the Poisonous Tree: Evidence Deriving from Illegally or Improperly Obtained Evidence*, Federation Press, 2009, p. 37.

〔3〕　Weeks v. United States, 232 U. S. 383, 393 (1914).

〔4〕　Olmstead v. United States, 277 U. S. 438, 484 (1928).

〔5〕　Dodge v. United States, 168 U. S. 532 (1921).

〔6〕　See James J. Tomkovicz, *Constitutional Exclusion: The Rules, Rights, and Remedies that Strike the Between Freedom and Order*, Oxford University Press, 2011, p. 20.

法庭排除这些非法证据从而确保被告人获得相应的救济。或者说将非法获得的证据排除在刑事审判之外，是用来为自由权利遭受警察侵犯的公民所提供的一种基本的司法救济手段。大法官墨菲在沃尔夫诉科罗拉多（Wolf v. Colorado）案中对《宪法第四修正案》提供的 3 种救济方式，即排除规则、刑事起诉、民事诉讼进行比较分析后认为："只有一种救济可以对违反搜查、扣押条款的行为起到震慑作用，那就是排除非法取得的证据这个规则。"[1]正如斯图尔特大法官所论证的那样，尽管存在一些可以替代排除规则的措施，如刑事追诉、行政惩罚、民事赔偿等，但这些救济方式都无法有效遏制政府的违法行为，只有将非法证据予以排除才是最有效的方法。[2]同样，权利保护理论也存在一定的缺陷。因为在这种理论模式下，排除证据仅是对已经发生的违法取证行为进行事后弥补，但这种补救办法很可能与被告所遭受的侵害不成比例。另外，也并非所有非法收集的证据都对被告人不利。因此，权利保护理论忽略了"侵权行为的严重性与被告人权益之间的平衡"。[3]

目前权利保护理论主要适用于传统纠问式诉讼模式的国家，包括西班牙、法国、意大利、俄罗斯、哥伦比亚等。在这些国家中，大多数国家非法证据排除的适用范围仅限于利用不法手段直接获取的非法证据，只有西班牙和哥伦比亚等个别国家延伸至派生证据。

3. 威慑理论

墨菲大法官在 1949 年的沃尔夫案中最早论证了威慑理论，后来在埃尔金斯案中，斯特尔特大法官进一步表达了对墨菲观点的赞同，认为非法证据排除规则旨在预防而非救济。也就是说消除漠视宪法的动机，是确保宪法得到尊重的唯一有效方法。因此非法证据排除规则的目的就是威慑政府的违法行为。[4]通常认为，要想阻止警方非法搜查和扣押，排除非法获得的证据是唯一可行的解决办法。早在 20 世纪 20 年代~30 年代，美国联邦最高法院主要是依靠司法廉洁理论和权利保护理论作为其非法证据排除规则的理论支撑。正如霍姆斯大法官所言："排除违反《宪法第四修正案》的非法证据，是为了保证

---

〔1〕 Wolf v. Colorado, 338U. S. 25, 41-4（1949）. 转引自王超：《排除非法证据的乌托邦》，法律出版社 2014 年版，第 24 页。

〔2〕 参见王超：《排除非法证据的乌托邦》，法律出版社 2014 年版，第 40 页。

〔3〕 See A. Zuckerman, *The Principles of Criminal Evidence*, Oxford University Press, 1989, p.349.

〔4〕 Elkins v. United States, 364 U. S. 206, 217（1960）.

被告人的辩护权和保护刑事司法体系的廉洁性。"〔1〕但经过伯格和伦奎斯特两任首席大法官的努力，自 20 世纪 70 年代始，美国联邦最高法院变得越来越保守，同时，威慑理论逐步代替了司法廉洁理论和权利保护理论，成为非法证据排除规则的唯一目的。〔2〕在卡兰德拉（Calandra）案中，美国联邦最高法院明确承认："非法证据排除规则的目的不是补救搜查行为对受害者隐私权所造成的损害，相反，规则的主要目的是威慑警察的非法行为，进而保证《宪法第四修正案》（公民不受违法搜查和扣押）权利的实现。"〔3〕随后在赫林诉美国（Herring v. United States）一案中，美国联邦最高法院更加明显地依赖威慑理论作出裁判，指出"触发非法证据排除规则，必须有足够有效的威慑力来阻止警察的违法行为，并且采取这种威慑措施是值得司法体系付出代价的。"同时该裁决还建议赋予规则一个"更加雄伟的构想"：既能让司法机关避免污点，又可阻止权力机关从它非法的行为中获利，以保护所有潜在的受害者，从而减少严重破坏司法威信的风险。〔4〕目前，美国联邦最高法院主张，阻吓执法人员违反《宪法第四修正案》是检验非法证据排除规则的唯一理由。〔5〕

在美国法学理论中，非法证据排除规则的威慑功能包括三种类型，即特殊威慑（Special Deterrence）、一般威慑（General Deterrence）和制度威慑（Systemic Deterrence）。按照芝加哥大学法学院教授奥克斯（Oaks）的观点，特殊威慑又称为特殊预防（Special Prevention），是指非法证据排除对违法者本人所产生的直接威慑效果。如因违法收集证据被排除而导致罪犯逍遥法外时，违法者可能面临内部纪律处分、丧失晋升机会或者影响到他未来发展等。一般威慑又称一般预防（General Prevention），则是通过排除非法证据进而引导执法行为遵守法定规则，培养政府遵守规则的习惯，使民众从正当的执法行为中获益。〔6〕但在美国诉里昂（United States v. Leon）案中，布伦南大法官

〔1〕 Silverthorne Lumber Co. v. United States, 251 U. S. 385, at 392 (1920).

〔2〕 See Kerri Mellifont, *Fruit of the Poisonous Tree: Evidence Derived from Illegally or Improperly Obtained Evidence*, Federation Press, 2010, p. 78.

〔3〕 Calandra, 414 U. S. 338, 347 (1974).

〔4〕 Herring v. United States, 555 U. S. 135, 44, 52 (2009).

〔5〕 See Davis v. United States, 131 S. Ct. 2419, 426 (2011): "The rule's sole purpose, we have repeatedly held, is to deter future Fourth Amendment violations."

〔6〕 See Dallin H. Oaks, "Studying the Exclusionary Rule in Search and Seizure", *The University of Chicago Law School*, Vol. 37, No. 4., 1970, pp. 665-757.

就明确指出，非法证据排除规则的威慑理论的目的不在于设计一种针对没有遵守《宪法第四修正案》限制的个体警察的惩罚方式。[1]排除规则是一个间接的救济，在于对未来的警察非法行为起到震慑目的，而不是针对案件中已经发生的非法行为进行救济。法院无法改变被逮捕人已经被搜查的事实，并且如果非法搜查的对象是一个无罪的人，那么他（警察）根本得不到任何利益。[2]因此，非法证据排除规则的震慑功能主要在于实现其一般震慑或一般预防的目的。所谓制度威慑旨在通过适用非法证据排除规则促使警察部门推进相关制度建设，进而对个体警察施加影响。毕竟警察部门比个体警察更关心刑事追诉的成败。[3]大法官斯特尔特在评价非法证据排除规则的威慑功能时也指出，非法证据排除规则并不是用来实现某项特定的威慑功能。也就是说，非法证据排除规则并非旨在以其侵犯《宪法第四修正案》之权利为由惩罚某个具体的警察。相反，该规则旨在形成一种制度化的震慑效果：非法证据排除规则的目的在于激励执法部门构建相应的程序，并由此培养警察服从《宪法第四修正案》的习惯。[4]

支持威慑理论的人们认为，作为遏制违法取证行为的一种方法，非法证据排除规则通过对非法取得的证据予以排除，从而使违法者无法从非法取证行为中获利，进而消除政府实施违法取证行为的诱因，引导警察在未来的执法活动中依法收集证据。但这种主张遭到了一些学者的严厉批评，认为它忽略了非法证据排除规则创立之初所秉持的理论，直接导致排除规则适用范围的大幅度缩小。还有人认为，即使这种主张在理论上是合理的，但也是经验主义，并且它对阻吓警察违规行为到底有多大的作用，也值得商榷。

4. 虚假排除理论

该理论认为刑事司法以查明案件事实真相为重要目的，但通过非法程序，诸如刑讯逼供、威胁等方法所收集的证据，极易产生虚假不实的证据，这些不可靠的证据很可能导致错误的裁判结果，因此，为了减少错误裁判发生的

---

〔1〕 United States v. Leon, 468 U. S. 897, 953 (1984).

〔2〕 参见 [美] 克雷格·布拉德利：《刑事诉讼革命的失败》，郑旭译，北京大学出版社 2009 年版，第 38 页。

〔3〕 See William J. Mertens, Silas Wasserstrom, "The Good Faith Exception to the Exclusionary Rule: Deregulating the Police and Derailing the Law", *Georgetown Law Journal*, Vol. 70, No. 2., 1981, pp. 365-463.

〔4〕 转引自王超：《排除非法证据的乌托邦》，法律出版社 2014 年版，第 28 页。

风险，应当予以排除。所以这种理论也称为"可靠性理论"（Reliability Theory），它是英美法系国家非法证据排除规则的传统理论。通常讲非法证据可以分为非法言词证据和非法实物证据，由于实物证据属于哑巴证据，其可靠性受非法取证行为的不利影响一般不大，故此理论主要是针对非法取得的言词证据尤其是非法自白证据。在早期的英美刑事诉讼中，不管自白是如何获取的，也不论自白是否可靠，自白都具有可采性。黑尔（Hale）勋爵的话说就是："认罪就是定罪"。[1]这种情况直到 17 世纪中后期，英国的诉讼程序才开始慢慢发生改善。在 1775 年的国王诉拉德案中，曼斯菲尔德勋爵在判决中表达了"通过威胁和许诺获得的自白通常要被排除"的观点，随后在 1783 年的国王诉沃瑞克希尔案中，内尔斯法官详细阐述了自白的可采性是基于证据可靠性的理论。他指出，自由和自愿陈述的自白因为被假定是被告人具有强烈的负罪感时的产物而最值得信赖，因而可以被采纳作为证明犯罪的证据。但是，以某种承诺为诱饵或者通过令人恐惧的拷问强制获得的被告人自白应当被排除。这是因为，当该自白作为有罪证据加以考虑时如此令人质疑，以至于不应当赋予其任何信赖。[2]此后，自白可靠性逐渐作为英国刑事诉讼中自白可采性的重要理论。作为英国法律的继受国，美国法院自然传承了这一可靠性传统。在 1829 年的赫克托尔（Hector）案中，法官指示陪审团他们应当考虑排除赫克托尔在拷问之下因疼痛、希望或惧怕作出的任何口供。[3]在 1884 年霍普特诉犹他州（Hopt v. Utah）一案中，哈尼大法官认为，在该案中，所有证据显示或者倾向于显示被告人的自白是自愿的，并没有受到希望得到宽恕或者迫于惩罚的威胁，因而具有可采性。但是，当被告人的自白是出于威胁、许诺、引诱的产物，致使剥夺了被告人任意性自白在法律意义上所应该具有的自由意志或者自我控制能力时，该自白则不具有可采性。[4]一年之后，美国联邦最高法院在斯帕尔夫和汉森诉美国（Sparfand Hansen v. United States）[5]、皮

---

　　〔1〕　See Lawrence S. Wrightsman, Saul M. Kassin, *Confessions in the Courtroom*, Ssge Publications, 1993, p. 20. 转引自杨文革："美国口供规则中的自愿性原则"，载《环球法律评论》2013 年第 4 期。

　　〔2〕　See Steven Penney, "Theories of Confession Admissibility: A Historical View", *American Journal of Criminal Law*, Vol. 25, No. 2., 1998, p. 321.

　　〔3〕　See Joshua Dressler, George C. Thomas Ⅲ, "Criminal Procedure: Investigating Crime", pp. 534–535. 转引自杨文革："美国口供规则中的自愿性原则"，载《环球法律评论》2013 年第 4 期。

　　〔4〕　Hopt v. Utah, 110 U. S. 574, 583–585 (1884).

　　〔5〕　Sparf and Hansen v. United States, 156 U. S. 51, 55 (1895).

尔斯诉美国（Pierce v. United States）[1]和威尔逊诉美国（Wilson v. United States）[2]等一系列案件中，将自白可靠性作为考量自白可采性的唯一因素。即只要不是被告人在受到恐惧、引诱或威胁的方式作出的自白，即使被告人自由受到限制或者监禁，甚至在缺乏律师帮助以及事先没有被告知享有沉默权等，该自白仍然可以被法院所采纳。正如 1962 年美国联邦最高法院斯蒂芬斯大法官说的那样："这项普通法原则（可靠性原则）的设计主要是为了防止不实证据被采用。它建立于这样一种假设之上，受到威胁或其他压制方法的犯罪嫌疑人可能做出虚假自白以摆脱进一步的强制。因此，普通法规则的目的并非针对应予反对的侦查方法，而在于保护被告人免受错误的定罪。"[3]

对于依赖可靠性而决定证据可采性的理论同样也遭到了批判：尽管非法证据存在虚假的可能，但也并不代表所有的非法证据都是虚假的。一旦被排除的非法证据恰恰能够证明犯罪事实，那么法院赖以判决的事实基础就会受到影响。尤其是在被排除的证据对认定案件事实起到决定性作用的时候，本来有罪的被告人极有可能因此而被无罪释放。尽管没有准确的实证研究表明被法院排除的证据究竟是真实可靠的多还是虚假的多，但是直觉或者经验告诉我们，就像非法取证行为是少数情况一样，被排除的证据也只是在少数情况下是虚假的。从这个角度而言，在大多数情况下，法院排除非法证据的结果不仅无助于法院提升裁判的准确程度，反而不利于法院在发现真相的基础上作出正确的裁判。而且在法院排除非法证据从而妨碍查明案件事实真相的情况下，非法证据排除规则不仅导致无辜被害人的利益受损，还损害了国家合法社会的共同利益。[4]

5. 正当程序理论

判断某个法律程序是否实现了正当性和具有合理性，标准不在于是否推动正确结果的产生，而在于"结果是否是以人们看得见的方式实现"。[5]从 1920 年代始，美国法院从关注被告是否实施了犯罪行为转向更多地关注审判的公正性，开始排除那些虽然真实却是通过不当手段获得的证据。在 1936 年

---

[1] Pierce v. United States, 160 U.S. 355, 357 (1895).

[2] Wilson v. United States, 162 U.S. 613, 623-24 (1895).

[3] Omnibus Crime Act 1968, 18 U.S.C. §3501, p. 26.

[4] 参见王超：《排除非法证据的乌托邦》，法律出版社 2014 年版，第 72 页。

[5] See J. R. Lucas, *On Justice*, Oxford University Press, 1980, pp. 1-19.

布朗案中，联邦最高法院指出，通过残酷的、暴力的方式获得的自白违反了《宪法第十四修正案》赋予被告人受到正当程序保护的权利……如果使用这些自白作为定罪判刑的基础，则是对正当程序的明显剥夺。"[1]自此美国联邦最高法院逐步开始从程序公正或正当程序的角度来审视证据的可采性问题。在1941年的李森拔诉加利福尼亚（Lisenba v. California）案中，罗伯茨大法官在撰写判决意见时指出，正当程序所要达到的目标并不是排除那些被推定为不真实的证据，而是为了防止使用这些证据时出现的根本性的不公正，不管这些证据真实与否。[2]尽管以正当程序为由排除非任意自白是为了避免基于虚假供述而导致错误判决的不公正，但是基于《宪法第十四修正案》而产生的非法证据排除规则本质上是对不公正程序的关注，不管被告人的认罪是否存在错误，建立在强迫被告人认罪基础上的有罪判决都会侵犯正当程序。[3]之后美国联邦最高法院越来越多地利用正当程序理论来考量非任意自白的可采性。在1952年洛钦案的判决意见中，美国联邦最高法院指出，根据正当程序条款，即使被告人的陈述被认为是真实的，其非任意性自白也不具有可采性。这是因为受到强制手段获得的自白通常有损于社会的公平竞赛和尊严。[4]在1958年的佩恩案中，美国联邦最高法院惠特克大法官在判决意见中写道：法院已经统一认识到，即使在被告人被迫认罪之外还有足够的证据来支持有罪判决，但无论如何采纳被迫认罪的自白都会有损于该有罪判决。因为这严重违反了《宪法第十四修正案》的正当程序条款。[5]1960年代之后，美国联邦最高法院通过罗伯茨案和米兰达案等经典案例，将正当程序理论发展得愈发成熟。

可见，正当程序理论强调，在对某种会使人们利益受到重大影响的决定进行判断时，关注的重点不再仅是结果是否合理、正确，更为重要的还要观察程序本身是否达到了正当性标准。[6]但是对非法证据予以排除在维护了正当程序或程序公正的价值的同时，也让国家司法系统付出了沉重的代价，有时甚至会导致过于放纵有罪之人，使危险人员逍遥法外，对国家和公民造成

---

　〔1〕　Brown v. Mississippi, 297 U. S. 278, 279-87（1936）.

　〔2〕　Lisenba v. California, 314 U. S. 219, 236（1941）.

　〔3〕　See James J. Tomkovicz, *Constitutional Exclusion: The Rules, Rights, and Remedies that Strike the Balance Between Freedom and Order*, Oxford University Press, 2011, p. 299.

　〔4〕　Rochin v. California, 342 U. S. 165, 173（1952）.

　〔5〕　Payne v. Arkansas, 356 U. S. 560, 568（1958）.

　〔6〕　参见陈瑞华：《刑事诉讼的前沿问题》，中国人民大学出版社2005年版，第216页。

潜在的危害。基于此,在 1980 年代之后,美国联邦最高法院不断限缩非法证据排除规则的适用范围,避免刑事司法因排除非法证据而付出过高的代价。在 2006 年的哈德森案中,大法官斯卡利亚撰写的判决意见中就指出,发现真实和执法的目的是谨慎适用非法证据排除规则的原因,因为排除规则所支出的高昂代价是适用该规则的巨大障碍。我们不仅拒绝不加区别地适用排除规则,而且认为排除规则只有在能够最有效地实现救济目标的情况下,即当威慑收益大于沉重的社会代价时才能加以适用。[1]

无论采用哪种排除理论,都体现出两个主要价值之间的紧张关系,即基于道义论的考虑或者是纯功利性的追求。世界上大多数国家在确立非法证据排除规则时都阐明其主要目的和理由,不过有些国家随着时间的变化进行了理论上的修正,而有些国家则一直坚持最初的排除规则原意,但是却没有一个国家制定一种基于道义论和追求功利的组合规则。

(二) 非法证据排除规则的域外法考察

1. 英美法系国家的非法证据排除规则

英美法系国家的非法证据排除规则最早起源于英国,但却在美国发扬光大,并在美国达到了顶峰。19 世纪以前,英国的刑事指控是以被害人个人的名义提起的,实际上不会发生任何强制措施干涉公民权利,因此警察的权力十分有限。此时法院居中裁判,只审查证据的证明力而不审查证据的证据能力。也就是说英国 19 世纪以前,证据的收集方式是不影响证据可采性的。自 20 世纪后,英国的公诉制度发生了巨大的变革,警察也拥有了更多的权力,侦查权与公民私权利的冲突使得英国有了确立非法证据排除规则的必要。英国早期的非法证据排除规则仅指对非法供述的排除,对于非法物证的排除是二战以后逐步确立的。根据英国普通法的原则,被告人的有罪供述可以成为对其进行定罪的唯一证据。但是这种供述必须是可以依赖的,而保证供述可信性的关键在于确保被告人自由自愿地陈述自己的罪行。据此,英国证据法学家穆非(Muphy)在《穆非论证据》一书中指出,对被告人供述可采性的检验标准并非它的可靠性,而是它的获得方式,只要获得的方式不合法,不论供述是否真实,都必须予以排除。这实际上确立了非法取得的被告人供述的

---

〔1〕 Hudson v. Michigan, 547 U. S. 586, 591 (2006).

自动排除原则，对于符合上述规定的任何一种情况，法庭都必须无条件地将被告人供述予以排除，而不享有任何自由裁量权。除了对非法取得的被告人供述采用自动排除规则外，英国普通法还存在"自由裁量排除"的原则，即法庭可以根据案件的具体情况，自由决定是否将某一非法证据加以排除，这种情况通常适用于控方提出的作为指控依据的实物证据。这种排除不是无条件的和自动的，法官要根据案件本身以及警察违法的具体情况及其对诉讼公正的影响程度，结合其他各方面的情况作出判定。目前这种自由裁量的排除原则主要存在于英国的判例法之中，成文法还没有规定普遍适用的原则。

　　美国的许多诉讼原则、制度、法则大都源于英国。1791 年《联邦宪法修正案》第 5 条规定："任何人……在刑事案件中，都不得被迫成为不利于自己的证人。"这就是我们通常所说的不得强迫自证其罪的原则。联邦宪法规定这一权利的目的最初只是为排除虚伪的自白，防止冤、假、错案的发生，保护公民的权利。因而被告人的自白能否作为证据，其标准就是这种自白是否具有任意性。但是，以自愿性作为自白可采性的标准在 20 世纪 40 年代后发生了变化。40 年代后自白容许性的根据已经不仅仅是供述的任意性，而且也包括程序的合法性。自白排除法则的主要目的已经不仅仅是防止自白的虚伪性，而且是纠正并预防警察对公民权利的侵害与威胁。[1]如果自白为联邦官员在延期被告人拘禁期内所取得，侵犯其律师帮助权，或未遵守"米兰达规则"，无论该自白可信与自愿性如何，在联邦法院的审核中，均不得采用。从 1964 年的欧威诉霍根案开始，上述反对强迫自证有罪的特免权同样适用于各州，这称之为"归化"。在 20 世纪 60 年代，美国联邦最高法院通过一系列判例推行所谓的司法改革，将警察的侦查行为强行纳入诉讼法治轨道，排除规则的权威不断加强，执行中也越来越严，其排除对象不仅限于基于非法搜查或扣押直接得来的证据，而且还扩大到间接产生于非法搜查的证据，包括言词证据或实物证据，即"毒树之果"也必须排除，除非采纳此类证据被确认为"无害错误"。这便是"毒树之果"理论，但这一问题在实践中和理论界均存在严重分歧。1984 年美国联邦最高法院在纽约州诉夸尔斯一案中，基于保护警察和一般公众的安全，对上述规则确立了"公共安全"例外。据此，尽管违反米兰达规则，警察出于公共安全的合理考虑而提问时，被告人自白可以

---

　　〔1〕　参见李心鉴：《刑事诉讼构造论》，中国政法大学出版社 1992 年版，第 270 页。

采纳。根据相关判例，辩方没有举证义务，但可以提出证据证明被告人是在受到压迫状态下供述的主张。

2. 大陆法系国家的非法证据排除规则

在法国，"发现真相"是刑事司法价值之根本，虽然法国《刑事诉讼法典》规定了司法人员在收集证据时应当遵守的程序和方法，但在立法上却未形成非法证据排除规则系统而完备的体系，对证据的审查判断完全交由法官自由心证。与英美法系国家对非法证据的禁止态度相似，法国对于刑事诉讼中违法取证行为采用的是撤销制度，也即理论上所称的"程序无效制度"。法国《刑事诉讼法典》第171条规定："违反本法典的任何规定或者任何其他有关刑事诉讼程序规定的实质性诉讼行为，如果侵害有利害关系的一方当事人利益，即构成行为无效。"法官认定某一诉讼行为无效的程序分为受理无效请求和宣告程序无效两个阶段，其中受理无效请求需要满足"违反刑事诉讼法典的规定或违反其他法律中关于重大程序细则的法律条款"的条件，而宣告程序无效的关键在于法官如何评估"对利害关系人造成的损害"。从大量的司法判例来看，对于违法取证情节轻微没有造成任何危害后果的，或者受到损害的利害关系人的权利能够在其后的法律程序中得到补救，则通常不会导致程序的无效。但是对于警察违反证据合法性原则采用"不正当手段"所获得的非法言词证据，法国立法与判例均采否定态度。所谓"不正当手段"包括刑讯逼供、欺骗、承诺、威胁及所有弱化或消除被讯问人自由意志的行为。除此之外，损害被追诉人辩护权的行为也必然导致行为或程序上的无效。

与法国立法体例相似，在德国刑事证据法上，也不存在"非法证据排除规则"的概念，但却具有丰富内涵与外延的"证据禁止"理论。德国的"证据禁止"分为"证据取得禁止"与"证据使用禁止"，前者以限制国家机关的取证过程为目的，后者在于禁止法院使用特定证据作为判决基础。不过"证据取得禁止"并不一定是"证据使用禁止"的前提条件，也就是说，违反证据取得上的禁止性规定未必造成证据使用上的禁止，例如警方在讯问时对被讯问人进行诱供，由此所得的供述仍有可能作为定罪证据来使用。而从另一方面讲，尽管并不违反证据取得上的禁止，但该证据也会因宪法权利上的考量而产生使用禁止的问题，比如私人违法窃听而获证据将会因违反德国宪法隐私权的规定而被法院排除。〔1〕可见，"证据取得禁止"侧重审查侦查机关调查取证的方法、手段是否遵守法定程序，是第一层次的问题；因违反"证据取得禁止"而收集证据从而导致"证据使用禁止"，是第二层次的问题；当然，还存在违反"证据取得禁止"收集的证据由此而派生出其他证据的适用问题，则属于第三层次的问题。〔2〕第三层次上的问题类似于美国证据规则中的"毒树之果"规则。此外，根据德国刑事证据法的规定，"证据使用禁止"分为"自主性证据使用禁止"与"非自主性证据使用禁止"，〔3〕不过从德国联邦最高法院的判例上看，证据禁止的目的侧重对国家机关行为的规范。在德国，由于没有非法证据排除的原则性规定，是否排除非法证据一般是交给法官自由裁量，法官先判断证据的取得是否符合法治原则，如有违反，为维护司法程序的纯洁性，应予排除该证据；如果证据的取得符合法治原则，再判断是否满足相应性原则的要求，如果法院认定证据的取得对被告人权益的侵犯程度大于应用该证据的社会价值，就应排除该非法证据。〔4〕

可以看出，作为典型的大陆法系代表国家，法、德两国由于没有设立陪审团，并且以查明案件事实真相为其诉讼的首要目的，在非法证据排除上赋予了法官较大的裁量权力，实行自由心证，故两国都没有形成严密的非法证据排除规则。

（三）两大法系非法证据排除规则的比较

通过考查两大法系国家对非法证据效力的立法例及司法实践，我们不难发现，非法证据的效力受多种因素的制约，包括法律文化传统、社会犯罪状况、刑事政策、刑事诉讼的目的等各种因素，立法者总是在总结经验的基础上，考虑各种因素之后经过权衡作出认为符合国家和社会需要的制度

---

〔1〕　参见［德］托马斯·魏根特：《德国刑事诉讼程序》，岳礼玲、温小玲译，中国政法大学出版社2004年版，第189页。

〔2〕　转引自刘磊："德美证据排除规则之放射效力研究"，载《环球法律评论》2011年第4期。

〔3〕　自主性证据使用禁止以国家机关违法取证为基本要件，非自主性证据使用禁止非以国家机关违法为要件，例如私人暴力取证及以损害公民隐私权为方法而取得的证据，直接导源于宪法上公民之基本权利及程序公正之目的。参见刘磊："德美证据排除规则之放射效力研究"，载《环球法律评论》2011年第4期。

〔4〕　参见杜学毅："中国非法证据排除规则构建研究"，吉林大学2013年博士学位论文。

选择。

从形式上看，英美法系主要通过判例形成较为完备的非法证据排除规则体系，大陆法系国家则起步较晚，证据材料是否具有证据资格基本上交给法官自由裁量，缺少明确的立法规则。不过，两大法系对于非法言词证据均采取严格排除的态度，英美法系称为"非任意自白排除规则"，大陆法系国家虽没有确立自白规则，但立法也明令禁止以任何非法手段获取被告人口供，只是与英美法国家相比排除范围较窄。对于非法实物证据的排除两大法系国家大都持较为宽松的态度，在适用排除规则时也都规定了诸多例外。近年来，随着国内比较法学者对域外法律制度研究的深入，关于非法证据排除规则功能的评价也越来越客观和实际。譬如，美国的非法证据排除规则并没有想象中那么严格，不仅确立了众多例外情形，而且美国联邦最高法院通过近年来的多起判例进一步明确，非法证据排除规则只是一项救济规则，不具有宪法基础，只能作为"最后手段"使用，即非法证据排除规则仅在警察极端行为中适用。[1]

不同的国家有着不同的诉讼文化和背景制度，只有结合各自国家的特点和国际诉讼立法趋势，重新树立控辩双方平等武装的理念，非法证据排除规则才能真正发挥协调惩罚犯罪和保障人权两大冲突价值的制度功能。

（四）非法证据排除规则中的利益平衡——以瑞士、荷兰和欧洲人权法院为例

假如，警方认为嫌疑人在公寓里出售毒品，决定对该公寓进行搜查。由于他们仅仅是对嫌疑人的一种怀疑，所以并没有申请搜查令。在搜查中他们查获大量的毒品。两名房客随即被逮捕并接受审讯。事实证明，公寓里的确发生了大量的毒品交易。但在审判中，被告声称主要证据——毒品是非法获得，因此应予排除。当然法庭承认搜查是非法的，但却拒绝排除该证据。理由是：与贩卖毒品罪相比，无证搜查只是轻微地违反程序规则。

在大多数国家的刑事诉讼程序中，法院如何处理警察与检察官的非法取证行为，一直是一个激烈争论的话题。一般情况下，在非法证据排除程序中，法院为了事实发现和定罪判刑的需要都会对被告的个人利益与社会公共利益

---

[1] 参见吴宏耀："美国非法证据排除规则的当代命运"，载《比较法研究》2015年第1期。

进行权衡。通过比较瑞士、荷兰和欧洲人权法院排除非法证据的判例后发现，虽然不同国家采用的排除规则不同，但最终可能导致类似的结果。显然在它们的刑事诉讼中，事实真相普遍比单纯的技术性规则更重要。然而，涉嫌严重罪行是否能成为无视程序规则的一个理由呢？如是，那是不是就意味着所犯罪行越严重，获得公正审判的机会就越小？

1. 瑞士、荷兰和欧洲人权法院对非法证据的立法态度

（1）瑞士的法律规定。在瑞士，规定非法证据排除的法律条文是《瑞士联邦刑事诉讼法典（CCP/CH）》第141条，该条针对非法获得的证据设立了从严格排除到完全采纳的五个层次。第一个层次是绝对排除。按照 CCP/CH 第141条的规定，如果该证据是采用强迫、暴力、威胁、承诺、欺骗或其他违背被告人自由意志的方法取得，或者是通过刑讯逼供或者不人道或有辱人格的方式获得的证据（指违反《欧洲人权法案》第3条），在这种情况下取得的证据绝对排除，不得进行利益平衡。第二个层次是严格排除。瑞士法律明确规定，被告在接受讯问时，有被告知保持沉默的权利，且有权委托一名辩护律师。但如果违反这些程序，根据 CCP/CH 第158条第2项的规定，获得的任何证据严格排除，同样也不需要进行利益平衡。第三个层次是，执法机关通过运用"犯罪手段"获得的证据予以排除。以申克诉瑞士（Schenk v. Switzerland）[1]一案为例，皮埃尔·申克被怀疑雇凶杀死了他妻子乔塞特·申克。凶手偷偷录制了与彼埃尔·申克的电话交谈。这盘录像带随后被作为指控申克犯罪的主要证据。根据 CCP/ CH 第179条的规定，秘密电话录音在瑞士属于刑事犯罪。通常情况下，该证据应予以排除，但这种情况也有例外。法院在评估证据的可采性时，通常会进行利益平衡，即将被告的私人利益与发现犯罪和惩治犯罪的公共利益进行平衡，如果涉嫌重罪，此时公共利益往往优先于被告人的私人利益。毫无疑问，法院认为在谋杀案中，公共利益的保护足以超越私人电话的保密利益。因此，法庭最终采纳了该录音证据。第四个层次是，如果刑事司法机关违反了有效性规则，则该证据也被排除在外。所谓"有效性规则"是旨在保护被告人基本权利的规则。如根据 CCP/CH 第177条第1款的规定，询问证人必须告知他们有如实作证的义务，如果没有作出这样的警告，就违反了"有效性规则"。但证据"无效"并不一定意味着证

---

〔1〕　ECtHR, Schenk v. Switzerland, no. 10862/84.

据无用，此时仍会启动证据排除程序，除非被指控的犯罪足够严重，有需要考虑的公共利益，否则该证据通常也是要被排除的。所以，这一类型的证据与第三种类型的证据一样需要进行利益平衡。第五个层次规定的是违反"行政规则"的证据，该类证据通常是可被采纳的。虽然违反行政规则可能导致执法人员受到纪律制裁，但并不影响证据的可采性。所谓"行政规则"是为了保障刑事诉讼顺利进行而必须遵守的规则，比如必须提醒专家证人如实作证的规则就被视为一种行政规则。也有人认为有证搜查也属于一项行政规则，因为根据瑞士最高法院的规定，对用户手机的搜查属于行政性质的行为。需要说明的是，违反"行政规则"的取证行为属于违反"有效性规则"层次之下的、被认为不会侵犯到被告个人利益的一种轻微违法行为。但事实上，二者很难画出一条清晰的界线。

就上述所提到的案例，按照CCP/ CH第141条所规定的五个层次的证据排除规则，可以这样去适用：如果毒品交易的信息是通过强制性手段获得，或者房客没有被告诫保持沉默，那么该证据将被严格排除；如果警方是通过伪造搜查令的方式进入公寓，此时该证据就被认为是通过"犯罪方式"收集的，不过这种违法取证行为并不必然会导致证据的自动排除，当毒品交易被法院认定为足够严重的犯罪时，该证据就可以被采纳；如果警方没有授权却搜查了客房，此时所得证据的可采性就取决于警方是否有责任获得被视为有效性或行政规则的搜查令。如果获得搜查令被视为一项行政规则，则警方获得的证据将具有完全的可采性；如属于有效性规则，法院就需要在惩罚犯罪所保护的公共利益与被告的隐私权之间进行权衡，以决定证据是否可被采纳。

（2）荷兰的法律规定。在荷兰，规制非法取证行为可以通过：①提起滥用职权的刑事指控。也就是说，警察一旦采用刑讯逼供、威逼，恐吓等非法手段获取口供，他将会面临滥用职权罪的刑事指控。当然，检察官违反法律规定，也面临着同样的制裁；②受侵害人可以申请国家赔偿；③法院可以在刑事诉讼中设置一些限制措施，以最大限度地阻止这些违法行为的发生。荷兰法院对刑事侦查施加影响可以追溯到20世纪60年代，随着公众权利意识的增强以及对《欧洲人权公约》的采纳，荷兰法院开始对警察和检察官的非法取证行为进行干预。根据《荷兰刑事诉讼法典》（CCP/NL）第359A条款的规定，对检控方违反法律规定的诉讼行为，法院可以分别作出从轻处罚、排除证据或诉讼永久搁置的处分。荷兰的非法证据排除规则大多是通过判例法确立的，这样显得较为灵活。荷兰刑事诉讼法典（CCP/NL）对违反程序规则的行为，不像瑞士 CCP/CH 第 141 条那样进行划分，按照 CCP/NL 第 359A 条的规定，无论是为了保护被告的基本权利亦或是保障诉讼效率，都可以适用证据排除规则，除非违反程序的行为是可以被补救的。比如被告在侦查程序中没有获得辩解的机会，根据荷兰最高法院的判例，这种情况就可以在之后的诉讼程序中通过提供类似的机会予以补救。但在决定采用何种适当的补救措施时，"法院通常会把警察违规的严重程度以及对被告造成侵害的后果作为考虑的相关因素"，以选择相应的补救措施，诸如减刑、非法证据排除或中止诉讼程序等。

2004 年，荷兰最高法院依据 CCP/NL 第 359A 裁定，如果证据是采用明显违反程序规定的方法取得则必须排除。2013 年，荷兰最高法院又制定了详细的证据排除规则，明确列出了非法证据排除的三种情形：第一，违法取证行为直接影响被告人依据《欧洲人权公约》第 6 条规定的获得公正审判的权利。遇到这种情形法院必须排除非法获得的证据，不需要进行利益权衡。包括警察在讯问过程中侵犯律师的权利（称为 Salduz-Exception）、[1]被告人通过警方线人引出的供述，[2]或违反《欧洲人权公约》第 3 条[3]规定收集的证据等。[4]第二，除违反《欧洲人权公约》第 6 条之外，其他严重违反保障被告获得公正审判的重要性程序规定或原则的行为，比如警方使用非法的体腔搜查，[5]或者窃听等。在这种情况下的证据排除，被视为防止将来程序不当的必要性预防措施。但与第一种情形不同，荷兰最高法院明确要求，符合第二种情形的证据排除，法院要进行利益权衡，以决定是否适用非法证据排除规则。实践表明，这种排除情形只适用于显著侵犯被告人基本权利的情况。第三，辩方提出检控方对某一特殊程序的频繁违法。不过，辩方在提出非法证据排除的请求时，需要举出证据证明执法机关没有尽到足够的注意义务，以

〔1〕ECtHR, Salduz v. Turkey［GC］, no. 36391/02.

〔2〕ECtHR, Teixeira de Castro v. Portugal, no. 25829/94.

〔3〕《欧洲人权公约》第 3 条规定，不得对任何人施以酷刑或者是使其受到非人道的或者是侮辱的待遇或者是惩罚。

〔4〕ECtHR, Gäfgen v. Germany［GC］, no. 22978/05.

〔5〕体腔搜查是确保嫌疑人身体所有孔洞无隐藏异物的严密搜身法。

防止这种侵权行为的发生。同样，检察官也可以证明他们已经采取适当的措施予以补救。此时，法院就非法取得的证据是否需要排除进行利益平衡，并就排除证据对警方和检控机关产生的威慑作用做出解释。由于法律对辩方证明责任这一高门槛的要求，符合这种情况的证据排除在实践中从未得到应用。

由此可见，除第一种情况属于证据的严格排除外，后两种情况都要求法院进行利益平衡。在此过程中，法院需要考虑以下因素：第一个因素是违法取证行为必须对被告人的基本权利造成侵害。这个规则被称为 schutznorm 规则。可是这样的规定不仅让人生疑，难道诉讼程序仅仅是为了保护被告人的重要权利或利益？比如 2004 年的一起案件，警方在没有获得合法搜查令的情况下对被告住处展开搜查并发现了违禁品，荷兰最高法院却认为，虽然这一行为违反了保护公民隐私权及其住处不受侵犯的规定，但考虑到被告并非该房屋主人，且该房屋仅是用来存放违禁品的，根据 schutznorm 规则，该案中被告人的隐私权及其住处不受侵犯的利益并没有受到侵害，最终裁定该证据不予排除。此外，还有一些例外，比如对律师和同案被告进行窃听，也不构成对被告人基本权利的侵犯等。第二个因素是警察违法的严重性。这是基于对非法证据排除震慑作用的考虑，以便能够有效阻止警察的后续违法行为，因此，轻微的违法取证行为并不会导致证据的严格排除。第三个因素是违法取证所造成的损害。一般而言，对被告人造成的危害越严重，证据排除的可能性就越大。如果警方采用的取证手段剥夺了被告潜在的反驳机会，此时法官会认为对被告权利造成了根本性的侵害，那么该证据就会被排除。比如，在交通肇事案件中，侦查人员或法医事先对肇事车辆进行了调查取证，并制作了调查报告，随后警方销毁了肇事车辆。当汽车一旦被销毁，辩方将无法再进行任何的调查取证，在这种情况下，作为被告的防御性权利——提出新证据的权利因警察的不当行为而无法得以实现。这种情形下，法医或侦查人员的调查报告在审判中就不能被采纳，法院应将该证据予以排除，以弥补被告人因警察的违法行为而受的损害。再比如，在被告没有被告知他有权保持沉默的情况下，被告除了说出自己的名字外，没有作出任何供述，那么根据 Schutznorm 规则就可以认定该行为并未对被告造成实际的损害。[1]由此可见，考虑这一因素的关键在于，必须是对被告接受公正审判的权利造成了侵害，

---

〔1〕 自 2013 年以来，这种情况被视为严格排除的情形。

而侵犯隐私权的行为并不会轻易导致证据的排除。第四个因素是被指控犯罪的严重性。一旦涉及重罪案件，法院在排除非法证据时就表现得尤为慎重，特别是证据排除有可能导致无罪判决的情况。此时，荷兰最高法院秉持一个原则，那就是不能因为执法机关的一些小错误而放弃对严重犯罪行为的处罚。在他们看来，排除证据有时会干扰国家追诉和惩罚犯罪的责任，尤其是面对一项重罪指控。这似乎积极回应了人权法的要求，因为人权法不仅规定了国家要切实保护被告人的权利，同时还规定了履行保护受害者权利的义务——防止、制止和制裁严重侵犯人权的犯罪行为。显然法院在决定排除证据时，就需要考虑到两项义务的冲突和平衡。不过荷兰最高法院强调，采纳非法获得的证据，虽然牺牲了被告人的部分权利，但他/她仍然可以通过其他方式予以弥补如减轻处罚，同时这也符合对公共利益和犯罪被害人权利进行补救的司法追求。举例说明，在非法持有枪支案中，虽然被告人遭到了非法搜身，但法院认为排除非法获得的证据并不是合适的补救措施，因为一旦该证据被排除将使被告人定罪变得遥不可及。考虑到该罪行的严重程度，法院会选择减轻处罚以作为对权利遭到侵犯的被告人的救济措施。相反，在一些轻罪的审判中，当警察的违法行为对被告人权利的损害超过被告人犯罪的社会危害性时，法院对此行为则是不能容忍的。

可以看出，荷兰最高法院对非法证据排除规则所采取的态度并不积极。原则上，只有当被告接受公正审判的权利受到侵犯时，才能通过非法证据的排除予以补救，但这种情况仅占证据排除类别里的一小部分，而其他情形则需要进行利益平衡。然而，荷兰法律并没有关于获得公正审判权的相关规定，法院必须参考欧洲人权法院对这项权利的解释和定义。因此，荷兰的非法证据排除规则高度依赖于斯特拉斯堡判例法，但这种依赖也存在问题，因为欧洲人权法院并没有规定关于证据能力的一般规则，而认为这是国内立法的问题。

（3）欧洲人权法院的做法。通常情况下，欧洲人权法院会将证据的可采性问题作为国内立法的内容，让缔约国享有充分的自由裁量权，但欧洲人权法院会保留其司法管辖权，以确保这种自由裁量权是按照《欧洲人权公约》（以下简称《公约》）的规定来行使。虽然欧洲人权法院没有制定证据可采性的一般规则，然而却通过一些具体的案例确定了刑事诉讼是否达到整体公平的标准。首先，对于违反《公约》第 3 条[1]——使用"酷刑"获取的证据，欧洲人权法院将自动视为对《公约》第 6 条规定的违反，无论什么程序也不论其证明价值如何，都要严格予以排除。[2]但是，这种绝对排除的非法证据并不适用于所有违反《公约》第 3 条的行为。如果只是采用了虐待行为，并没有使被告人遭受酷刑，欧洲人权法院对此则采取较为宽松的态度。比如，被告人加洛（Jalloh）被迫吞下催吐剂，以获取装有可卡因的小袋子。欧洲人权法院就认为，这种方式虽然不人道，却不必然导致程序的不公平。但考虑到该证据属于定罪量刑的关键因素，采用这种措施也会影响到整体审判的不公，故应禁止采纳该证据。[3]相反，在盖夫根诉德国（GäFGEN）案中，同样的情况却被认为是公平的。申请人盖夫根曾绑架杀死一名 11 岁的男孩，但警察并不知道该男孩已经死亡。为了让他供出男孩的下落，警察用"将采用让他肉体上经受巨大痛苦"来威胁盖夫根，随后盖夫根供出了受害人的地点。欧洲人权法院认定这种行为虽属于"利用酷刑威胁被告人的不人道的待遇"，但并没有违反《公约》第 6 条。因为法院对于被告人的定罪主要是基于他第二次的自愿认罪，因此，对他的审判整体来看是公平的。[4]其次，通过侵犯被告人接受公平审判权而获取的证据也不被许可。在具有里程碑意义的撒休斯诉土耳其（Salduz v. Turkey）案中，欧洲人权法院认为申请人撒休斯在羁押期间获得律师帮助的权利受到了限制，"即便随后申请人享受到了法律援助以及对抗式诉讼的待遇，但这也不足以消除警方在侦查阶段的程序污点，被告人的辩护权已经不可挽回地受到了侵害，故撒休斯向警方所作的供述不能被用作定罪的证据。"[5]再次，被告人反对自证其罪的特权一旦遭到侵犯，也将导致所获得证据的排除。英国法院在对桑德斯（Saunders）的审判中，采纳了

---

〔1〕《欧洲人权公约》第 3 条规定，不得对任何人施以酷刑或者是使其受到非人道的或者是侮辱的待遇或者是惩罚。

〔2〕 Jalloh v. Germany, 44 Eur. Ct. H. R. Rep. 32（2007）; Levinta v. Moldova, 52 Eur. H. R. Rep. 40（2011）.

〔3〕 ECtHR, Jalloh v. Germany［GC］, no. 54810/00, para. 103 ff.

〔4〕 ECtHR, Gäfgen v. Germany［GC］, no. 22978/05, paras 108 and 169 ff.

〔5〕 ECtHR, Salduz v. Turkey［GC］, no. 36391/02, para. 58－62; See J. D. Jackson, S. J. Summers, "Confrontation with Strasbourg: UK and Swiss approaches to criminal evidence", *Criminal Law Review*, 2013, pp. 114－130; J. R. Spencer, "Strasbourg and defendant's rights in criminal procedure", *Cambridge Law Journal*, 2011, pp. 14－17.

剥夺被告人沉默权而向行政督察作的供述。而欧洲人权法院指出，禁止强迫任何人自证其罪是《公约》的核心，剥夺被告人沉默权而作的供述显然违反《公约》第6条规定，不能被法院所采纳。[1]反对强迫自证其罪的特权保护同样体现在艾伦（Allan）案中。申请人艾伦因涉嫌谋杀而被拘留，他拒绝向警方供述，于是警方安置了一名线人和艾伦同住一个监舍，从而获得了得以定罪的关键性证据。在该案中，欧洲人权法院再次强调，被告人在侦查讯问阶段保持沉默的自由至关重要，很明显该案中这种自由被破坏。[2]但与艾伦案相比，贝科夫（Bykov）因为没有被拘留，讯问是在他的庄园里进行的。据此欧洲人权法院认为，贝科夫的供述并没有受到外力的影响，其供述可被视为其自愿作出的。[3]最后，尽管欧洲人权法院也注意到警方经常会采用违反《公约》第8条（侵犯公民隐私权）的方法去收集证据，但它却一贯坚持，采用这种方法并不会导致诉讼程序整体上的不公平。在可汗（Khan）贩毒案中，警方窃听到可汗的谈话录音是唯一的定罪证据，但由于缺乏规制秘密侦查的法律规定，该证据的取得虽然违反《公约》第8条，但它的使用却不违反《公约》第6条，而且法庭还认为被告有"充分的机会去质疑该录音的真实性和可采性"。此外，法庭决定采纳该证据还有一个考虑，就是基于其具有非常高的证明价值。[4]

总之，各国对待非法证据有很多不同的方式和规则，但也存在共同点。瑞士、荷兰以及欧洲人权法院对待"酷刑"采用的是严格的非法证据排除原则，但对于其他一些违法行为，法院会进行利益平衡以决定是否排除。

2. 瑞士、荷兰及欧洲人权法院非法证据排除的权衡因素

（1）证据的可靠性。在欧洲人权法院的判例法中，证据的证明力即证据价值一直是衡量非法证据排除的重要因素。传统上，欧洲人权法院通常会因为警方违反程序的技术性问题，而毫不犹豫地放弃一些证据价值极高的证据。但如果该证据的证明力足够高，此时欧洲人权法院将会无视自己所坚持的原则。在可汗案中，欧洲人权法院裁定即使警方窃听到的谈话录音是该案定罪的唯一证据，该证据仍具有极高的可信度。同样，在瑞士法院的判例法中也

---

〔1〕 ECtHR, Saunders v. United Kingdom［GC］, no. 19187/91, para. 67 ff.

〔2〕 ECtHR, Allan v. United Kingdom, no. 48539/99, para. 42 ff.

〔3〕 ECtHR, Bykov v. Russia［GC］, no. 4378/02, para. 101 ff.

〔4〕 ECtHR, Khan v. United Kingdom, no. 35394/97, paras 22 and 29 ff.

能找到相同的观点。虽然荷兰最高法院并没有明确承认这一因素，但也会基于案件本身考虑发现真实的诉讼利益，从而含蓄地提及证据的可靠性。可见，欧洲大陆法院对于证据可靠性的强调表明，即使在现代刑事诉讼中，对事实发现的司法追求仍然胜过程序权利的保障。

（2）对被告人造成的损害。决定非法证据是否排除的第二个考虑因素是"违法所造成的损害"。此处的损害是广义上的，既包括身体损害，也包括利益损害。通常而言，对身体损害的标准是指违反《公约》第 3 条的规定；对《公约》第 6 条规定的接受公正审判权利的侵害，比如嫌疑人无意识的自我归罪，就被认为是对被告人利益的伤害。法院需要将这些权利放在首要的位置予以考虑，相应地，对于所得的非法证据则采用严格的排除规则。而违反《公约》第 8 条造成对公民隐私权的侵犯，则通常不会导致证据的排除。

（3）警察违规的严重程度。法院对"损害因素"的考虑是评估警察违法取证行为对被告人所造成的影响，而这一因素则是考量警察的违法类型与违法程度。警察采用一些非常严重的违法行为，如酷刑或剥夺被告人获得律师帮助的行为，通常都会导致所得证据的严格排除；但如果采用像瑞士联邦刑事诉讼法典规定的所谓"犯罪行为"或违反"有效性规则"的方式收集证据，就需要进行利益上的权衡。而在荷兰的判例法中，"善意的违法行为"却很少导致证据的排除。

（4）被指控犯罪的社会危害性。在瑞士，如果涉嫌严重的刑事犯罪，瑞士法院一般不太情愿排除非法所得的证据，认为这些证据有时是可以被采信的。荷兰最高法院也认为，对于严重犯罪的案件，证据排除并非一个适当的补救措施。欧洲人权法院的态度却十分暧昧，在涉嫌恐怖犯罪指控的撒休斯诉土尔其案中，欧洲人权法院坚持认为犯罪的严重性不能成为限制律师辩护权的有效理由，还特别强调"这一原则尤其需要在涉嫌特别严重的犯罪指控中得到保障。"然而，在最近的易卜拉欣（Ibrahim）案中，同样也是涉嫌恐怖犯罪的指控，但法院却接受了"所有申请临时延迟获得律师帮助"的理由，认为公共安全正在面临迫在眉睫的恐怖威胁。

3. 反思：非法证据排除不应仅是为轻罪所保留的制度

从瑞士、荷兰以及欧洲人权法院的判例法中可以看出，它们在决定是否排除非法证据时往往要在保护被告的私人利益与惩罚犯罪的公共利益之间进行平衡。对于这种平衡理论，不少学者认为存在概念上的错误，因为它是建立在"公共利益可以对抗个人程序性权利"的假设之上。但也有人认为，公共利益和个人权利本不是相互对立的利益，它们都是一个公正判决所要努力寻求的共同结果。笔者认为：

首先，真相不能胜过权利，刑事诉讼中保护权利是追求事实真相的前提。刑事诉讼的公正，意旨追求事实真相的同时也要尊重个人权利。应该说，重罪案件（比如杀人案）比任何案件都更需要权利的保护。欧洲人权法院在撒休斯诉土尔其案中也承认了这一点，提出"律师及早介入尤其是涉嫌重罪指控的案件是至关重要的"。然而在瑞士法律中，对重罪案件刑事被告人的权利保护并没有给予特别的关注，反而对于违反"有效性规则"所取得的证据，如果"是解决严重刑事犯罪的关键证据"，法院则可以采纳。荷兰判例法也呈现出相同的趋势。法院的这种态度显然并不是在阻止警察的非法行为，而是在鼓励，这实际上向执法机关传达了一个错误信息，就是凡涉嫌严重的犯罪案件，可以无视嫌疑人程序上的权利，只要不采取过于"出格"的行为，非法证据也可被法庭所采纳。这难免让人产生疑虑，难道非法证据排除仅仅是为那些没有任何社会代价的轻罪所保留的制度？如果非法证据只是在轻微案件中被排除，此时证据排除规则的震慑功能已经荡然无存。

其次，法院在进行利益平衡时，极易导致武断的结果。由于不存在事先确定的标准，所以在进行利益权衡时，法院就可以通过司法解释来达到预定的结果。事实上，在实践中大多数国家也是将利益平衡作为实现公平裁决的一种工具。面对罪大恶极的被告人，如何处理非法获得的证据，法院自然要承受巨大的社会舆论压力，此时罪行的严重性也就成为法院拒绝排除证据的"法外"理由。因此，在利益平衡的语境下，"侵犯诉讼权利"一词已演变成一个相对化的概念。难道罪行的严重性就可以成为非法收集证据的理由吗？如此这般，显然迷失了确立非法证据排除规则之权利保护的方向。

最后，如果在严重的刑事案件中无视正当程序规则，无论如何都很难保障司法的廉洁性。它给社会传递的信息是：我们尊重规则，前提是公共利益没有受到重大威胁。当然也有不少人认为，如果已有明确的证据表明被告有罪，仅仅是技术性的程序缺陷，不足以成为推翻被告有罪的充分理由，这也是保证司法廉洁的必要手段。表面上看，这种说法有一定的道理。然而，仔细斟酌后会发现，"严重性"这个逻辑出发点会导致荒谬的结果，也就是说只要被告人涉嫌严重罪行的犯罪指控，那么任何违反程序规则的行为都是可以被允许的。或者说，被告的严重罪行可以弥补警察犯罪的过错。同时也就意味着，犯罪越严重，受到公正审判的机会反而越小。

三、自白规则

（一）"自白"（Confession）的概念解析

在我国司法实践中，"自白"与"口供"通常混为一谈。根据美国《布莱克法律词典》的解释，"自白"是指被指控犯罪的被告人揭示自己犯罪，并排除合理的相反推断可能的陈述。美国法学家威格摩尔认为：自白是指刑事案件的被告人以明确的语言对其被指控的真实犯罪事实或对犯罪事实中最基本部分的承认。可以看出，威格摩尔将自白仅限定为对被指控犯罪的明确承认，否定了被告人对非犯罪事实的承认成为自白的可能。在美国司法判例中，对自白的认定基本上也是采上述观点的。在我国理论界，对于口供的概念界定有不同的观点，最为流行的一种观点认为：口供是犯罪嫌疑人、被告人就案件有关情况向公安、司法机关工作人员所作的陈述。它既包括承认犯罪事实的供述，也包括对无罪或罪轻的辩解。另一种观点认为，口供也称"被告人供述"，仅指犯罪嫌疑人或被告人承认犯罪事实的陈述。包括承认有罪的陈述和检举同案其他共犯犯罪事实的陈述，但不包括对无罪或罪轻辩解。根据我国《刑事诉讼法》第50条的规定，对于证据的法定种类之一，立法使用的是"犯罪嫌疑人、被告人供述和辩解"的表述；第55条规定，对一切案件的判处都要重证据，重调查研究，不轻信口供。只有被告人供述，没有其他证据的，不能认定被告人有罪和处以刑罚；没有被告人供述，证据确实充分的，可以认定被告人有罪和处以刑罚。可见，口供其实包含三项内容：被告人或犯罪嫌疑人作的有罪的供述；被告人或犯罪嫌疑人陈述自己无罪或者罪轻的辩解；同案被告人或犯罪嫌疑人对其他共犯在与案件有关的犯罪事实方面的供述。故，"自白"与"口供"之间还是有一定差别的，两者并不能画等号。

需要注意的是，自白也有广义和狭义之分，广义上的自白包括犯罪嫌疑人、被告人在侦查阶段、起诉阶段、预审阶段以及审判阶段所作的各种认罪供述，而不仅仅局限于庭审；狭义上的自白，仅是指犯罪嫌疑人、被告人在诉讼程序外所作的认罪供述。美国是采狭义上自白的代表性国家，即在美国法上，自白通常强调案件进入审判程序之前被告人陈述的内容，也就是被告人对于起诉事实的承认。

此外，"自白"也不同于"自认"。自认一般出现在民事诉讼中，是指民事诉讼中一方当事人就对方当事人所主张的事实表示承认或是视为承认即为自认。根据民事诉讼理论，自认可以产生免除对方当事人对主张事实的证明责任的法律后果。如果非要将"自白"与"自认"扯上关系的话，我们可以将刑事诉讼上的"自认"认定为，犯罪嫌疑人或被告人对犯罪有关联的非犯罪事实，或者其他次要事实的承认。但实际上，在刑事诉讼中，很少用到"自认"一词。

（二）自白的证据属性

作为一种特殊的言词证据，自白与其他证据形式一样，需要具备证据能力与证明力，或者按照英美法系的说法，自白必须具备关联性与可采性。

自白的证据能力（或称自白的证据资格），是指某一自白能够作为刑事诉讼的证据被司法机关所采纳，用来证明某一犯罪事实要件的资格或者能力。在刑事诉讼中犯罪嫌疑人、被告人往往会基于某种原因部分地或全部承认自己所实施的犯罪事实，而这些自白并不必然都具有证据能力。哪些具有证据能力可以被法院所采纳，哪些不具有证据能力需要排除，并不取决于取证人员的主观意志，而取决于法律的直接规定。而自白的证明力，则是指作为证据的自白在诉讼中的证明价值及其大小。作为证据形式之一，自白自然具有证明力。一般而言，自白的证明力不仅取决于自白本身是否能够证明案件的真实情况，还取决于一定的证据制度。从司法制度发展史来看，人类社会分别经历了神明裁判和证据裁判两大阶段。

奴隶制社会实行神明裁判的证据制度。由于奴隶社会的生产力水平低下，科学文化落后，对查明事实的合理手段无从认知，当诉讼中出现难以辨明是非，无法以确凿的证据定案时，于是很自然地借助于诸神灵来断定案件真相。所以，这种制度的随意性也就无从保障当事人的权利，包括当事人在内的整个案件都成为神意支配之下的客体。因此，在神明裁判的证据制度下，自白是不具有证明力的。

封建社会实行法定证据制度。所谓法定证据制度，又称形式证据制度，是指法律预先规定各种证据的证明力和评判标准，法官只能机械地按照法律规定的条件来衡量证据的可靠程度，而不能按照自己的认识来判断和分析证据的制度。在法定证据制度下，法律对于证据证明力的预先设定，往往是根据一些形式化的因素而非根据证据的实际情况确定的。根据当时的立法和证据法理论，通常会有完全的证据和不完全的证据之分，比如无论多么可靠，一个证人证言只能构成一个二分之一的证明，而且其本身永远不足以作为判决的依据。[1]然而，被告人的自白却被视为绝对的最完全证据，只要收集到被告人自白便可以最终定案。比如在 17 世纪 70 年代~80 年代的法国，刑事裁判将所有的证据分为三个等级：完全证据、半证据和不完全证据。完全证据是指可以单独据此认定足以判处死刑重罪的证据，其范围限定在两名以上目击证人关于犯罪主要事实的一致证言以及被告人的自白；半证据则包括一名目击证人关于犯罪主要事实的单独证言或两名证人关于间接事实的证言等，根据半证据只能对被告人使用严刑拷打来强迫被告人供述，但不能单独认定死罪，据此仅可以作出某些涉及罚金或体罚刑的轻罪认定；不完全证据的范围很广，包括从传闻证据到被告人可疑表情、态度等一切嫌疑或间接证据，根据不完全证据只能对被告人进行传唤讯问，只有在这种证据达到一定量时方可拘禁被告人并开始进行侦查。可见，法定证据制度最显著的特征便是迷信口供，法官认定事实必以被告人的自白为主要依据，如无被告人的自白，一般不能定罪。因此，自白（口供）也被视为"证据之王"。

资本主义社会实行自由心证的证据制度。自由心证制度又称"内心确信证据制度"，是指法律不对证据的证明力作出预先的设定，而由法官在审理具体案件的过程中凭借"良心""理性"进行自由判断，形成内心确信，从而得出对案件裁判的结论。自由心证制度的建立，是与资产阶级反对封建特权和等级制度，提倡"法律面前人人平等"的法律原则分不开的。这一制度从根本上赋予了法官在审判过程中极大的自由裁量权，将审查判断证据证明力的任务交给了法官，在一定程度上排除了立法对司法的不当限制，也能有效杜绝行政对司法的不当干扰。自由心证制度扩大了司法权的范围，满足了司法独立的要求，因此该制度很快在很多资本主义国家得到了确立。当然，自由心证也绝非意味着法官可以对案件随便臆断。日本学者铃木茂嗣指出，自由心证主义绝没有容许裁判官恣意判断的含义，相反，该原则要求的是根据

---

〔1〕 参见何家弘："司法证明方式和证据规则的历史沿革——对西方证据法的再认识"，载《外国法译评》1999 年第 4 期。

经验法则而形成合理的心证主义。[1]

自由心证制度使法官的主观能动性获得了很大程度的发挥，符合人们对于案情的认知规律，可以更好地在个案中实现司法公正。为了防止法官滥用自由裁量权，自由心证需要有非常完善的相关配套制度予以保障，例如法官制度和审判制度等，否则便很难避免法官的专横和恣意现象。基于此，英美法系一些国家都规定了较详细的证据规则，包括自白规则。

（三）从虚假供述到错误定罪：一种不正当的定罪道路

虚假供述（False Confession）在英美国家又被称为虚假自白，它包括谎供与错供。谎供多是犯罪嫌疑人基于自我保护和逃避惩罚的个人需要而故意提供虚假供述；而错供更多的则是基于外界压力、错误暗示或者犯罪嫌疑人自身的易感性等特点，从而影响其供述真实性的一种错误陈述。可见，错供和谎供有着实质性的区别，二者是结果相同、但主观故意不同的两种供述行为。[2]也有学者将虚假供述分为：被告根本没有犯被指控罪行的供述和被告夸大被指控罪行刑事责任的供述。还有学者认为，虚假供述是供述者受到诱导而作出的供述，或者故意伪造供述，或者供述内容与事实不符。总之，无论从何种角度来看，虚假供述都是供述者对自己未犯罪行的"有罪供述"。[3]从成因上区分，虚假供述包括自愿型虚假供述、屈从型虚假供述和内化型虚假供述。自愿型虚假供述是指犯罪嫌疑人、被告人在没有受到任何外部压力的情况下提供的虚假供述。这种虚假供述的产生有的出于对先前犯罪进行补偿的自我惩罚的无意识需要；有的出于帮助或保护其他犯罪的需要，如父替子顶罪主动投案并自愿供述的，或受雇于他人替人承担责任等。而屈从型虚假供述与内化型虚假供述通常是来自外部的压力（强迫）或影响从而导致的虚假供述。比如在我国古代统治者都清楚刑讯容易让无辜者诬服，[4]面对刑讯，

〔1〕　转引自刘金友主编：《证据法学》，中国政法大学出版社2001年版，第27页。

〔2〕　参见赵桂芬：《供述心理与讯问对策解密》，中国人民公安大学出版社2009年版，第163页。

〔3〕　参见〔英〕Gisli H. Gudjonsson：《审讯和供述心理学手册》，乐国安、李安等译，中国轻工业出版社2008年版，第156~157、166~169页。

〔4〕　据《资治通鉴》记载，炀帝时尝有盗发，帝令于士澄捕之，少涉嫌似皆拷讯取服，凡二千余人，帝悉令斩之。大理丞张元济怪其多，试寻其状，内五人尝为盗，余皆平民，竟不敢执奏，尽杀之。参见〔宋〕司马光著，黄锦鋐主编：《资治通鉴：第五辑》（隋唐上），台湾二十七位教授合译，新世界出版社2009年版，第471页。

较之于真正的罪犯，无辜者处于更加不利的境地，正如钱钟书所言："严刑之下，能忍痛者不吐实，而不能忍痛者吐不实";[1]还有嫌疑人因获得某种承诺，在明知自己清白的情况下所作的"有罪供述"，这些都属于屈从型虚假供述；内化型虚假供述是指供述者完全不记得自己实施了犯罪，但在警方的诱导讯问过程中逐渐认可讯问的事实，并开始相信自己确实实施了调查中的犯罪行为而作的虚假供述。[2]理论上研究的虚假供述一般是指后两种类型。

据美国司法部门的统计，大约94%的州法院定罪以及97%的联邦法院定罪是基于被告人的有罪供述。[3]而美国错案报告显示，在328起错案中有将近15%的被告人提供了虚假供述。美国有学者也对警察采用欺骗手段获取证据从而导致虚假供述的风险进行研究，研究表明，在美国近2000份的虚假供述里有超过10%的虚假供述会导致被告人被错误定罪。在一个有200多万人被监禁的国家，虚假供述所导致的错案数量也是相当惊人的。根据我国有关部门对50起刑事错案的调查，存在被告人虚假口供的有47起，占94%。从最高人民检察院对2004年以来全国发生的刑事错案的调研结果来看，刑事错案相对集中于故意杀人、抢劫、强奸、毒品等重大刑事案件中，而虚假供述又往往是导致错案的重要原因。因为，在实践中犯罪嫌疑人一旦认罪，司法人员通常就会坚信犯罪嫌疑人就是作案人，而想要逆转错误定罪的发展方向则是相当困难的。在近年我国所披露的错案当中，几乎所有被冤枉的被告人都供述了"犯罪事实"。

为了防止虚假供述成为定案根据，目前各国刑事诉讼法都设置了独立的审判程序与严格的审查标准，以审查、过滤不可靠的起诉证据，但为什么它一再失灵，没有发挥好"把门人"的作用呢？大量的实例表明，从虚假供述到酿成冤假错案，并不是某一个诉讼环节的失灵，而是刑事诉讼制度的整体出错。立案、侦查阶段作为刑事诉讼活动的开端，其任务是查明犯罪事实、查获犯罪嫌疑人。但由于受办案条件的限定，通常情况下，侦查人员只能根据有限的线索，推测案发情形和犯罪嫌疑人的特征，然后再根据自己的假设寻找其他证据和排查嫌疑对象。而侦查机关一旦将无辜公民错误地认定为犯罪

---

〔1〕 参见钱钟书:《管锥篇》(第一册)，中华书局1986年版，第333页。

〔2〕 参见毕惜茜:"错案研究——以虚假供述为视角"，载《山东警察学院学报》2011年第4期。

〔3〕 Missouri v. Frye, 132 S. Ct. 1399, 1407 (2012).

嫌疑人，那么就为后续的错误埋下了隐患。由于无辜公民并没有实施犯罪行为，除非出于巧合等偶然因素，警方通常很难找到直接指向其犯罪的有力证据，[1]此时获取犯罪嫌疑人有罪供述就成为侦破此案的核心环节，但这也正是导致冤假错案的元凶。故此有学者指出，中外刑事诉讼的历史已经反复证明，错误审判的恶果从来都是结在错误侦查的病枝上的。[2]然而，单单认罪并不能足以导致错误定罪的发生，作为定案依据的犯罪证据，不仅要犯罪嫌疑人、被告人认罪，而且还必须要经过证据的审查机制。所谓证据的审查机制就是指司法机关通过对呈现在法庭上的证据进行分析、判断和甄别，以确定证据的证据能力与证明力的审查机制。鉴于口供[3]在刑事诉讼证明体系中的重要地位，法院在证据审查过程中普遍存在重口供并依据口供来印证其他证据的做法，而一旦依靠口供形成了证据印证体系，就会忽视对物证等其他证据的审查和运用，这种在理念上先入为主地推定口供的优先证明力的证据审查方式，将导致很难发现案件存在的问题。由此可见，刑事错案的发生与口供中心主义的证据审查机制密切相关。

（四）自白法则

自白法则发源于英国，并在英美法系的成文法和判例中逐渐孕育成熟。具体而言，刑事诉讼自白法则主要包括自白排除法则和自白补强法则两大类。但我国还有一种规则——口供印证规则，本书将在后文中予以提及，此处不再赘述。

1. 自愿供述规则

自愿供述规则又称"自白任意性规则"，是针对言词证据而言，它以犯罪嫌疑人、被告人供述的自愿性为判断标准，故又称口供自愿性规则。供述自愿性规则是口供规则的实质性与基础性规则，它是指犯罪嫌疑人、被告人的供述必须出于自由意志，是其自由、自愿作出的供述。如果犯罪嫌疑人、被告人的自由意志受到不正当的强制、胁迫等威胁，而导致其供述在非任意的情况下作出，这种供述就不能作为诉讼证据被采纳，必须予以排除，故从另

---

〔1〕　参见李昌盛："错案的轨迹：以虚假供述为中心"，载《中国人民公安大学学报（社会科学版）》2015 年第 6 期。

〔2〕　参见李心鉴：《刑事诉讼构造论》，中国政法大学出版社 1992 年版，第 179 页。

〔3〕　本书如无特别说明，文中出现的"口供"仅指被指控人就自己所实施犯罪的承认与供述。

外一方面讲，供述任意性规则也称为非任意供述排除规则。供述任意性规则与非任意供述排除规则二者含义一致，只是从不同的角度对口供规则进行审视而已。

自白规则源于英国历史上的"考门罗原则"（common law），就是基于不当诱因的自白或不自由的自白，不具有证据能力，应予以排除。这项原则的理论基础是，只有当事人在人身、财产处于安全的前提下作出的自白，才能保证其内容的真实性，如果当事人在外力驱使下作出的自白，则必然会不自觉地顺从外力驱使的要求，这种自白的真实性令人怀疑。同时，在外界强制力驱使下的自白，是对被告人基本诉讼权利的侵犯，也会助长警察等公职人员滥用权力的气焰。如果这种真实性值得怀疑，并以牺牲被告人人权为代价的自白被采用，无疑是现代民主诉讼制度的重大失败。美国 1971 年《联邦宪法》修正案第 5 条规定："任何人……在刑事案件中，都不得被迫成为不利于己的证人。"因为，"政府对于公民罪行的控告，负有提供罪证的责任，即举证责任；而有关犯罪的证据的收集，必须严格遵守宪法的有关规定，不得使公民在被迫的状态下提供不利于己的证据。"[1] 日本《宪法》第 38 条规定："以强制、拷问或胁迫所取得的自白，或者经过不适当的长期扣留或拘禁的自白，都不得作为证据。"日本《刑事诉讼法》第 319 条规定："出于强制、拷问或胁迫的自白，在经过不适当的长期扣留或拘禁的自白，或其他可以怀疑为并非出于自由意志的自白，都不得作为证据。"在法国，对于刑讯逼供和其他非法手段取得的言词证据立法和判例均持否定态度。意大利《刑事诉讼法典》第 188 条规定："不得使用足以影响人的自由决定权或者足以改变对事实的记忆和评价能力的方法或技术，即便关系人表示同意。"我国《刑事诉讼法》第 56 条规定："采用刑讯逼供等非法方法收集的犯罪嫌疑人、被告人供述和采用暴力、威胁等非法方法收集的证人证言、被害人陈述，应当予以排除。收集物证、书证不符合法定程序，可能严重影响司法公正的，应当予以补正或者作出合理解释；不能补正或者作出合理解释的，对该证据应当予以排除。"在侦查、审查起诉、审判时发现有应当排除的证据的，应当依法予以排除，不得作为起诉意见、起诉决定和判决的依据。可见，世界上绝大多数国家都把是否具有任意性作为口供取得证据能力的要件，这也是目前法治国

---

〔1〕 李心鉴：《刑事诉讼构造论》，中国政法大学出版社 1992 版，第 207 页。

家坚定不移的一条证据规则。[1]

尽管各国对非任意性供述予以排除的态度已经达成共识，但由于法律体制及文化背景的差异，针对究竟符合什么标准是自愿供述以及何种情况下的非任意供述应该予以排除等问题，各国都呈现出微妙的差异。关于供述自愿性的考量规则将在下文中作详细阐释。

2. 自白补强规则

补强规则是指当某个证据成为不利于被告人的唯一证据时，法官不得将此证据作为判定被告人有罪和判处刑罚的依据，而要求有其他的证据对此证据加以补充、肯定的法则。[2]所谓口供补强规则或自白补强规则就是要求在刑事诉讼过程中，禁止将被告人口供作为认定其有罪的唯一依据，还需要有其他证据予以佐证才能认定被告人有罪和处以刑罚。

口供补强规则主要存在于英美法系国家和深受英美法系影响的日本。该规则最早可以追溯到英国 17 世纪的普通法规则，但其发扬光大则是在美国。17 世纪末、18 世纪初，英国、美国出现了多起"被害人复活"案件，为了防止被告人供认一个事实上没有发生的犯罪，维护刑事司法公信力，在 19 世纪末，"没有独立证据补强口供的真实性，口供就不具有可采性"的口供补强规则被美国几乎所有的州予以采纳。[3]该规则后来被日本吸收并明确规定于日本《宪法》《刑事诉讼法》之中。如日本《刑事诉讼法》第 319 条规定，当被告人自白是对自己不利的唯一证据时，不论该自白是否是在公审庭上的自白，均不得被认定为有罪。为防止采信虚假供述、减少错误判决，现代法治国家大都在刑事诉讼中确立了自白补强规则。我国法律深受日本法的影响，加上对历史上存在轻信口供而造成大量冤假错案的担忧，我国刑诉法也确立了口供补强规则。《刑事诉讼法》第 55 条第 1 款规定，只有被告人供述，没有其他证据的，不能认定被告人有罪和处以刑罚；没有被告人供述，证据确实、充分的，可以认定被告人有罪和处以刑罚。这是我国立法所确立的口供补强规则。

口供补强规则可分为消极与积极两个层面。消极层面是指该规则否定口

---

〔1〕 参见孙彩虹主编：《证据法学》，中国政法大学出版社 2008 年版，第 267~68 页。

〔2〕 参见徐静村：《刑事诉讼法学》（上），法律出版社 1999 年版，第 102 页。

〔3〕 See David A. Moran, "In Defense of the Corpus Delicti Rule", *Ohio State Law Journal*, Vol. 64, 2003, p. 817.

供作为有罪判决的唯一依据，强调当口供为证明被告人有罪的唯一证据时，法院不得认定有罪；积极层面是指只有口供符合法定的补强要求时，裁判者才能根据口供作出有罪判决，这就要确保口供所包含的事实信息须得到其他证据的佐证或印证。如《刑诉法解释》第 141 条规定，根据被告人的供述、指认提取到了隐蔽性很强的物证、书证，且被告人的供述与其他证明犯罪事实发生的证据相互印证，并排除串供、逼供、诱供等可能性的，可以认定被告人有罪。即是积极意义上的口供补强规则。[1]但从各国立法例上看，口供补强规则通常是从消极意义上加以规定的。

在运用口供补强规则时需要解决以下四个方面的问题：

（1）待补强证据的范围。根据大陆法系国家的口供补强规则，并不要求所有被告人供述都需要其他证据的补强，只有单独可以定罪的口供才需要补强。即只有在被告人供述中包含着全部犯罪构成要件事实的情况下，该供述的补强才是必需的。因为该项供述可以成为法庭作出有罪判决的唯一事实依据，因此就需要对该供述的自愿性和真实性加以补强。[2]可见，当口供仅能证明部分案件事实，也就是说当口供属于间接证据时，口供补强规则就没有独立存在的价值。在美国，补强规则只适用于不认罪案件中被告人在法庭外所作出的自白，而被告人在法庭上的自白则无须进行补强。[3]日本的口供补强规则不仅适用于法庭外的自白，也适用于被告人在法庭上所作的自白。但有一点美日两国的要求是一致的，也就是均要求待补强的口供本身不属于需要排除的非法证据，即只有那些具备证据能力的口供才具有补强的资格。虽然我国刑事诉讼法没有明确规定待补强口供的范围，但根据我国刑事诉讼的特点，日本的做法更适合我国，实际上司法实践中也是这样操作的。

（2）补强的对象。按照英美法和日本法"罪体说"[4]（corpusdelictirule）的要求，认定被告人有罪控方应当证明三个方面的基础事实：第一，犯罪结果，即发生了人身或财产的损害（如发现尸体）；第二，犯罪行为，即该犯罪结果是

---

〔1〕 参见向燕："论口供补强规则的展开及适用"，载《比较法研究》2016 年第 6 期。

〔2〕 参见徐美君："口供补强法则的基础与构成"，载《中国法学》2003 年第 6 期。

〔3〕 Evidence-Extrajudicial Confession Inadmissible Without Corroborate Evidence to Establish Corpus Delicti, St. Louis v. Watters, 289 S. W. 2d444（Mo. App. 1956），1956 Wash. U. L. Q. 483 (1956).

〔4〕 日本通说认为，"罪体"是犯罪行为侵害的法益。参见 [日] 田口守一：《日本刑事诉讼法》，张凌、穆津译，法律出版社 2000 年版，第 254 页。

他人实施犯罪行为的产物（如经过尸检，确认是他杀，排除自杀或者意外事件等）；第三，被告人系实施犯罪行为的人，即被告人和罪犯具有同一性。[1]通常认为，补强对象仅要求对犯罪结果和犯罪行为进行补强，而不需要补强证明被告人系犯罪行为的实施者。[2]虽然从设立口供补强规则的价值——"排除虚假供述，以防止误判"来看，如果"犯罪行为人"与"被告人"身份的同一性能有补强证据予以证实，自然是最理性的状态，但在司法实践中却很少能达到该要求。例如很多盗窃案件中，往往只有被害人关于失窃的大概时间、地点及失窃财物的报案陈述，但很难寻找到能够直接锁定嫌疑人的证据，比如从现场提取到的指纹、被撬物品的痕迹、被害人陈述等证据都无法实现这一目的。所以要求所有案件对被告人身份的同一性均有其他独立证据予以补强不太现实。不过，作为一种公认的观点，被告人的主观罪过即犯罪的主观方面，一般则不需要补强。[3]

（3）补强的程度。口供补强需要达到什么程度，才能使裁判者达到"内心确信"，进而避免因偏信口供而导致误判，这是口供补强规则的核心问题。对于这个问题，理论界和实务界有"绝对说"与"相对说"两种主张。"绝对说"认为，口供以外的补强证据应当能够独立证明犯罪事实，并达到某种质和量的要求。这种学说以日本刑事诉讼法要求的"罪体标准"为代表。在日本，只有"补强证据与口供互相结合达到排除合理疑问的确信程度，或是达到能够更加增强这种确信的程度"才能认定被告人有罪。"相对说"要求口供以外的补强证据应当能佐证口供的可信性，只要以优势证据证明罪体事实存在或者供述具有可信性即可。这种学说以美国法院系统采取的"可信性标准"（Trust worthiness Standard）为代表。"可信性标准"是美国联邦最高法院1954年在奥珀诉美国案（Opper v. United States）[4]和史密斯诉美国案（Smith v. United States）[5]中确立的。与"罪体标准"不同，"可信性标准"突出对

---

〔1〕 参见［日］田口守一：《刑事诉讼法》，张凌、于秀峰译，中国政法大学出版社2010年版，第302页。

〔2〕 See Richard A. Leo et al., "Bringing Reliability Back in: False Confessions and Legal Safeguards in the Twenty-First Century", *Wisconsin Law Review*, Vol. 2006, No. 2., 2006, pp. 479-506.

〔3〕 参见［日］松尾浩也：《日本刑事诉讼法》（下卷），丁相顺译，中国人民大学出版社2005年版，第37~56页。

〔4〕 Opper v. United States, 348 U. S. 84 (1954).

〔5〕 Smith v. United States, 348 U. S. 147 (1954).

口供本身的补强而不是对犯罪事实的补强。依据"可信性标准"，并不要求"独立于被告人供述之外的证据能够证明'罪体'……任何能够加强口供真实性或倾向于证明口供所包含事实的间接证据即能满足补强的要求。"[1]也就是说，补强证据只要能够支撑被告人供述的真实性令人信服就足够了，而不需要达到对每一事实信息都要加以补强的程度。

以万某某盗窃案为例。[2]嫌疑人万某某与其老乡万某于2009年10月27日晚9时许因形迹可疑被巡逻民警抓获。万某某在被抓获后即主动交代了他涉嫌两笔盗窃犯罪的事实。其中一起他交代的2009年10月17日伙同他人以"仙人跳"的方式盗窃一男子3800元现金的事实，有被害人的报案陈述予以印证，因此可以认定。但他交代的另外一起于2009年10月27日晚8时许伙同"阿霞"以"仙人跳"的方式盗窃另一男子现金2500元的事实，并无被害人报案。民警在抓获嫌疑人万某某时从其身上查获了现金2500元。其老乡万某的证言证实：2009年10月27日下午5点嫌疑人万某某和他在一起，当晚8时左右嫌疑人万某某去办事情两人分开，直到当晚9时许嫌疑人万某某办完事情回来，后他俩一起被民警抓获。证人万某的证言内容与嫌疑人万某某供述一致。那么上述证据能否认定嫌疑人万某某于2009年10月27日盗窃2500元的犯罪事实？如果依据"可信性标准"，被告人供述盗窃2500元的犯罪事实，有证人万某的证言，还有从其身上搜出的2500元赃款，这些证据一定程度上可以佐证被告人供述的真实可信性。但如果依据"罪体标准"，虽然相关的证据材料对被告人的供述均能印证，但却缺少关键性的证据——被害人报案——这一直接证明犯罪结果发生的关键证据。虽然有赃款2500元现金在案，但现金是种类物，不具有个性化特征，因此无法排除合理怀疑。另外，被告人所供述的同案犯"阿霞"也未能到案。故被告人该供述尚未达到补强标准，法院不能认定盗窃2500元的事实。

按照传统"罪体标准"的要求，被告人系犯罪行为人的事实并不需要有独立证据进行补强，虽然它能够很好地过滤掉那些缺乏犯罪事实的虚假供述，但反过来，却不能得出"犯罪为真，口供也一定为真"的结论。因此，"罪体标准"尽管能有效防止无辜者因没有实际发生的犯罪而被定罪的错误，但在

---

〔1〕 Stare v. Parker, 337 S. E. 2d 487, 488 (N. C. 1985).

〔2〕 案例来源：浙江省宁波市北仑区检察院，案号"甬仑检刑诉〔2009〕709号"。

发生了犯罪的案件中它却不能有效防范无辜者被错误认定为犯罪行为人的风险。[1]而在刑事诉讼中，后者显然属于发生概率最多的情形。所以，"罪体标准"因其功能具有极大的局限性而广受批评。与"罪体标准"不同，鉴于对口供本身真实性的不信任，"可信性标准"要求被告人口供必须有独立的证据进行补强，以强化口供的真实性。在莫奇里（Mauchley）案中，美国法院就要求控方在对口供举证之前必须举出"确实的、独立的证据，以确认口供的可信性"。[2]在我国，"可信性标准"被广泛运用于司法实务中。以聂树斌案为例，二审法院认为被告人的供述及指认作案现场，与现场勘查一致；被告人所供被害人的体态、衣着与被害人丈夫及证人余秀琴所证一致，即认定聂树斌有罪。但是运用"可信性标准"的最大风险来自警察不当的取证方法可能对补强证据所造成的污染，比如通过指供、诱供、故意泄露案情等手段而获取的证人证言、物证等。近年来我国媒体曝光的绝大多数冤案错案中，大多数案件存在警察指供、诱供等现象，从而造成无辜被告人所作的供述与案件的其他证据相互印证的假象。

那么究竟需要为口供补强的程度确立什么样的标准呢？毫无疑问，高标准的补强程度要求，能够有效地减少无辜者被错误定罪的概率，但同时却要承受因客观原因导致补强证据不充分而放纵犯罪的代价。本书主张，在坚持"可信性标准"的前提下，根据案件类型与特点对"罪体标准"确立不同的补强要求：①可能判处死刑的案件应当要求对"罪体"的三要素均有独立证据进行补强，并结合全案证据进行综合判断，只有在法官形成"心证"并得出排除任何合理怀疑的有罪结论，此时口供才能够采信；②对于涉及恐怖主义犯罪、毒品犯罪、黑社会组织犯罪以及贪污贿赂犯罪等取证困难的案件，应适度放宽对补强的要求。口供只要与有具有证据能力、证明力的其他独立证据相印证，且供述中涉及犯罪客观方面的特殊细节与补强证据所证明的事实基本吻合一致，口供即可作为证据使用。

（4）补强证据的资格。补强证据的资格也称补强证据的适格，是指哪些证据能够作为口供的补强证据。首先，口供补强规则的作用在于证明口供内容的真实性，因此从理论上讲只要具备证据能力、且能够用于证明口供内容真

---

〔1〕　参见向燕："论口供补强规则的展开及适用"，载《比较法研究》2016 年第 6 期。

〔2〕　State v. Mauchley, 67 P. 3d 477, 488（Utah 2003）.

实性的证据，不论是人证还是物证、直接证据还是间接证据，都可以成为口供的补强证据。但被用来作为补强的证据首先应当是独立存在于口供之外的其他证据，也就是说，被告人供述的传来形式（如犯罪嫌疑人的辨认笔录、指认笔录，亦或者是被告人的书面供词或采用录音、录像方式进行的供述）都不能充当补强证据，否则就会陷于被告人口供自我补强的境地。不过犯罪嫌疑人的身体特征或自然状况，如某种生理缺陷、身体上留下的伤痕、指纹、血液等，这类证据因不具有言词交流的性质，其内容具有较高的客观性，受不当取证方式的影响较小，可以作为独立的补强证据来使用。其次，补强证据必须具有证据能力和证明力。补强证据应是办案人员合法搜集的证据，如果根据被告人的供述或指认，办案人员发现了具有证明价值的物证、书证或其他证据，那么这些证据的获取必须是排除了逼供、诱供等非法取证的可能性。当然，通过暴力、威胁等非法手段获得的证人证言、被害人陈述，拒不出庭作证的鉴定人的鉴定意见等，均不能作为补强证据。此外，补强证据还应具有相关性和真实性，尤其是其证明力必须得到其他证据的印证，其真实性获得了令人信服的验证。最后是关于同案共同被告人的供述能否作为补强证据的问题，也就是说，只有共犯间一致的自白而没有其他补强证据能否定案。对此，世界各国有不同的实践和学说，英美法系国家一般认为共犯的自白同样需要独立的证据予以补强；而日本则是把共犯自白与本人自白区别对待的。从日本最高裁判所的判例看出，没有经过共同审理的共犯人的自白不需要补强证据；即使是接受共同审理的共犯人（共同被告人），从共犯人与被告人本人的关系上看，共犯也是被告人以外的人，他作出的涉及共犯人或共同被告人犯罪事实的供述也具有独立的、完全的证明力，也不需要适用自白补强规则。因此，仅从理论上讲，当共犯人的自白是唯一证据时，在日本是可以认定被告人有罪的。不过也存在以下两种情形：一是多数判例要求有补强证据；二是慎重判断共犯人自白的可信性，一旦发现有疑点就要撤销有罪判决。[1]

关于共犯口供能否互为补强证据的问题上，我国法学界存在四种不同的观点：第一种，"肯定说"。该说认为共犯的供述可以互相补强，在供述一致的情况下，可以据此定案。第二种，"否定说"。该说认为共同被告人的供述

---

[1] 参见［日］田口守一：《刑事诉讼法》，张凌、于秀峰译，中国政法大学出版社2010年版，第307页。

仍然是"被告人供述"，同样具有真实性和虚伪性并存的特点，不能以共犯的口供作为补强证据，应当寻求其他证据来补强。第三种，"区别说"。该说认为同案处理的共犯供述可以互相补强，但是不同案处理的共犯只能互作证人，不能用来补强。第四种，"折衷说"。该说认为共同被告人供述一致，在符合一定条件的情况下，可以用来补强。这些条件是：经过各种努力仍无法取得其他证据；共同被告人之间无串供可能；排除了以指供、诱供、刑讯逼供等非法手段获取口供的情况等。[1]还有学者认为，在排除串供、非法取证的前提下，各被告人供述的犯罪事实细节上基本一致，在分别指认并可确认他们到过现场的情况下，可以共犯自白作为定案的根据，但共犯只有 2 人时，原则上不能仅凭自白相互印证定案，共犯为 3 人以上时，方可慎重考虑。[2]从立法层面上，我国法律并未对共犯口供的法律效力作出统一规定，但司法实务中存在有以 3 人以上共犯的供述，且供述的作案细节能够相互印证予以定案的情形。

　　以罗某某等抢劫案为例。[3]嫌疑人罗某某与其同案犯李某因形迹可疑于 2010 年 8 月 12 日被公安民警抓获。2 人被抓获后即供认他们正预谋抢劫。经讯问 2 人均交代了他俩伙同另外 3 人经事先预谋在 2010 年 6 月的一天晚上在某公园河边抢劫一对青年男女五六百元现金的事实。在交代了犯罪事实后，嫌疑人罗某某还协助民警抓获了另一名同案犯李某某。李某某到案后也对上述 5 人共同抢劫作案的事实供认不讳。且 3 人对抢劫作案的细节包括预谋的经过、抢劫的过程、地点、财物、对象特征以及作案工具等均有详尽、一致的供述，可相互印证。3 人均能指认出作案地点及抢劫之后当天入住的旅馆。民警找到该旅馆后，旅馆老板也证实李某、罗某某等人当晚入住情况。几人入住旅馆的住宿登记表也被民警所提取，上面记载了李某、罗某某登记的身份信息等。但是，虽经种种努力公安民警却一直未能找到被害人的报案记录。随后公安机关对 3 名嫌疑人以抢劫罪提请批准逮捕。负责审查批捕的检察官认为，（根据我国现行《刑事诉讼法》第 55 条的规定），现有证据尚不足以认定嫌疑人罗某某伙同李某、李某某等 5 人共同抢劫的犯罪事实，需要继续调

---

　　〔1〕　参见龙宗智：《相对合理主义》，中国政法大学出版社 1999 年版，第 459~460 页。

　　〔2〕　参见陈光中、徐静村主编：《刑事诉讼法学》，中国政法大学出版社 1999 年版，第 206 页。

　　〔3〕　案例来源：浙江省宁波市北仑区检察院，案号"甬仑检刑诉［2010］623 号"。转引自刘浪："自白补强规则实证分析"，载《华东政法大学学报》2012 年第 5 期。

查取证。但公安机关几番努力仍然无法找到被害人，只补充了嫌疑人罗某某等人供述的案发当晚他们在宾馆住宿的登记表一份。案件移送审查起诉后，承办检察官认为3名共犯对于抢劫犯罪事实的供认细节一致，未发现有指供、诱供、刑讯逼供等非法取证情形，供述具有很强的真实性。案件起诉到法院之后，法院认为，虽然该案中并无被害人报案，但另2名同案犯的供述对嫌疑人罗某某的供述进行了有效补强，最终法院认定了罗某某该笔抢劫的犯罪事实。

四、非法证据之派生证据规则

（一）美国"毒树之果"排除规则

1. 美国"毒树之果"规则的确立

"毒树之果"规则是建立在非法证据排除规则基础之上，同时也是排除规则的内容之一。根据美国《宪法第四修正案》的规定，任何人不受非法搜查和扣押。为此，美国联邦最高法院创制了非法证据排除规则，以便对违反《宪法第四修正案》的侵权行为提供补救措施。在1914年的威克斯诉美国案[1]中，美国联邦最高法院作出裁决，非法搜查和扣押所得的证据直接予以排除。在1966年米兰达诉亚利桑那州案中，美国联邦最高法院确立了对于违反《宪法第五修正案》自证其罪条款和《宪法第六修正案》律师权条款的自白，应当予以排除的规则。不过在上述判例中，无论是违反第四修正案或第五、第六修正案的排除规则，亦或是违反其他正当程序所产生的排除规则，都要求排除从违法行为直接产生的非法证据。对于由非法证据派生而来的证据，即"毒树之果"是否具有可采性，则是美国联邦最高法院在1920年通过西尔弗索恩木业有限公司诉美国（Silverthorne Lumber Co. v. U. S）[2]案确立的规则。

在西尔弗索恩木业有限公司诉美国案中，执法官员在未经授权的情况下从被告人办公室非法查获了一些单据、文件等，由于侵犯了被告《宪法第四修正案》的权利，法庭命令返还这些物品，检察官在返还之前复印了该文件，并用它们获得了法院传票。地方法院在初审时认为，非法扣押是错误的，但通过扣押了解到这些物品的信息及法院传票则是有效的。被告人不服上诉至

---

〔1〕 Weeks v. United States, 232 U. S. 383 (1914).

〔2〕 Silverthorne Lumber Co. v. United States, 251 U. S. 385 (1920).

美国联邦最高法院，以霍姆斯大法官为首的美国联邦最高法院判定政府违法，不仅通过违法行为直接获得的证据必须排除，而且根据这些证据获取的有关案件信息，由于受到非法手段的污染，也应予以排除。理由是，警方不能通过自己的违法行为从而获得法律优势。[1]这种将间接来源于违法行为的派生证据加以排除的做法即为"毒树之果"规则。由此，美国《宪法第四修正案》所指的非法证据排除规则"不仅适用于利用非法搜查或扣押直接获得的原始证据，而且也适用于其派生证据。"[2]

虽然"毒树之果"规则在最初形成之时适用于第四修正案的排除规则，但美国联邦最高法院在卡斯蒂加诉美国（Kastigar v. U. S）案中却坚持认为，只有禁止使用或"派生使用"通过强迫所取得的一切证言，才能使反对自我归罪特权所提供的豁免权得以实现。[3]这就确立了基于第五条修正案的"毒树之果"排除规则。事实上，在卡斯蒂加诉美国案中，美国联邦最高法院所描述的禁止使用派生证据的范围要比第四条修正案所确立的原则更为严格。因为其要求的"禁止衍生使用"则是指除禁止直接使用以强迫方式获得的证言，而且也禁止将该证言作为一种调查引导（Investigatory Lead）。另外，在卡斯蒂加诉美国案中，对非法派生证据的排除既没有"必然发现"的例外，也没有"稀释"（或"污染衰减"）的例外，要求凡是从强迫的自白中获取的第二手证据必须被排除。

2．"毒树之果"规则的发展——几种"例外"的确立

（1）"独立来源"（Independent Source）例外。在美国，直到20世纪60年代末，非法证据排除规则一直被严格执行。但从20世纪70年代始，该规则的效力范围不断受到限缩，其绝对性也在逐步下降，与此同时，越来越多的例外规则被承认，其中多为适用于派生证据的例外。早在西尔弗索恩木业有限公司诉美国案中，美国联邦最高法院创立"毒树之果"规则的同时，就确认了"独立来源"的例外。法院裁定，禁止使用非法搜查或扣押获得的一切证据，除非该证据被证明不是以非法手段取得的证据为线索，而是从其他独立来源获得的"。[4]也就是说，"毒树之果"规则不适用于有两个来源的证

---

[1] Kastigar v. U. S, 406 U. S. 441, 460 (1972).

[2] Silverthorne Lumber Co. v. United States, 251 U. S. 385, 92 (1920).

[3] Segura v. United States, 468 U. S. 796, 804 (1984).

[4] Silverthorne Lumber Co. v. United States, 251 U. S. 385, 92 (1920).

据。在拜纳姆诉美国（Bynum v. United States）案中，警方怀疑拜纳姆参与一起抢劫案，但警察在逮捕被告人之时，却没有达到法定的逮捕标准，据此，在第一次判决中，法院排除了警方非法逮捕后从被告人身上获得的指印。当拜纳姆第二次被重新指控后，检控方使用了从 FBI 档案中保存的一套旧指印——这些指印与作案现场的指印相吻合。由于这套旧指印是从一件无关联的事项中获得的，因此这些指印可以作为独立来源而获得的证据被采用，因为它"与非法逮捕没有任何关联。"[1]之后，美国联邦最高法院一直将第二巡回法院在拜纳姆诉美国案中的判决作为"独立来源"例外的经典案例来适用。[2]在适用"独立来源"例外时，美国联邦最高法院特别强调"独立"所要达到的程度，并且要求前后行为要严格分离。如在 1984 年的塞古拉诉美国（Segura v. United States）[3]案中，警察无证进入住宅并逮捕了房主，然后在现场非法停留了很长时间，直到获得搜查证。但此搜查证却是根据进入住宅之前所获得的信息而签发的，因而该搜查证属于合法取得。法院判决认为，被告人要求禁用的证据并不是首次非法进入住宅时发现的，而是在执行一个可以接受的、有效的搜查证过程中获得的。但反对者则主张，在这种情形下适用"独立来源"的例外理由并不充分，因为警察获得证据也许与非法进入住宅有很大关系，假如没有警察违法进入住宅的行为，证据"很有可能被毁弃"。大多数法官却认为这种主张并不具有说服力，因为"证据很有可能被转移或毁坏"只是纯粹的推测，特别是如果警察没有非法进入住宅，他们会采用其他策略以防止证据被转移，如在住宅周围埋伏，并尽量避免惊动房屋主人。"更为重要的是"，大多数法官补充道："我们倾向于排除规则—— 社会以及司法系统已经为之付出沉重代价——能够进一步防止犯罪活动。"可见，"独立来源"作为一个标签，它阻断了政府不当行为与获得证据之间的因果关系。[4]但法院是否排除"毒果"要视"毒树"与"毒果"之间的因果关系而定，与此同时，美国联邦最高法院还要考虑在犯罪控制与纯粹的正当程序之间寻找妥当的平衡点。

（2）"必然发现"（Inevitable Discovery）例外。"必然发现"是指虽然执

---

〔1〕 Bynum v. United States, 107 U. S. App. D. C. 109，（1960）.

〔2〕 如美国诉科罗斯案，U. S. v. Crews.，445，U. S. 463，（1980）.

〔3〕 Segura v. United State, 468 U. S. 796（1984）.

〔4〕 See Brent D. Stratton, The Attenuation Exception to the Exclusionary Rule: A Study in Attenuated Principle and Dissipated Logic, *Journal of Criminal Law and Criminology*, Vol. 75, No. 1., 1984, p. 139.

法机关存在违法的取证行为，但按照警方常规的侦讯手段，即使不依靠违法程序，该证据也必然会被发现或找到。"必然发现"例外首次被承认是在尼克斯诉威廉姆斯（Nix v. Williams）一案，该案被告人涉嫌谋杀一名年轻女孩，经过审讯，被告人供述了全部作案过程，并指认了掩埋被害人尸体的位置。而此时警方已在有200名志愿者的协助下采取了地毯式搜查，距离目标（尸体）已经非常接近。由于警方在讯问本案被告人时违反了《宪法第六修正案》，律师提出应该排除被告人供述及其他实物证据。但法庭认为，即使警方没有被告人供述，受害女孩的尸体终究也会被发现。当"证据不可避免地会被发现，此时就不需要考虑警方的错误或不当行为，也没有必要去证明该证据存在某种'污点'，它是可以被采纳的。"[1]正如美国联邦最高法院在此案中所作的解释那样，"必然发现"规则类似于"独立来源"规则，它们都没有超出设立排除规则的目标——阻吓警察的违法行为——控方既不会从非法行为中获益，但也不会仅仅因为警方的过错而处于更糟糕的境地。但美国联邦最高法院却要求，控方必须首先证明警方收集证据的违法行为并无"恶意"（Bad Faith）才能认为"必然发现"的证据具有可采性。美国联邦最高法院指出，如果有这样一个无"恶意"的限制，将会有利于陪审团得知一个具有相关性且毫无疑问的事实真相——此事实真相如果没有警察的非法行为完全可以被知晓。[2]

"必然发现"例外与"独立来源"例外的根本区别，不在于警察是否以一种违宪的途径获得证据，而在于以违宪获得的证据是否以一种无"污染"的途径必然获得。但与"独立来源"例外不同，"必然发现"毕竟是在个人权利遭到侵犯的事实状态下，而允许使用非法取得的证据，所以，"必然发现"也被视为真正的非法证据排除规则的例外。[3]由于法院适用"独立来源"例外的理由是，即使没有不法取证行为的发生，警察也会取得该证据，但同时也存在事实上并没有找到证据的可能性。因此"必然发现"例外不涉及推测性的要素，而只是着眼于已发生的事实能够被证实或推翻。只有证明能够发现证据的常规调查程序已经进行时，适用"必然发现"例外才具有正当性。[4]

（3）"污染衰减"（Attenuation）例外。根据这一原则，当派生证据与非

---

〔1〕 Nix v. Williams, 467 U. S. 431（1984）.

〔2〕 Nix v. Williams, 467 U. S. 448-50（1984）.

〔3〕 James J. Tomkovicz, Constitutional Exclusion, Oxford University Press, 2011, p. 31.

〔4〕 参见王以真主编：《外国刑事诉讼法学参考资料》，北京大学出版社1995年版，第415页。

法原始证据之间的联系变得非常微弱的时候，其"污点"已经被稀释，此时就可以采纳该派生证据。[1]与"独立来源"例外不同，"污染衰减"例外不是强调派生证据与非法原始证据之间缺乏实际的联系，而是强调派生证据的"污点"因与非法原始证据之间的联系过于微弱有可能得以消散，但不代表二者的因果关系完全被切断。某种程度上讲，距离"毒树"越远，收集的证据受"毒素"的影响就越微弱。所以，该学说只适用于派生证据，原始证据则不能适用"衰减"理论。"衰减"例外试图表明一个观点就是，相较于排除非法证据所付出的司法成本，警察非法取证行为的危害后果要轻得多。虽然设立"衰减"标准以及"衰减"到什么程度证据才可以被采纳比较困难，但普遍认为有三个因素可以作为美国法院评估"毒素"是否已被充分稀释：（1）"毒树"与"果实"之间间隔的时间；（2）在"毒树"与"果实"之间介入的情况或事件的数量与性质；（3）警察不当行为的目的和违法程度。[2]

从上述三个例外不难看出美国联邦最高法院对适用"毒树之果"规则日趋谨慎的态度，尽管如此，排除规则仍然是在一个合理的框架内，排除与非法搜查和扣押（包括逮捕）有因果联系的任何类型的证据，从而为当事人提供符合正当程序要求的权利保障。[3]

3. "毒树之果"规则中的"污染衰减"

（1）王森诉美国案——"污染衰减"的理论基础。"污染衰减"理论最典型案例是1963年的王森诉美国（Wong Sun v. United States）案，该案涉及的最主要问题是"一旦能证明最初行为具有违法性，就要决定证据是因其违法性而遭到排除，还是反之可以通过各种手段洗清其最初的污染"。王森诉美国案为"衰减"理论提供了关键的基础，同时法院声明"衰减"例外仅适用于派生证据。在该案中，有人举报被告人托（Toy）正在从事毒品犯罪，警察非法闯入托的公寓寻找毒品，但没有找到。不过警察从托那里得知伊（yee）在贩卖毒品。警察马上找到了伊，伊交出了毒品，但声称毒品是托和王森（Wong Sun）带给他的。随后，王森主动投案，托和王森遭到刑事指控。法院认为，托的供词属于非法取得的证据，理由是：托的供述与警察非法入宅和逮

〔1〕 See Marvin Zalman, *Criminal Procedure: Constitution and Society*, Prentice Hall, 2011, p. 70.

〔2〕 Brown v. Illinois, 422 U. S. 590, 603-04 (1975).

〔3〕 See Yuval Merin, "Lost between the Fruits and the Tree: In Search of a Coherent Theoretical Model for the Exclusion of Derivative Evidence", *New Criminal Law Review*, Vol. 18, No. 2., 2015, pp. 273-329.

捕的时间如此接近，很难断定其供述不受非法行为的影响，因此应予以排除。至于是否排除根据托的供述进而在伊那里获取的毒品，法院认为，该证据（毒品）既不是"独立来源"的证据，又不是"必然发现"的证据，所以无法消除其"污点"，遂判定警方查获的毒品不能用作指控托的证据。不过，王森的自愿供述与警察非法入宅行为之间的关系已经变得"如此微弱，以至于可以稀释警察非法行为的污点"。法院指出，作为"自由意志"的决定——王森的自动投案和任意自白被视为是一种"干预"（或"介入"）（Intervening）行为，是它成功切断了被告人供述与警察非法行为之间的关系链，从而使被告人供述具有了可采性。同时法院还表示，不会将所有非法取得的证据都简单断定为"毒树之果"，"如果没有警察的所谓'不法行为'，那么有些肮脏的事情将永远不会大白于天下。"〔1〕王森诉美国案表明，警察最初违法行为的"污点"可以由被告或第三方"干预"的独立行为所"清洗"，这就打断了非法性与证据之间的因果联系，故不能认为此种证据的获得具有非法性。但是，在一些特殊情况下，决定是否有此"干预"行为的发生就显得比较复杂。

　　（2）布朗诉伊利诺伊州案——"污染衰减"理论的开创性案例。王森诉美国案之后，美国联邦最高法院于 1975 年又通过布朗诉伊利诺伊州（Brown v. Illinois）案〔2〕进一步发展了"衰减"学说。在布朗诉伊利诺伊州案中，法院面对的问题是，"米兰达警告"是否足以消除非法逮捕的"污点"以及能否采纳被告随后作出的供述。罗杰·库克（Roger Corpus）被谋杀后不久，芝加哥警探了解到库克的一些熟人名单，其中包括申诉人理查德·布朗（Richard Brown）。当时，警方除此之外并没有其他任何证据，不过侦探伦茨、诺兰和一名警察还是于 1968 年 5 月 13 日下午 5 点左右一起去了布朗的公寓。布朗没有在家。那名警察站在大门口站岗，两名侦探闯入布朗公寓进行搜查。在公寓搜查之后，侦探伦茨守在公寓后门，侦探诺兰则在前门附近守候。晚上 7 点 45 分左右，布朗刚到楼梯口就看见有人用枪指着他，与此同时侦探诺兰也带着枪赶来，告诉布朗他被捕了。他们持枪将布朗押入公寓，并对他进行了搜身，但没有搜到武器。虽然布朗否认他就是布朗，但伦茨拿出来布朗照片予以比对后，随即将布朗戴上手铐推入警车带到了警察局。在审讯室，布朗

---

〔1〕　Wong Sun v. United States, 371 U. S. 486-488 (1963).

〔2〕　Brown v. Illinois, 422 U. S. (1975).

被告知米兰达权利后，他承认杀害了库克——这是他所作的第一次自我归罪的陈述，距他被捕后的 2 小时内。布朗签字画押之后，带着两名侦探去寻找另一名凶手克拉格特（Claggett），抓捕到克拉格特后，布朗又被带回了警察局，在审讯室等待了大约两个小时后，州助理检察官（ASA）克里利对他进行了讯问。克里利宣读了米兰达警告后，审讯持续了大约 30 分钟，直到收到法院逮捕令后，克里利告诉布朗他将面临谋杀指控。随后克里利又宣读了一遍米兰达警告，布朗作了第二次有罪供述——距他被捕的 14 个小时后。在法院庭审之前，布朗翻供，否认了之前的两个有罪供述，声称该供述是在他被非法拘留和逮捕之前作出的，因此侵犯了他的宪法权利。不过，初审法院驳回了他的请求，布朗被判有罪。上诉后，伊利诺伊州最高法院维持了对布朗的有罪判决，认为警方和检察官的米兰达警告打破了非法逮捕与有罪供述之间的因果关系。法院还援引了王森诉美国案的判决理由，指出米兰达警告自动洗清了被告被非法逮捕的"污染"，因此伊利诺伊州最高法院同意采纳两次供述。但美国联邦最高法院却一致推翻了伊利诺伊州最高法院关于米兰达警告作用的观点。美国联邦最高法院解释道：王森诉美国案已经明确"什么情况下非法逮捕或搜查后获得的陈述和其他证据应排除在外"。法院援引王森诉美国案的经典语言指出，适用非法证据排除规则是为了保护《宪法第四修正案》的权利，而第五修正案的权利——反对自证其罪却不是它首要关注的问题所在。因此，伊利诺伊州最高法院错误地认为，米兰达警告可以消除非法逮捕的污点，避免适用非法证据排除规则。为此，法院对这两项修正案之间的关系解释如下：

虽然在 90 年前，法院认为第五修正案与第四修正案"关系密切"，但迄今米兰达警告仍不被视为纠正或制止违反《宪法第四修正案》权利的一种手段。通常情况下，这两项修正案下的权利可能会出现竞合，因为惩治"非法搜查和扣押"也恰恰迎合了第五修正案禁止自证其罪的目的。然而，非法证据排除规则实现的价值却明显不同于第五修正案，它是针对所有非法搜查和扣押，而不仅仅是获得了罪证材料或证词。不过，为了实现第五修正案，排除没有米兰达警告而作出的自我归罪是有必要的，但它却不足以充分保护第四修正案。也就是说，仅仅排除没有米兰达警告的供述，也不能充分阻却对第四修正案的违反。在王森诉美国案中，为了阻断非法逮捕与随后被告供述之间的因果联系，不仅仅需要被告供述符合第五修正案属于完全自愿，而且还要求这一自愿行为能够"充分清除非法逮捕的污点"，只有充分考虑到不同的利益与价值，该供述才具有可采性。与王森诉美国案不同，在该案中，即使被告人的供述根据第五修正案被认为是自愿的，但违反第四修正案的问题依然存在，米兰达警告不能自动清除被告被非法逮捕的污点，否则将变相鼓励警察的违宪逮捕，因为警察可以通过给予米兰达警告来弥补任何非法逮捕的过错，从而使随后的供述获得合法性，这将大大削弱非法证据排除规则的威慑功能。相反，法庭必须进行特别的分析，以确定非法逮捕的污点已充分衰减到足以确保被告供述是其自由意志的产物。因此，法院审查中应该着重分析考虑以下几个因素："毫无疑问，在确定被告人供述是否是通过利用非法逮捕而获得的，米兰达警告是一个重要因素，但它不是被唯一考虑的因素。逮捕和供述之间的时间长短，介入性因素的存在，特别是官方不当行为的目的或恶劣影响的大小，这些都是相关的。"[1]

　　此外，法院还指出，被告供述的自愿性是一个门槛要求，而该证明责任则由控诉机关承担。法院指出，在布朗诉伊利诺伊州案中，逮捕的违法性是显而易见的，同时这种逮捕方式实际上已经造成了被告人的惊吓、恐慌和迷茫。根据上述标准，大多数法官认为控方并没有达到清洗最初"污染"的要求。被告的第一次陈述是在逮捕后的 2 小时内做出的，被告人的非法逮捕与被告人供述之间时间如此接近；而第二次供述作为第一次供述的"果实"，又没有实质性介入因素居于逮捕和第一次供述之间，如被告人被带到司法官员面前"陈述"、获得律师的帮助或者从看守所里放出去等。且大多数意见还强调，侦探们往往不惜冒着违法的风险拘捕被告人，就是希望能有所收获，因此，非法逮捕从本质上具有目的性。考虑到对被告人的非法逮捕与被告人供述之间的"时间接近"这一因素，同时也欠缺"违法状态中断"的情况，而"米兰达警告"则不会自动阻断警察的不当行为与被告人供述之间的因果关系，所以，检控方未能满足对"非法逮捕的污点已从被告人供述中清除"的证明责任，故法庭不能得出类似于王森诉美国案那样的结论，布朗的供述不能被法庭所采纳。[2]美国联邦最高法院在布朗诉伊利诺伊州案中的分析模式，本书也称为"布朗规则"。

---

〔1〕 参见乔恩·R·华尔兹：《刑事证据大全》，何家弘等译，中国人民公安大学出版社 1993 年版，第 254 页。

〔2〕 Brown v. Illinois, 422 U. S., 603-605（1975）.

4. 美国"毒树之果"规则评析

正如在王森诉美国案、布朗诉伊利诺伊州案中所明确的,"污染衰减"理论的核心是清除警方违宪审讯犯罪嫌疑人的最初污点,确保犯罪嫌疑人的任何供述都是其"自由意志的体现",以遏制虚假供述,减少错判的发生,这个目标也可以视为司法廉洁理念下的一个分支,毕竟假口供和错判会产生一系列恶劣的社会后果。因为一旦发生错判,不仅意味着被错误定罪的人要承受巨大的苦难和不幸,而真正的罪犯却可以逍遥法外、继续犯罪,使更多的公民承受受害的风险;而且公众对司法的信心也将遭受打击,司法系统与司法人员的合法性必将受到损害。相应地,错判所带来的金钱成本,则是另一种有形的社会后果。因此,如何最大限度地实现遏制警察非法取供和采信虚假供述这两个目标,就需要一个科学明确的"污染衰减"分析理论。

(1) 按照美国联邦最高法院在布朗诉伊利诺伊州案中确定的理论框架,应该是一个"自愿"的门槛要求,结合三因素进行权衡分析,其中米兰达警告应只作为门槛要求,在评估"时间间隔"、"干预事件"以及"警察不当行为"时不能再予以考虑。作出这样的限制要求,主要是为了防止夸大米兰达警告的重要性——米兰达警告是"自愿"的必要前提,但仅仅给予米兰达警告却不能足以保证被告人供述是完全自愿的行为。研究发现,在警方提出"合作"建议的基础上,80%的犯罪嫌疑人放弃了自己的权利,这表明即便有米兰达警告也不可能驱散这种诱惑。假如还存在胁迫行为,那么米兰达警告根本无益于清除非法逮捕的污点。不过,一旦米兰达警告被置于"污染衰减"分析要素之外,那么其他三要素中应当至少有一个有利于清除警方污点行为的要素,以便于实现利益平衡。

(2) 采用广义上的警察不当行为观,是实现遏制警察不当行为和预防虚假供述双重目标的最佳途径。即使警方的违法行为既不恶劣,又无恶意,但被告仍然被非法逮捕并遭受审问,此时法院应从被告的角度考虑情况,重点分析在非法逮捕与被告有罪供述之间是否有任何"干预事件"的发生,否则就不能得出警方非法逮捕的污点已被清除的结论,以确保被告供述是其自由意志的产物。

(3) 法院还应扩大对警察不当行为的认定,以便更好地解释警察行为与被告供述之间的因果关系。除了恶劣的或有目的的非法行为之外,无理由的拘捕审讯、执行拘捕时"刻意导致的突袭、惊吓、迷惑"以及身体胁迫等,都应被法院视为警察不当行为的其他类型。这种类型的不当行为还包括警方利用欺骗的方法，如向嫌疑人展示虚假证据或者告诉嫌疑人如果招供就可以回家等，这是最容易导致虚假供述的手段。[1]虽然美国最高法院认为，欺骗手段并不必然导致非自愿供述，但警察利用欺骗战术在心理上操纵嫌疑人，干扰了嫌疑人正确、自由的判断。因此，破坏自由意志的侦查策略也应被看作是警察不当行为的一种类型。

（二）欧洲人权法院的权衡法则

1. 欧洲国家法院对待非法证据可采性的普遍态度

在大陆法系国家，法律不会主动排除非法证据的派生证据，一般交由庭审法官进行自由评判，评判的标准则是遵循打击犯罪的国家利益与侵害个人意志自由之间的权衡法则。大陆法系国家多采职权主义诉讼模式，虽然受刑事司法准则国际化的影响，各国在刑事诉讼中也陆续引入了当事人主义的诸多合理要素，但实质真实始终占据主导地位，贯穿程序的各个阶段。在德国，虽然没有美国法意义上的"证据排除规则"及"毒树之果"概念，但却有丰富内容的"证据禁止"理论，按照此理论，"证据禁止"可分为"证据取得之禁止"与"证据使用之禁止"。前者侧重审查侦查机关在调查取证时的方法、手段是否遵守法定程序，是第一层次问题；而违反证据取得之禁止收集的证据可能会造成证据使用上的禁止，属第二层次问题；而适用证据使用禁止后是否排除新证据（派生证据）则属证据排除法则的第三层次问题，即非法证据排除规则的放射效力范围，也就是所要研讨的派生证据的排除问题。根据德国联邦最高法院的判例，证据禁止目的在于规范国家机关行为，对于从非法取证而派生的二次证据，德国联邦最高法院拒绝"自动"适用排除规则。[2]同时，"平衡"论为是否适用证据禁止之放射效力提供了若干标准，

---

[1] 这种欺骗的方法是如何导致虚假供述的，中央公园锻炼者受袭案就是一个典型例子。在这个案子中，5 名少年在中央公园强奸和袭击一名年轻女子，但法院裁判几乎完全依据他们的有罪供述。经过一场旷日持久的官司后，5 名年轻人被无罪释放，纽约市政府同意支付他们总计 4100 万美元的赔偿金。不幸的是，至今仍有一些人认为，这 5 人应对这名受害者负责。这就说明了虚假供述对人们观念所产生的持久影响。See Margaret A. Berger, False Confessions-Three Tales from New York, *Southwestern University Law Review*, Vol. 37, 2008, pp. 1065-1071.

[2] 参见岳礼玲："德国证据禁止的理论与实践初探——我国确立非法证据排除规则之借鉴"，载《中外法学》2003 年第 1 期。

主要包括侦查主体主观上是否有"不法"意识、客观上违法取证行为所侵犯公民权利之方法、种类及范围等、刑事被告涉嫌犯罪程度以及犯罪事实本身是否为重罪等。[1]

欧洲人权法院(The European Court of Human Rights)在处理证据的可采性时大多表现得较为保守,并且会将该问题作为国内立法的内容,让缔约国享有充分的自由裁量权。但欧洲人权法院会保留其司法管辖权,以确保这种自由裁量权是按照《欧洲人权公约》(以下简称《公约》)的规定行使。虽然欧洲人权法院没有制定证据可采性的统一规则,但在审查违反《公约》第3条[2]获取证据时,会进行一种整体考量,即如果不排除这些非法证据,是否会导致整个诉讼程序的不公平,从而侵犯《公约》第6条规定的"公正审判"权。一般而言,对于通过"酷刑"获取的证据,欧洲人权法院将自动视为对《公约》第6条规定的违反,而不论该证据的证明价值如何;[3]但如果警方只是采用了虐待行为,被告人并没有遭受酷刑,遇到这种情形,从现有判例来看,欧洲人权法院的裁决并不完全一致。在加洛诉德国(Jalloh v. Germany)案中,警察迫使申请人加洛(Jalloh)吞下催吐剂,以获得装有可卡因的小袋子。欧洲人权法院认为,这种方式虽不人道,但并不必然导致程序的不公平。然而,考虑到该证据(可卡因)属于定罪量刑的关键因素,采用这种措施以获得证据也会影响到案件整体审判的不公,故应予排除。[4]相反,在盖夫根诉德国(GäFGEN v. Germany)案中,类似的情形却被认为是公平的。

2. 盖夫根诉德国案

(1)案件基本经过。2002年9月,盖夫根绑架并杀害了一名11岁男孩,然后将尸体掩埋在附近的湖里,随后以匿名信向受害人父母勒索钱财。警方很快锁定并抓捕了盖夫根,但盖夫根却拒绝透露受害人的藏身地点。鉴于受害人处于迫在眉睫的危险状态,为了挽救男孩性命,法兰克福警方威胁要用

---

〔1〕 参见刘磊:"德美证据排除规则之放射效力研究",载《环球法律评论》2011年第4期。

〔2〕《欧洲人权公约》第3条规定,不得对任何人施以酷刑或者是使其受到非人道的或者是侮辱的待遇或者是惩罚。

〔3〕 Jalloh v. Germany, 44 Eur. Ct. H. R. Rep. 32(2007);Levinta v. Moldova, 52 Eur. H. R. Rep. 40(2011).

〔4〕 Jalloh v. Germany, 44 Eur. Ct. H. R. Rep. 103(2007).

"令他肉体上经受巨大痛苦"的手段。由于害怕警方使用暴力，盖夫根被迫供述了杀人藏尸的犯罪事实，并把警方带到埋尸地。警察对尸体进行了勘验，并提取了盖夫根遗留在湖边的车胎印记、衣物等证据。其间，盖夫根的母亲聘请的律师曾试图与嫌疑人接触，但直到盖夫根从抛尸现场被带回后才被允许会见。盖夫根在德国法兰克福地区法院初次听审时提出，其在侦查阶段受到的身体伤害和性虐待威胁违反了《德国刑事诉讼法》第 136 条 a 款和《公约》第 3 条，由此申请法院终止诉讼程序或者基于暴力威胁的持续性影响而排除其在警察面前所作的供述，并禁止使用从其供述中派生而来的实物证据。法庭经过审查后认为，盖夫根在审讯期间的所有供述，都是警方采用法律禁止的方法获取的，违反《德国刑事诉讼法》、《德国基本法》以及《公约》第 3 条的规定，因此不予采纳。但驳回了盖夫根申请排除依据其供述所得的派生证据的请求，包括在湖边发现的尸体、衣物、法医的尸检报告以及汽车轮胎痕迹等实物证据，拒绝"自动"适用排除规则。理由是：在该案中，应该平衡被告人基本权利遭受的侵害程度——警方对他的威胁与他被指控罪行——一个既遂的儿童谋杀案的社会危害性，显然，排除这些证据——湖边发现的尸体以及尸检报告等明显不成比例。[1] 再说，即便没有警察的非法取证手段，这些证据也是能够被发现的[2]。在随后的审判中，盖夫根承认绑架杀人，并在法庭上重新作了完整的供述。据此，并结合其他证据，初审法院以谋杀罪和绑架勒索罪判处盖夫根终身监禁。宣判后，盖夫根不服，就该案审理中的法律问题上诉至德国联邦最高法院。盖夫根提出，作为对判例法的发展，德国联邦最高法院应当认识到，警察以酷刑相威胁的行为已经不仅仅是一个证据排除的问题，还构成了诉讼程序进行所面临的无法克服的障碍，因此，法兰克福地区法院裁定驳回其程序终止申请是错误的。不过，德国联邦最高法院以缺乏依据为由驳回了盖夫根的上诉，但未对裁定理由作进一步解释。随后，盖夫根又向德国宪法法院提起了违宪之诉。理由是，警方在初次讯问时

---

〔1〕 在德国司法实践中，判断非法取证手段是否引起派生证据的排除，法官既需要考虑这些非法取证手段是否侵犯被告人基本权利，又要结合个案情况，权衡被告人利益和追诉犯罪维护社会秩序的执法利益。See Mireille Delmas Marty, J. R. Spencer eds, *European Criminal Procedures*, Cambridge University Press, 2008, p. 606.

〔2〕 这种观点被学术界称为"假设侦查流程"理论。See John D. Jackson, Sarah J. Summers, *The Internationalisation of Criminal Evidence*, Cambridge University Press, 2012, p. 191.

曾以刑讯和性虐待相威胁，在该案的特定情境下，这样的威胁本身就构成《公约》第3条意义上的酷刑；同时，该行为也侵犯了公民享有《德国基本法》第104条第1款规定的在拘禁期间获得人道待遇及免受酷刑的权利，损害了《德国基本法》第1条所赋予的人格尊严权，这些都满足了排除通过该侵权行为直接或间接获取的任何证据的条件。但德国宪法法院仍对盖夫根的这一诉求不予支持。2005年6月，盖夫根向欧洲人权法院提出申诉，坚称他所受到的威胁已构成《公约》第3条所禁止的酷刑，而德国宪法法院对于派生证据的采纳侵犯了他享有《公约》第6条规定的"接受公平审判"的权利。受理案件后，欧洲人权法院第五分庭于2007年4月部分宣告了盖夫根申请的可采性，但一年后又作出裁决，指出申诉人（盖夫根）不能继续声称是违反《公约》第3条行为的受害人，国内法院的诉讼程序也符合《公约》第6条的规定。2008年9月，盖夫根又根据《公约》第43条[1]和欧洲人权法院《法庭规则》的规定，要求大审判庭审理此案。大审判庭注意到，申诉人与被申诉人关于盖夫根受到的身体威胁并无异议，但针对申诉人提出的性虐待威胁、身体伤害以及强迫赤脚走路等指控没有得到排除合理怀疑的证明；且被申诉人提出，因为当时警察相信受害人还活着，实施威胁不是为了获取证据，而是为了在万分紧急的情况下挽救受害人的生命。经过审理，在评析申诉人与被申诉人主张、听取第三方意见后并参酌第五分庭的判决，大审判庭作出最终裁决，认为申诉人虽然可以声称他是违反《公约》第3条行为的受害人，但他仅仅是受到了非人道的待遇，而且派生实物证据的使用并未影响到审判的公正性。

（2）非法证据排除的基本立场。通过盖夫根诉德国一案，欧洲人权法院表达了其在非法证据排除规则上所持的基本立场。在该案中，大审判庭指出：首先，当某种不当待遇想要归属于《公约》第3条的禁止范围，必须达到"最低的严重程度"。评估是否达到了"最低严重程度"取决于个案的具体情况，包括不当待遇持续的时间、对受害人身体或心理造成的影响，以及警方实施不当行为的动机、目的和背景，在有些案件中可能还要考虑受害人的性别、年龄和健康状况等。在该案中，探员根据警署长官的指示威胁盖夫根说

---

[1]《欧洲人权公约》第43条规定，为了审议提交到法院的每一个案件，法院应当组成包括7名法官在内的审判庭。依照职权成为审判庭的法官应当有1名是有关缔约国的法官，如果没有这样的法官，那么，应当选择1名法官作为该缔约国的代表。其他法官人选由院长在开庭前通过抽签的方式决定。

出受害人的位置，否则就会由一个受过专门训练的人对其施加酷刑并且不留痕迹，而这个人正乘直升机飞往警局。由此，法庭相信申诉人受到的威胁是实际和迫在眉睫的，它使申诉人感到极度恐惧和痛苦。而且，申诉人当时还处于戴有戒具且无律师帮助的处境中。据此，可以得出盖夫根遭受的威胁已经达到了"最低严重程度"的结论。[1]其次，盖夫根受到的威胁仅仅构成非人道的待遇，但却未达到酷刑所要求的残忍程度。欧洲人权法院认为，应当将酷刑界定为"故意并造成非常严重而残忍的痛苦的非人道待遇"。具体而言，侮辱性待遇、非人道待遇和酷刑之间除了在实施者的主观方面略有差异——酷刑以故意为要件，而非人道和侮辱性待遇除过失外，还在严重程度方面呈现出递进关系。如果说侮辱性待遇还有一些特殊要求，比如要求存在对申诉人的粗暴侮辱或驱使其违背意愿或良心而行事，那么酷刑和非人道待遇的区别主要在于严重程度。当然，严重性的评判是相对的，法院必须参考具体案件的所有情况和各种相关因素来确定。同时，该评判也是动态的，在早期判例中被确定为非人道或侮辱性待遇的行为可能在后来被定性为酷刑，但在过去判例中被认定为酷刑的原则上不会降格为非人道待遇，更不可能在后来被证明为合理。因此，从早期欧洲人权法院的判例法中得出某种过于僵化的观点是不可取的。[2]大审判庭认为，在盖夫根诉德国案中，警察威胁讯问持续的时间较短，其直接目的是获取受害人的信息，即实施威胁的动机是为了挽救人质的生命。在申诉人交待了杀人事实和掩埋尸体的位置后，警察并未在随后的侦查活动中进行二次威胁和采用其他非法手段。因此，从总体上看，尚未达到非常严重而残忍的程度。[3]再次，即使是恐怖犯罪、有组织犯罪或个人生命安全受到威胁的紧急情况，《公约》第3条的禁止性规定也不存在例外，但这也并不意味着酷刑、非人道或侮辱性待遇对于证据能力的影响是相同的。尽管使用任何以侵犯《公约》规定的绝对权利的方式获取证据，无论该证据作用大小，都会构成对诉讼程序公正性的严重挑战。尽管如此，

---

〔1〕 ECHR, Gäfgen v. Germany, no. 22978 /05, 01 /06 /2010, §88. 转引自孙长永、闫召华："欧洲人权法院视野中的非法证据排除制度——以'格夫根诉德国案'为例"，载《环球法律评论》2011年第2期。

〔2〕 ECHR, Selmouni v. France, no. 25803 /94, 07 /28 /1999, §101.

〔3〕 ECHR, Gäfgen v. Germany, no. 22978 /05, 01 /06 /2010, §90. 转引自孙长永、闫召华："欧洲人权法院视野中的非法证据排除制度——以'格夫根诉德国案'为例"，载《环球法律评论》2011年第2期。

大审判庭还是将《公约》第 3 条的两个组成部分进行区别对待，认为采纳通过酷刑取得的证据必然违反《公约》第 6 条，导致审判不公；但是采纳通过不人道或有辱人格的手段取得的证据，却不尽然。大审判庭这样阐述他们的观点：如果违反《公约》第 3 条的行为对申请人盖夫根的诉讼结果产生了实质性影响，即可判定审判的公正性和第 3 条项下权利保护的有效性受到了威胁；但如果非法获得的证据对审判结果无关紧要，即便采纳了该证据也不必然导致不公平的审判。[1]最后，欧洲人权法院表明了对以违反《公约》第 3 条的方法获取的言词证据及通过酷刑获取的证据予以绝对排除的鲜明态度，而对于以非人道或侮辱性待遇直接或间接获取的实物证据，则倾向于采用较为灵活的权衡法则，亦即诉诸个案中的利益衡量。大审判庭评估了警方违反《公约》第 3 条对盖夫根诉德国案诉讼结果产生的影响，大多数法官认为，即便德国法院排除了源于非法供述而获取的派生证据，但根据申请人在法庭上的两次自愿供述，完全可以对他进行定罪，而无需借助于派生证据。法院对派生证据的采纳，不是用来证明申请人有罪，而是对他坦白事实的真实性进行检验。另外，大审判庭还认为，警方违反《公约》第 3 条的行为对申请人在审判中的供述并没有产生影响。理由是，在审判前，申请人的辩护律师与法院均已告知他有权保持沉默以及他先前的供述已被排除的事实，但申请人强调，他是为了赎罪而自愿供述。据此大审判庭推定，没有证据表明申诉人的供述是申请证据排除失败后的直接结果，无论德国宪法法院是否决定排除那些派生证据，申请人都可能会选择自白。此时，申请人当庭自愿供述，有效阻断了违法调查与依据证据定罪之间的关系链。虽然警方的这种取证行为使被告人遭受"不人道的待遇"，但并不违反《公约》第 6 条，因为对被告人的定罪主要是基于他在法庭上的两次自愿供述，即便采纳派生证据对申请人后续的定罪判刑有联系，但对申请人的审判整体来看是公平的。最后大法庭以 11 票对 6 票的多数通过，裁定该案没有违反《公约》第 6 条。[2]

（3）派生证据的可采性问题。对于非法供述的派生证据是否具有可采性这一问题，欧洲人权法院在贾洛诉德国案与盖夫根诉德国案中都没有做出正面回答。只是强调欧洲人权法院的责任只是确保各缔约国遵守《公约》义务，

---

[1]　Gäfgen v. Germany, 52 Eur. Ct. H. R. 1, para. 167, 173（2011）.

[2]　Gäfgen v. Germany, 52 Eur. Ct. H. R. 1, para. 107-199（2011）.

而不去处理国内法院审理中的事实或法律错误，除非这些错误侵犯了《公约》所保护的权利。虽然《公约》第6条确立了公正审判权，但各缔约国所确立的排除范围和实施状况都存在一定差别，因此，欧洲人权法院原则上不应也无权决定属于国内法范畴的证据能力问题，包括关于派生证据可采性问题。就盖夫根诉德国案而言，欧洲人权法院的评估意见和裁决结果至少表明，欧洲人权法院并不赞成对于派生证据适用绝对排除规则，而是倾向于基于个案具体情境的综合权衡，考虑的因素包括：第一，案件具体情势与非法手段的特殊性。在盖夫根诉德国案中，虽然被告提出受到了有辱人格的威胁和身体伤害，但该威胁的压迫程度和引起的心理紧张程度相对轻缓，仅仅能够达到"遭受难以忍受的身体痛苦"的证明标准，并且这种威胁手段的实施并非为了获取指控证据，而是为了挽救人质性命于危机之中，亦即维护《公约》所保护的另一个核心权利。因此，这种侮辱性或非人道待遇不宜与肉体折磨等量齐观。此外，欧洲人权法院还强调，事实上警方在盖夫根指认了被害人尸体后以及在往返警局的途中并未实施二次威胁，因此，盖夫根作出的初次供述与其派生的实物证据及其后续的有罪供述之间的联系已变得较为微弱，不具有"远距离影响"，通过初次非法供述获取的派生证据并不必然丧失证据能力。第二，派生证据的取得方式与证明作用。正如法兰克福地区法院在盖夫根诉德国案的裁决理由一样，欧洲人权法院也认为德国宪法法院作出的有罪判决是建立在申诉人在审判阶段的全新自白基础之上，而有争议的派生实物证据（受害人死因鉴定意见、在掩埋尸体的池塘边提取的汽车轮胎痕迹等）只是用于检验庭审自白的真实性，并未直接用于证明申诉人的罪行。因此，就争议证据而言，非法讯问方法和定罪量刑结果间的因果链出现了中断，在决定派生实物证据的可采性时，应当适当考虑其必然发现性。此外，审判程序的公正性和《公约》第3条绝对禁止条款保护的有效性分析，仅仅在非法讯问方法对定罪量刑结果产生实质影响时才有意义。[1]第三，权衡相冲突利益间的比例原则。欧洲人权法院一再重申，对寻求法院救济权利的限制不能损及公平审判权核心或者降低个人获得司法救济的程度。因此，欧洲人权法院当然不赞成以违反《公约》第3条的方式收集证据，或者以侵犯《公约》核

---

〔1〕 参见孙长永、闫召华："欧洲人权法院视野中的非法证据排除制度——以'格夫根诉德国案'为例"，载《环球法律评论》2011年第2期。

心权利的方式去保护《公约》的另一种权利。但是，大审判庭还是认为，派生证据是否具有可采性，应根据《公约》第6条在诸多相互竞争的价值和利益中寻求平衡，综合考虑取得和使用非法证据的所有相关情况，包括证据的可靠性、被告人遭受的侵害程度、政府是否给予充足的救济以及对公正审判程序的保证。尽管从整体上很难说德国宪法法院为申诉人提供了适当、充足和有效的救济，但法兰克福地区法院、德国联邦最高法院和德国宪法法院均已明确认定，警察对盖夫根初次讯问时的威胁违反了《公约》第3条的要求。为了减少非法取证手段给申诉人带来的不利影响，法兰克福地区法院不仅排除了初次讯问时警方胁迫获取的有罪供述，还排除了申诉人随后在警察、检察官乃至法官面前作出的所有审前供述；而且在案件审理过程中，德国宪法法院也充分保障了申诉人的知情权、获得律师帮助权、辩护权以及对争议证据可靠性质疑的权利。在这种情况下，不排除派生实物证据也没有改变申诉人庭上自白的真实性和自愿性，且这些派生证据并未对申诉人的定罪量刑产生实质影响，因此从整体上看，国内法院对申诉人的审判是公平的。

（4）对权衡法则的理论评析。盖夫根诉德国案的裁决基本反映了德国与欧洲人权法院对待非法证据的完整立场：对于以酷刑获取的任何证据和以非法手段获取的言词证据，坚持绝对排除；对于采用非人道待遇或侮辱性待遇所取得的证据，则要进行比例检验；而对于非法证据所派生出的"二次污染"的证据，却奉行权衡法则，并以是否影响公正审判作为评判的重要尺度。该立场兼顾了非法手段与证据的关联性——直接性与派生性、证据种类——言词证据与实物证据以及非法取证手段的种类——酷刑、非人道待遇及侮辱性待遇三种变量对证据能力的交叉作用，同联合国人权委员会以及美、法等国对待非法取证手段的态度基本相同。[1]但也有学者并不认同欧洲人权法院大多数法官所坚称的观点，认为"只有在采纳了被'污染'的证据影响到诉讼结果的情况下，审判才是不公正的"，这种主张似乎不妥。[2]由于"派生证

---

〔1〕 参见孙长永、闫召华："欧洲人权法院视野中的非法证据排除制度——以'格夫根诉德国案'为例"，载《环球法律评论》2011年第2期。

〔2〕 See Stefano Maffei, David Sonenshein, "The Cloak of the Law and Fruits Falling from the Poisonous Tree: A European Perspective on the Exclusionary Rule in the Gäfgen Case", *Columbia Journal of European Law*, Vol. 19, 2012-2013, pp. 24-25; Martha Spurrier, "Gäfgen v. Germany: Fruit of the Poisonous Tree", *European Human Rights Law Review*, Vol. 5, 2010, pp. 513-516.

据与非法证据之间存在因果联系，因此，派生证据已被非法证据所'污染'，采纳已被'污染'的派生证据自然会对案件最终的审判结果产生影响。"〔1〕一方面，申请人在法庭上的自愿供述，以及国内法院对派生证据的有限使用（只用来检验申请人自白的真实性），并不能稀释派生证据的违法性，因为它既不能阻断派生证据与非法证据之间的因果联系，也不能消除因非法证据进入诉讼程序所产生的危害。当然，法官指出的《公约》第3条两个组成部分之间的差异也难以令人信服。按照《公约》第6条的要求，对于违反第3条规定所取得的任何证据均应予以排除，因为"一个可接受和可信任的刑事审判，如果建立在违反《公约》这样一个绝对禁止的证据基础上，很难说是公平的。"〔2〕另一方面，由于各国对于公正审判权的理解和规定存在差异，因此各国都以各自特有的方式建立起排除规则与公正审判权之间的关联。而欧洲人权法院尚未在已有的判例法体系中形成普遍适用的比例原则结构，只能在个案中依据事实和客观环境判断某权利或者客观事实在整个利益体系中是否具有核心性和优先性，这让人们对欧洲人权法院是否能够认真对待比例原则产生了疑问。盖夫根诉德国案是欧洲人权法院第一次面对如何处理使用不人道或有辱人格待遇的手段获得派生证据的难题，不过，一些学者却将大审判庭对该案的最终裁决理解为欧洲人权法院对美国"毒树之果"理论的否定。事实上，欧洲人权法院一再强调，"作为一个原则，对于违反《公约》第3条取得的任何证据，即便是在法庭上呈现的真实证据，都需要排除。否则，整个审判就是不公平的。"〔3〕在盖夫根诉德国案中，欧洲人权法院不愿采纳美国式"毒树之果"的解释，很大程度上是由于派生证据的可靠性是无可争议的。显然，欧洲人权法院在平衡"客观真实"与"正当程序"价值时，"客观真实"占据了优势。不过，虽说欧洲人权法院一直在强调非法证据——"毒树"与派生证据——"果实"之间的差异，但也不应完全视为对"毒树之果"理论的否定，只不过是选择了一个较为温和的方法来解释而已。

〔1〕　See Ana Maria Torres Chedraui, "An Analysis of the Exclusion of Evidence Obtained in Violation of Human Rights in Light of the Jurisprudence of the European Court of Human Rights", *Tilburg Law Review*, Vol. 15, 2010-2011, pp. 205-207.

〔2〕　Heiko Sauer, Mirja Trilsch, Gäfgen v. Germany: European Court of Human Rights Grand Chamber judgment on Prohibiting Torture in Situations Where Other Lives May be at Stake, and the Admissibility of Evidence Secured Under Threat of Torture, *Americen Journal of International Law*, 2011, p.318.

〔3〕　Gäfgen v. Germany, 52 Eur. Ct. H. R. 1, p. 107-199 (2011).

(三) 以色列"双因果关系"说

1. 法尔希诉以色列案

2011 年法尔希诉以色列案 (Farhi v. the State of lsrael) 是以色列法院迄今为止受理的唯一一起涉及排除派生证据的案件。在调查一起谋杀案时,以色列警方未掌握关于该案嫌疑人的任何线索。根据 1996 年《以色列刑事诉讼法》的规定,警方有权招募一些志愿者 (非犯罪嫌疑人),采集他们的身体样本,以排查志愿者与凶杀案之间可能的联系。法尔希 (经他同意) 与其他志愿者一道提取了唾液样本。根据法律的要求,警察事先已明确告知法尔希,所提取的唾液样本不会被用于除该谋杀案之外的其他任何目的。经与谋杀现场发现的 DNA 图谱进行比对,警方排除了法尔希作案的嫌疑。但在随后调查的另一起连环强奸案中,法医回忆起曾经在上述谋杀案的调查过程中,遇到过相同的 DNA 图谱。经过比对,发现这一连环强奸案的 DNA 与法尔希自告奋勇接受谋杀案调查的 DNA 图谱一致。法尔希遂以强奸罪被逮捕。被捕后,警方要求法尔希配合提取唾液样本以确认 DNA 的鉴定,但遭到法尔希的拒绝。后来,在法尔希不知情的情况下,警察从他抽过的烟蒂中提取了 DNA,经过比对与连环强奸犯罪现场发现的精液痕迹相匹配。

法尔希以强奸罪遭到了指控,检方提交给法庭的主要证据有从烟蒂上提取的法尔希的 DNA,以及法尔希被逮捕时表示真诚悔改并作出的"没问题的坦白。"然而,在法庭上法尔希却翻供了。但根据检方出示的手机跟踪数据表明,案发时法尔希的手机信号一直位于三个强奸案现场附近。最后,地区法院驳回了法尔希提出排除警方获取的 DNA 证据的申请,认定了检方指控的所有罪行。在上诉中,以色列最高法院首先承认,警方违背了当初对法尔希所作的提取 DNA 样本不使用于除谋杀案之外的其他任何地方的承诺,违反了 1981 年的《搜查和保护公民隐私法》,严重侵犯了法尔希的权利。接着,以色列最高法院开始审查在非法证据排除规则下是否应该排除该证据 (最初获取的 DNA) 的使用。以色列最高法院对 DNA 证据进行了分类,把在调查谋杀案中获得 DNA 样本作为原始证据,其余的作为派生证据。以色列最高法院认为,如果没有警察的"违约",随后的证据就不会被发现,可能法尔希也不会面临当前罪行的指控。显然,如果采纳原始证据将极大地危害到被告获得公正审判的权利,因此该证据应予以排除。排除了原始证据,以色列最高法院接着考虑在法尔希被捕后获得的派生证据的可采性。以色列最高法院重申，上述对于原始证据的可采性标准也可适用于从它而产生的派生证据。就该案而言，对派生证据的排除需要考虑的主要问题是，获得原始 DNA 样本的违法性对发现后续证据的影响程度；尤其需要关注派生证据与原始证据之间"事实上的因果关系"，因果关系越紧密，派生证据受原始证据非法性"污染"的可能性就越大，从而其被排除的概率也大大增加。

但以色列最高法院同时强调，仅仅依靠二者之间"事实上的因果联系"远远不够，还需要建立一种"法律上的因果关系"，允许法院酌情考虑，以便确定派生证据的发现是否与非法获得的原始证据之间具有关联性。[1] 就法尔希诉以色列案而言，以色列最高法院认为，原始的 DNA 样本（谋杀案中法尔希自愿留下的唾液样本）与其他证据之间存在不可否认的"事实上的因果联系"。然而，法尔希被捕后，在审讯过程中他享有了法律给予嫌疑人保护的所有权利，包括保持沉默的权利、委托律师的权利。因此，该案中其他证据的收集手段，包括手机跟踪数据、烟蒂中提取的 DNA，以及法尔希的供述，并不存在任何违法现象。问题的关键在于，非法原始证据是否"污染"了后续的派生证据，以及这些派生证据是否需要排除。以色列最高法院认为，法尔希在被捕后对警方的自白应认定是自愿供述，这有助于打破派生证据与非法初始证据之间的因果关系。以色列最高法院运用同样的分析，认为手机跟踪数据尽管与初始证据之间有事实上的联系，但这种联系已经很弱，况且它也是独立于非法证据之外、真实存在的调查数据。不过，以色列最高法院对于从烟蒂上提取的 DNA 样本却有着不同的结论，认为警方后续提取的 DNA 样本与原始证据之间存在很强的因果关系，初始证据的非法性已经"污染"了它；此外，从效果上看，这两个证据的性质与内容几乎完全相同，而该证据（从烟蒂上提取的 DNA 样本）也没有任何额外价值，只是使原始证据合法化的一种"漂白剂"。（因为警方明白，直接使用原始的 DNA 样本肯定是不合法的。）如果采纳该派生证据，将会严重危害被告人接受公平审判的权利，因此

[1]　以色列最高法院指出，采用"双因果关系"说依据的是西班牙最高法院制定的一项类似公式。事实上，西班牙学说是以欧洲人权法院学说为蓝本，区分"自然"因果关系和"司法"因果关系。据西班牙判例，一般的规则是，只要派生证据与非法的原始证据之间存在因果关系，"毒树之果"是不可采的；除非，该因果关系不是建立在非法的基础上。See Stephen C. Thaman, "Fruits of the Poisonous Tree", *Comparative Law*, 2010, pp. 377-378.

应予排除。尽管排除了所有的 DNA 证据，但根据其他的派生证据，以色列最高法院最终还是维持了原判。

2. 以色列最高法院的"双因果关系"说

虽然以色列最高法院也认识到，在派生证据被非法原始证据严重"污染"的情况下，对其排除是合理的，但在审查派生证据与原始证据之间的因果关系时，不可能预先设定一个详尽的审查清单，而是需要建立在个案的基础上，特殊情况特殊分析。以色列最高法院指出，"法律上的因果关系"是一个"必不可少的环节"，尽管存在"事实上的因果关系"，但二者之间如果发生了实质性突破，因果关系已经减弱，此时排除派生证据的概率就会降低。以色列最高法院的衰减理论是基于这样的假设：比如，警方非法搜查嫌疑人的住宅，发现了涉嫌实施犯罪的武器。该犯罪嫌疑人被带走接受调查，在警方明确告知其法律权利后，犯罪嫌疑人作了有罪供述。此时，非法搜查与随后的有罪供述虽然存在事实上的因果关系，但后者却不具备被排除的条件。因为，嫌疑人的供述与武器是不同类型的证据，其供述的内容不能从武器的存在状态中推断出来。此外，嫌疑人也是在其权利受到依法保护的前提下自愿供述的。这些因素均有助于打破原始证据的非法性与嫌疑人供述之间事实上的因果关系。

从现有判例看，一旦涉及严重的刑事犯罪，以色列最高法院在考虑派生证据的可采性时，并不将证据的合法性与犯罪行为的危害性视为同一级别的考量因素。正如丹齐格（Danziger）法官在法尔希诉以色列案的意见书中所指出的那样，以色列最高法院决定采纳手机跟踪数据的初衷，实际上是基于其不愿意排除那些本身真实的证据。看来以色列最高法院主张的"法律上的因果关系"说可以理解为，尽管派生证据与非法证据之间存在紧密的"事实上的因果关系"，但当排除派生证据要比承认它付出的社会成本高时，基于政策的考虑，对派生证据的采纳也会被认为是合适的。

（四）美国、欧洲、以色列等国家或地区派生证据排除规则的比较分析

1. 非法证据排除理论对派生证据排除规则的影响

在非法证据排除的理论依据上，美国目前坚持"威慑"论作为非法证据排除的唯一理由，加上缺乏司法自由裁量权，这在很大程度上掩盖了美国学说的优点。同样，以色列也采用单一的理论模式，要求法院保持司法廉洁性。

美国与以色列采取的单一理论模式意味着摈弃了解释非法证据排除的其他补充理由。而欧洲法院尽管强调司法廉洁性，事实上参考了威慑理论与权利保护理论。笔者认为，欧洲法院在排除非法证据时所考虑的附加理由比以色列和美国略好一些。

无论采用哪种理论学说，非法证据排除规则的重心在于规范违法行为直接获得的证据，然而对于派生证据的可采性以及"毒树之果"规则各国有不同的看法。以色列最高法院和欧洲法院均是采取狭义上的"毒树之果"学说，尽管这些法院承认将非法证据排除规则的效力扩展至派生证据，但在适用上，派生证据与非法证据之间一直存在着明显的区别，凡是涉及重罪案件，它们都会运用暧昧的平衡理论——以色列最高法院采取"双因果关系"说、欧洲法院则要权衡非法证据对审判结果的影响，以避免排除派生证据。而这些技术性标准又将证据"可靠性"的权重大量放置在了非法证据排除规则的框架之内，表现出查明事实真相远胜过保护被告正当权利的目的。

2. 非法证据的排除模式

在美国，作为原则性要求，无论是非法证据还是其派生证据，基于威慑效果的考虑，都有可能产生自动排除的后果。当然，这种强制排除规则也并不意味着美国法院就没有自由裁量的余地，一定条件下，法官也会对排除非法证据所付出的社会成本与其所实现的威慑价值进行权衡，以决定是否排除以及排除非法证据能在多大程度上实现阻吓警察违法的目的。但不可否认，从某种程度上讲，美国法院对非法证据的排除比其他国家操作起来容易一些。相比之下，以色列最高法院与欧洲法院的非法证据排除制度就显得过于宽泛和模糊，尤其是涉及派生证据的排除。另外，相较于美国，以色列最高法院和欧洲法院的法官对证据可采性却享有极大的自由裁量权，法官在平衡法则的框架内对各种因素进行"综合考量"，以决定是否排除非法证据，增强刑事诉讼程序的正当性。但由于每个法官对影响因素的权衡不同，宽泛的自由裁量权也容易导致判决结果的不确定性，继而侵蚀司法公信和被告人合法权利。

如此说来，美国法院的硬性排除规则是否就比以色列最高法院和欧洲法院弹性制度更加优越呢？也不尽然。有学者就指出，非法证据排除的自由裁量主义可能比自动排除更能产生良好的威慑效果，因为在警方不能确定可否会发生证据排除的情况下，这实际上就可以增强威慑力；由于美国排除规则相对明确，警方已经学会如何规避它，这也是它的缺点之一。[1]此外，自由裁量主义还可以避免因非法证据排除所产生的消极效果。比如，由于轻微的违法取证行为而导致那些犯有严重罪行的被告被宣判无罪，从社会整体利益来看，这样的结果也并非完全公正。当然，也有学者反驳，认为自动排除规则比自由裁量主义更能体现对人权的保护，因为法官"综合考量"之后，很多证据事实上都是被采纳的。[2]可见，仅从操作层面看，法院单纯采用刚性的自动排除亦或是宽泛的自由裁量排除，都很难完全满足其制度设置时所追求的理想化目标。

3. 派生证据的可靠性考虑

以色列最高法院和欧洲法院的非法证据排除制度倾向于保留对证据可靠性的考虑，这在很大程度上影响了它们对派生证据的排除。通过比较不难发现，隐含在以色列最高法院法院和欧洲法院裁决中可靠性因素的分量，明显比美国法院的多。以上述案件为例，以色列最高法院在法尔希诉以色列案中承认了大多数的派生证据，欧洲人权法院在盖夫根诉德国案中则采纳了所有的派生证据。事实上，法院对这些派生证据的采信很大程度上是囿于实物证据可靠性的考虑。虽然按照它们的法律规定，非法获取的实物证据也应予以排除，但以色列最高法院和欧洲法院仍不情愿排除这些证据，主要是因为，不论实物证据的收集手段是否合法，通常不会影响到它的可靠性，它是经得住检验的，而大多数派生证据则多为实物证据，这也许是它们拒绝"毒树之果"学说的主要原因。相比之下，美国法院对于违反《宪法第四修正案》获取的非法证据，态度则相当坚决，无论是初始证据还是派生证据、言词证据还是实物证据，一律予以排除，尽管它们有很高的可信度。

---

〔1〕 See Christopher Slobogin, *A Comparative Perspective on the Exclusionary Rule in Search and Seizure Cases*, Social Science Electronic Publishing, 2013, p. 23.

〔2〕 See Stephen C. Thaman, "Constitutional Rights in the Balance: Modem Exclusionary Rules and the Toleration of Police Lawlessness in the Search for Truth", *University of Toronto Law Journal*, Vol. 61, No. 4., 2011, pp. 691-735.

刑事证据的中国问题与完善

一、"以审判为中心"背景下的刑事证据制度改革

（一）何谓"以审判为中心"

如果将"以审判为中心"的提法更加学术化、腔调提高点的话，不妨将其称为"审判中心主义"，其含义是：整个诉讼制度的建构和诉讼活动的展开围绕审判进行。在审判中心主义的视角下，侦查是为审判进行准备的活动，起诉是开启审判程序的活动，执行是落实审判结果的活动。侦查、起诉和执行皆服务于审判，审判构成整个诉讼流程的中心和重心，审判中控诉、辩护、审判三方结构成为诉讼的中心结构。[1]

准确理解"以审判为中心"的涵义，需要明确两点：（1）"以审判为中心"是一个刑事诉讼命题。因为在民事、行政诉讼中，审判的中心地位不言而喻。但刑事诉讼却不同，作为国家实现刑罚权的活动，其运行过程包括审前诉讼准备和审判两个阶段，在我国刑事诉讼中，又可划分为侦查、审查起诉与审判三个基本环节。多年以来，我国的刑事司法实践形成了侦查决定起诉、起诉决定审判的局面，审判被架空和形式化，这种司法就不是审判中心而是侦查中心。（2）"以审判为中心"是一个诉讼关系命题。即在刑事诉讼中所确定的侦查、起诉与审判三种诉讼职能，它们的基本关系应当以审判为中心，从而要求侦查、起诉必须按照审判的要求进行。也就是说，侦查、起

---

[1] 当前司法实务部门正式提出的口号是"以审判为中心"，并非学术味儿较足的"审判中心主义"。与审判中心主义相比，"以审判为中心"的调门要低得多，大抵与强调庭审实质化的含义相当。参见张建伟："审判中心主义的实质内涵与实现途径"，载《中外法学》2015年第4期。

诉活动应当面向审判、服从审判要求，同时发挥审判在认定事实、适用法律上的决定性作用。[1]

准确理解"以审判为中心"的涵义，还需要澄清几个错误认识：（1）"以审判为中心"不等同于"以庭审为中心"。"以审判为中心"对应于"以侦查为中心"，其参照对象为侦查、起诉、审判这三方关系，其中审判为中心；而"以庭审为中心"对应的是审判程序中的庭前准备程序、庭审程序和审后程序这三个法院审理案件的具体步骤，其中庭审是中心。可见，将"以审判为中心"定位为"以庭审为中心"实质上限缩了"以审判为中心"的内涵，显然是不成立的。同样，"以审判为中心"也并非"以法官为中心"。固然法官是审判权力的行使主体，审判活动要由法官来完成，但是，"以审判为中心"是针对刑事诉讼职能而言，而非从司法机关或司法人员的诉讼主体来讲的。[2]（2）"以审判为中心"也不是要求证明标准的统一化。虽然我国刑事诉讼法要求侦查机关移送审查起诉以及检察机关提起公诉都应当做到"事实清楚，证据确实、充分"，但这仅仅是从程序意义上作出的规定。也就是说，只要侦查、检察机关认为达到了移送审查起诉和提起公诉的标准即可，但是要最终认定被告人有罪并课以刑罚，法院必须严格按照证据裁判的要求，完成这样一系列的庭审活动之后才能依法作出裁判。（3）"推进以审判为中心的诉讼制度改革"与"人民法院、人民检察院和公安机关进行刑事诉讼，应当分工负责，互相配合，互相制约"的法律原则并行不悖。"以审判为中心"的诉讼制度改革，重心是在于调整和规范控、辩、审三方的诉讼地位，强调控辩平等对抗、审判独立公正裁判，从而搭建起以控辩双方为两翼的一种等腰三角形的诉讼结构；而"分工负责、配合制约"原则本身并不涉及诉讼结构的问题，该原则只是按照办理刑事案件的顺序，强调三机关的合作与制约。因此，它们之间并不矛盾。

（二）"以审判为中心"提出的背景

在我国，学术界形象地将刑事诉讼侦查、起诉、审判这三个阶段比喻为做饭、卖饭和吃饭；与此对应，侦查人员负责做饭、检察官负责卖饭、法官则是顾客。如果这个"交易"活动是卖方主导的市场，那么享有话语权的是

〔1〕 参见龙宗智："'以审判为中心'的改革及其限度"，载《中外法学》2015年第4期。
〔2〕 参见陈卫东："'以审判为中心'的解读与实现"，载《法制日报》2016年8月24日。

卖方，即我卖什么你就买什么，甭管我卖的"饭菜"质量如何，你都得买都得吃。相反，如果是买方主导的市场，那么买与不买及买什么都由消费者说了算，你卖的"饭菜"不符合我的胃口或质量不高，我就不买不吃，而"饭菜"卖不出去的损失只能由卖方承担。我国的刑事司法长期以来就是一个"卖方"主导的"市场"，即侦查决定起诉、起诉决定审判，形成了"以侦查为中心"诉讼格局。

党的十八届四中全会通过的《中共中央关于全面推进依法治国若干重大问题的决定》（以下简称《决定》）从科学立法、严格执法、公正司法、全民守法等方面提出了一系列重大改革举措。其中针对司法实践中"办案人员对法庭审判重视不够，常常出现一些关键证据没有收集或者没有依法收集，进入庭审的案件没有达到'案件事实清楚、证据确实充分'的法定要求，使审判无法顺利进行"的突出问题，《决定》规定，推进以审判为中心的诉讼制度改革，确保侦查、审查起诉的案件事实证据经得起法律的检验。全面贯彻证据裁判规则，严格依法收集、固定、保存、审查、运用证据，完善证人、鉴定人出庭制度，保证庭审在查明事实、认定证据、保护诉权、公正裁判中发挥决定性作用。这是我国从中央层面首次明确提出"推进以审判为中心的诉讼制度改革"。习近平总书记就此作出说明：充分发挥审判特别是庭审的作用，是确保案件处理质量和司法公正的重要环节。谈到"以审判为中心"的意义时，他指出：提出推进以审判为中心的诉讼制度改革，目的是促使办案人员树立办案必须经得起法律检验的理念，确保在查明事实、认定证据、保护诉权、公正裁判中发挥决定性作用。这项改革有利于促使办案人员增强责任意识，通过法庭审判的程序公正实现案件裁判的实体公正，有效防范冤假错案产生。[1]

随后，最高人民法院颁布了《最高人民法院关于全面深化人民法院改革的意见——人民法院第四个五年改革纲要（2014－2018）》，提出到2016年底，推动建立以审判为中心的诉讼制度，促使侦查、审查起诉活动始终围绕审判程序进行。同年最高人民检察院印发了《关于深化检察改革的意见（2013－2017年工作规划）》（2015年修订版），其中规定，适应以审判为中心的诉

---

〔1〕 参见本书编写组编著：《党的十八届四中全会〈决定〉学习辅导百问》，党建读物出版社、学习出版社2014年版，第46页。

讼制度改革,全面贯彻证据裁判规则。严格规范取证程序,依法收集、固定、保存、审查、运用证据,配合有关部门完善证人、鉴定人出庭制度,举证、质证、认定证据标准,健全落实罪刑法定、疑罪从无、非法证据排除的法律制度。进一步明确检察环节非法证据排除的范围、程序和标准。2016 年最高人民法院、最高人民检察院、公安部、国家安全部、司法部联合印发《关于推进以审判为中心的刑事诉讼制度改革的意见》(以下简称《意见》),结合司法工作实际,提出了更为具体的要求。为了全面推进以审判为中心的诉讼制度改革,最高人民法院紧接着于 2017 年 2 月 17 日又印发了《关于全面推进以审判为中心的刑事诉讼制度改革的实施意见》(以下简称《实施意见》)。《实施意见》针对审判实践,着重对以下方面作出规定:(1)严格排除非法证据,不得强迫任何人证实自己有罪,加强对刑讯逼供和非法取证的源头防范,以夯实以审判为中心诉讼制度改革的基础;(2)着重解决证人、鉴定人"到案难、出庭难、说实话难"的问题,确保证人、鉴定人到庭,以保证当事人的质证权;(3)实现庭审实质化,确保证据出示在法庭,事实查明在法庭,辩论意见发表在法庭,裁判结果形成在法庭;(4)充分发挥刑事辩护的作用,健全法律援助值班律师制度,确保被告人依法享有的辩护权;(5)坚持无罪推定和疑罪从无的原则,认定被告人有罪,必须达到犯罪事实清楚,证据确实、充分的证明标准。不得因舆论炒作、上访闹访等压力作出违反法律的裁判。[1]

　　"推进以审判为中心的刑事诉讼制度改革",这是一场关乎司法理念与司法制度的革命性变革,不仅包括司法体制改革,甚至还涉及政治体制改革。作为司法制度的重要组成部分,证据制度是否科学、完备,能否在司法实践中得到严格执行,直接反映一国的司法文明程度和法治发展水平。因此,每当司法改革进程有重大进展,通常都会在证据制度上有所体现。证据制度是最基础、最核心的改革内容,体现了改革的基本走向,决定着改革的总体成效。

二、"以审判为中心"的司法改革对证据制度的要求

(一)贯彻证据裁判原则

　　证据裁判原则是指,对案件事实的认定,必须根据一定的证据作出,没

---

〔1〕 最高人民法院,法发〔2017〕5 号文。

有证据，不能认定案件事实。[1]其基本内容包括：（1）有犯罪事实，但没有证据或者证据不足，不得定罪；（2）无犯罪事实，但有伪证据指控犯罪，不得定罪；（3）除免证事实之外，犯罪要件事实必须有证据证明；（4）证据必须在法庭上经过双方质证、辩论，并经法庭调查和评议，认为可信、客观后，才能作为判决的基础。在刑事诉讼中，真正贯彻证据裁判原则需要做到：（1）证据的收集、保管、保全、移送、辨认、出示、质证、认证等各个环节必须严格依法进行，即行为规范法治化，以保证证据的证明力；（2）严格把握法定的八种证据的证据能力和证明力；（3）运用证据认定案件事实必须遵守证据规则，包括证据的关联性规则、非法证据排除规则、意见证据排除规则、传闻证据规则、原始证据优先规则、被告人自白规则等；（4）保障质证权和严格适用质证规则；（5）定罪、量刑的事实都要依证据而定；（6）严格遵守我国《刑事诉讼法》第 55 条规定的证明标准，正确理解和使用"排除合理怀疑"的规定；（7）认真解决各种言词证据在适用时的难题。如对口供的过度依赖、证人、鉴定人出庭难、非法言词证据排除难等问题。[2]可见，贯彻证据裁判原则的重点在于严格适用证据规则以及确保疑罪从无。

（二）完善证据规则体系

以审判为中心的诉讼制度改革，离不开完善证据规则，尤其是自白任意性规则以及非法证据排除规则所发挥的约束作用和保障功能。虽然我国刑事诉讼法也有"不得强迫任何人证实自己有罪"的明文规定，但与真正法治意义上的自白任意性规则——以任意性或自愿性为自白采纳的必要前提相去甚远（实际上这种观念至今也没有被立法和司法机关所接受）。此外，我国刑事诉讼中也没有确立传闻证据规则，证人出庭难、出庭率低的现象依然严重，审判空洞化的情况仍然严重。为此，需要修补残缺的证据规则体系，引入自白任意性规则和传闻证据规则等；不打折扣地排除非法取得的证据，对于司法实务中出现的"不愿排、不想排、不敢排、不会排"的"四不"问题，查找原因，解决障碍，切实把非法证据排除出去，有效遏制侦查中的非法取证行为，只有这样才能保证案件的质量，实现以审判为中心的诉讼制度改革之

---

〔1〕 参见陈光中、郑曦："论刑事诉讼中的证据裁判原则——兼谈《刑事诉讼法》修改中的若干问题"，载《法学》2011 年第 9 期。

〔2〕 参见樊崇义："以审判为中心与证据裁判原则"，载《人民法治》2017 年第 7 期。

目的。

(三) 落实直接审理原则

直接审理原则是刑事诉讼一项重要的司法裁判原则。该原则要求，对案件事实争议问题作出裁判的法官应该直接对证据进行审查，未亲历证据审查的法官不能对案件事实作出裁判。德国学者罗科信指出直接审理原则有两层含义：一是作出判决的法院应当自己审理案件（即形式的直接审理），原则上不得将证据之调查工作委由别人来完成；二是法院应当调查原始的事实，不得假借证据的代用品替代之（即实质的直接审理）。[1]可见，直接审理原则强调法官对证据审查或法官在整个审理过程中的"亲历性"。理由是不管是承认受命法官或受托法官的调查所得，或是承认先前审理法官的审理、调查所得，就等于是承认法官可以承袭"其他法官"的印象，乃至于心证。如此，诉讼可能变成接力赛，即由其他法官先跑前段，再由认知法院（为本院裁判的全体法官）跑完后段。形式的直接性原则，说得白话些，就是要求认知法院自己跑完全程的原则，也可以说是禁止接力赛。实质的直接性要求"法院应该尽其可能运用最为接近事实之证据方法。"亦即"禁止法院以间接的证据方法替代直接的证据方法是原则，简称'证据替代品之禁止'。"[2]直接审理原则与英美法系国家中的传闻证据规则的要求大致相同。遗憾的是，目前该原则的具体规则并未纳入我国立法，如中途更换法官或者陪审员应当更新审判程序或者以其他制度设计避免程序回流（如在法庭审理中设候补法官和候补陪审员），在我国刑事诉讼法中并没有予以规定。至于司法实践中"以案卷为中心"的法官审理模式就更为突出。

因此，要推进以审判为中心的诉讼制度改革，首先要实现审判"以庭审为中心"，需要贯彻直接、言词证据规则。虽然 2012 年修正《刑事诉讼法》时增加了证人强制出庭制度，但仍未限制证人书面证言的使用，即未能确立"传闻排除规则"，如此强化证人出庭的立法目的固然不能实现。《决定》提出"完善证人、鉴定人出庭制度"，以"保证庭审在查明事实、认定证据、保

---

〔1〕 参见〔德〕克劳思·罗科信：《刑事诉讼法》，吴丽琪译，法律出版社 2003 年版，第 429～430 页。

〔2〕 转引自张建伟："审判中心主义的实质内涵与实现途径"，载《中外法学》2015 年第 4 期。

护诉权、公正裁判中发挥决定性作用。"《意见》第 12 条也重申，完善对证人、鉴定人的法庭质证规则。落实证人、鉴定人、侦查人员出庭作证制度，提高出庭作证率。可谓抓住关键、切中时弊。

三、我国刑事证据制度的改革与发展

（一）出台"两个证据规定"

1. "赵作海案"——反思不能止于个案

1998 年 2 月 15 日，河南省商丘市柘城县老王集乡赵楼村赵作亮到公安机关报案，称其叔父赵振晌已失踪 4 个多月，怀疑被同村赵作海杀害，公安机关当年进行了相关调查。1999 年 5 月 8 日，赵楼村发现一具高度腐烂的无名尸体，以为死者就是赵振晌，其家属报警。公安机关遂把赵作海作为重大嫌疑人于 5 月 9 日刑拘。5 月 10 日至 6 月 18 日，赵作海作了 9 次有罪供述。2002 年 10 月 22 日，商丘市人民检察院以被告人赵作海犯故意杀人罪向商丘市中级人民法院提起公诉。2002 年 12 月 5 日，商丘市中院一审判决赵作海死刑，缓期二年执行，剥夺政治权利终身。2003 年 2 月 13 日，河南省高级法院经复核作出裁定，核准商丘市中院上述判决。2010 年 4 月 30 日，赵振晌回到赵楼村。经调查，1997 年 10 月 30 日夜，赵振晌携自家菜刀在杜某某家中向赵作海头上砍了一下，怕赵作海报复（也担心把赵作海砍死），就回家带上 400 元钱、身份证、衣物等于 10 月 31 日凌晨到外地以捡废品为生。因患偏瘫无钱医治，才回到村里。2010 年 5 月 8 日河南省高院召开审委会，认为赵作海故意杀人一案是一起明显的错案。审委会遂作出决定：撤销原审判决，宣告赵作海无罪。省法院连夜制作法律文书，派员立即送达判决书，并和监狱管理部门联系放人。同时公开宣判，为其恢复名誉，并启动了国家赔偿程序。虽然赵作海出狱后，该案尚有许多疑点需要进一步调查，但公众认为唯一不需调查的就是警方的刑讯逼供。

在中国刑事司法的历史上，"赵作海案"是一个具有标本意义的案件。它涉及"命案必破"的侦查方针；涉及公、检、法机关对刑讯逼供的态度及处理方式；涉及以口供为中心的侦查方式和证明方式；涉及辩护人在刑事司法中实际扮演的角色；涉及司法机关对刑事证明标准的折衷把握；涉及案外因素

对刑事司法的影响；涉及刑事案件纠错机制的失效等一系列的问题。[1]河南赵作海案堪称2005年湖北"佘祥林案"的翻版，两案惊人的相似：都是因为"被害人复活"而使冤案大白天下，也都经历了漫长的洗冤过程。应该说，"死人复活"的案例在整个错案史上所占的比例并不高，这些让法治一再蒙羞的错案也在警示我们，错案纠错绝对不能止于个案，否则，佘祥林不是最后一个，赵作海也不是！

2. "两个证据规定"的出台

通过证据制度的变革以推进我国刑事诉讼制度的发展，这是社会各界期盼已久的改革思路，在这种背景下，最高人民法院、最高人民检察院、公安部、国家安全部和司法部（"两高三部"）按照中央关于深化司法体制和工作机制改革的统一部署和任务要求，秉持惩罚犯罪与保障人权并重、实体公正与程序公正并重的指导思想，于2010年联合颁布了《关于办理死刑案件审查判断证据若干问题的规定》（以下简称《办理死刑案件证据规定》）和《关于办理刑事案件排除非法证据若干问题的规定》（以下简称《非法证据排除规定》）（以下简称"两个证据规定"），并于同年施行。"两个证据规定"以现有法律为根据，在总结司法工作实际经验，借鉴外国有益做法和吸收法学界研究成果的基础上，对我国刑事证据制度作出了有一定力度的改革完善。

《办理死刑案件证据规定》确立了三个原则，即证据裁判原则、法定程序原则以及质证原则。[2]在其第2条中明确规定："认定案件事实，必须以证据为依据。"这一规定标志着证据裁判原则在我国的正式确立，这对于增强司法人员证据意识、完善我国证据制度具有重大意义。另外，第3条规定："侦查人员、检察人员、审判人员应当严格遵守法定程序，全面、客观地收集、审查、核实和认定证据。"第4条规定："经过当庭出示、辨认、质证等法庭调查程序查证属实的证据，才能作为定罪量刑的根据。"由此，这些规定明确了各类证据取证、质证的基本规范，在相当程度上解决了刑事诉讼中的证据收集、使用与判断缺乏规范、随意性较大的问题。此外，该规定对依靠间接证

〔1〕 参见熊秋红："刑事证据制度发展中的阶段性进步——刑事证据两个规定评析"，载《证据科学》2010年第5期。
〔2〕 参见陈光中："刑事证据制度改革若干理论与实践问题之探讨——以两院三部《两个证据规定》之公布为视角"，载《中国法学》2010年第6期。

据定案的法律要求、对特殊证言的处理等都作出了规定，[1]具有较强的现实针对性和规范意义。

《非法证据排除规定》对我国非法证据排除规则作了专门规定，其第1条、第2条确立了言词证据排除规则，即"采用刑讯逼供等非法手段取得的犯罪嫌疑人、被告人供述和采用暴力、威胁等非法手段取得的证人证言、被害人陈述，属于非法言词证据。""经依法确认的非法言词证据，应当予以排除，不能作为定案的根据。"并在第5条与第6条中详细规定了非法言词证据的排除程序；第7条、第11条、第12条与第13条就非法证据的举证责任、证明标准等配套制度也作了明确规定，以保证其得到有效实施。该规定的第14条还确立了非法实物证据的排除规则，即"物证、书证的取得明显违反法律规定，可能影响公正审判的，应当予以补正或者作出合理解释，否则，该物证、书证不能作为定案的根据。"

"两个证据规定"的出台和实施，一定程度上推动了我国徘徊不前的刑事诉讼法修改和刑事诉讼制度的完善，获得了一些实质性的突破。虽然《非法证据排除规定》还存在有关规定稍显粗疏、排除范围狭窄等突出问题，但学术界对此还是给予了积极的肯定，认为"两个证据规定"突出重点、全面规范，明确了刑事证据法的基本内容；体现了先进性与科学性，可发挥引导拉动司法实践的积极作用；回应了我国刑事诉讼制度和证据制度的现实需求，具有突破性与创新性；同时还充分考虑到了司法追求，注重打击犯罪与保障人权的平衡。[2]

---

〔1〕《办理死刑案件证据规定》第33条第1款规定，没有直接证据证明犯罪行为系被告人实施，但同时符合下列条件的可以认定被告人有罪：（一）据以定案的间接证据已经查证属实；（二）据以定案的间接证据之间相互印证，不存在无法排除的矛盾和无法解释的疑问；（三）据以定案的间接证据已经形成完整的证明体系；（四）依据间接证据认定的案件事实，结论是唯一的，足以排除一切合理怀疑；（五）运用间接证据进行的推理符合逻辑和经验判断。第2款规定，根据间接证据定案的，判处死刑应当特别慎重。第37条规定，对于有下列情形的证据应当慎重使用，有其他证据印证的，可以采信：（一）生理上、精神上有缺陷的被害人、证人和被告人，在对案件事实的认知和表达上存在一定困难，但尚未丧失正确认知、正确表达能力而作的陈述、证言和供述；（二）与被告人有亲属关系或者其他密切关系的证人所作的对该被告人有利的证言，或者与被告人有利害冲突的证人所作的对该被告人不利的证言。

〔2〕参见龙宗智："两个证据规定的规范与执行若干问题研究"，载《中国法学》2010年第6期。

(二) 2012 年修正《刑事诉讼法》完善证据法基本性问题

1. 重新界定证据概念

关于证据的定义，中外理论对此众说纷纭，正是基于此，从法律规定上看，世界上绝大多数国家的刑事诉讼法以及证据法均没有对证据给出法律上的概念。在中国法学理论界，证据概念的界定，一直存在着多种观点，有"事实说"、[1]"根据说"、[2]"材料说"[3]以及"折衷说"[4]等代表性观点。可谓仁者见仁、智者见智，这些观点的持有者各持己见。新《刑事诉讼法》采纳了"材料说"的观点，其第 50 条将证据界定为：可以用于证明案件事实的材料，都是证据。这一修改不仅消除了原"事实说"的证据概念与依载体列举证据方式之间的矛盾，也表明我国形式证据观的确立，即"材料"是证据事实（内容）与证据载体（形式）的统一。证据成了反映案件事实的载体，而非案件事实本身，也不再对证据提出可证明案件"真实情况"的过高要求，将证据与定案根据明确区分开来，回到了刑事诉讼运用证据的逻辑起点，这显然是一种立法上的进步。《刑事诉讼法》对证据概念的重新界定得到了学界的一致肯定，虽然"材料说"在理论层面上讲，也有其自身的缺陷，但在我国早已形成的法定证据主义立法传统情况下，这种"材料说"的采纳不失为一种较为合理的选择。为了准确把握证据的概念，首先需要区分"证据"与"事实"。这里所说的"证据"即"证据材料"或称"证据素材"，它所包含的信息不一定就是真实可靠的，也不一定与待证事实具有一定的关联性，甚至有些可能还是非法获取的，它只是诉讼证据的初级形态。因此，凡是没有经过法庭调查质证的"证据材料"，就不能被认定为是"案件事实"，也不具有证明力和证据能力。其次需要区分"证据"与"定案根据"。

---

〔1〕 该观点认为，证据是"证明案件真实情况的事实"，参见陈一云主编：《证据学》，中国人民大学出版社 2000 年版，第 99 页。

〔2〕 该观点认为，证据是"证明案件事实的根据"，参见杨荣新主编：《民事诉讼法教程》，中国政法大学出版社 1991 年版，第 210 页；何家弘、刘品新：《证据法学》，法律出版社 2004 年版，第 108 页。

〔3〕 该观点将证据界定为"证明案件事实的材料"，参见应松年主编：《中国行政诉讼法讲义》，中国政法大学出版社 1994 年版，第 136 页。

〔4〕 该观点采用折衷的方法，将证据视为"证据内容和证据形式的统一"，参见卞建林主编：《证据法学》，中国政法大学出版社 2000 年版，第 70 页；樊崇义主编：《证据法学》，法律出版社 2001 年版，第 45 页。

《刑事诉讼法》第50条第3款规定："证据必须经过查证属实，才能作为定案的根据。"由此可见，从"证据"转化为"定案的根据"必须经历"查证属实"的过程，这个过程即是法院行使审判权的过程。刑事审判实际上就是法官对证据材料进行审查判断，进而认定证据效力，最终依法裁判的一系列活动。只有经过法庭调查的证据，经过法官对其证明力进行审查判断后才能作为定案的根据，这是从"证据材料"到"定案根据"的演变过程。强调"证据"与"定案根据"的区别，主要是为了强化法官对证据调查核实的职权，也是为了充分发挥庭审功能的作用。

2. 对证据种类进行了补充和完善

总体上看，新《刑事诉讼法》关于证据种类的规定体现在以下几个方面的变化：第一，对证据种类的划分由原来的"封闭式列举"改为"开放式列举"。新《刑事诉讼法》第50条第2款将原来的立法表述"证据有下列七种……"改为"证据包括……"，这一改动消除了证据概念与证据列举方式之间的矛盾，预留了新的证据形式进入刑事诉讼的余地，同时也解决了不断发展的现实需要与滞后的法律规定之间的冲突。第二，将物证、书证分列为两类独立的证据予以规定。物证和书证是司法实务中最为常见，也最为重要的两种证据，此前刑事诉讼法一般都将二者并列为一类证据，这不仅混淆了二者的逻辑关系，也因为二者在证明方式上、证据的收集、审查判断上存在诸多的差异而给司法实践带来不少的困惑。新《刑事诉讼法》的这一调整，不仅体现了证据种类设置的科学性，同时也解决了司法实践中物证、书证不分的难题，也实现了三大诉讼法立法上的统一。第三，将"鉴定结论"改为"鉴定意见"。在我国，鉴定结论一直属于重要的法定证据种类之一，由于鉴定结论是各领域专家依据科学知识对案件的专门性问题所作出的分析、鉴别和判断，因此通常被冠以"科学证据"的美誉。在司法实践中，一些法官极端地认为鉴定结论具有预定的证明力，从而也被赋予了极高的证明价值。正是基于这些特点，有些案件因为过于迷信鉴定结论从而引发冤假错案的发生。鉴于此，新《刑事诉讼法》将沿用多年的"鉴定结论"的表述改为"鉴定意见"，这一修改纠正了伴随着"结论"的日常语义而来的"鉴定结论的证明力高于其他证据"的错误观念，表明了鉴定意见的证据属性。与其他证据一样，鉴定意见仅仅属于"证据材料"的一种，它有真有假，也需要查证属实才能转化为"定案根据"。另外，这一改动也为鉴定人出庭奠定了理论基础。第四，对证据种类进行了补充，增加了"电子数据""辨认、侦查实验笔录"的证据形式。法律要与时俱进，随着数字时代的到来，电脑和网络技术已相当普及，电子数据也随之成为诉讼中常见的一种证据材料。早在 1996 年第一次修正《刑事诉讼法》时，就增加了"视听资料"为新的证据种类。如今，利用计算机进行电子磁盘记录、储存、录制和分析与案件有关的信息资料，已成为诉讼中常见的证据保全、证据运用的手段，"电子证据"有充分的理由作为一种新的独立的证据种类。勘验、检查、辨认、侦查实验等行为均是公安机关在办理刑事案件的过程中经常使用的侦查手段，但之前的刑事诉讼法仅规定"勘验、检查"所形成的笔录属于法定证据种类，而"辨认、侦查实验"所形成的相关笔录其法律性质、法律地位均未予以明确，从而造成司法实践中这些笔录身份不明、使用混乱的状况。新《刑事诉讼法》加入了"辨认、侦查实验笔录"，这一规定不仅满足了司法实践对于相关侦查行为成果证据转化的需求，也为证据制度对这类侦查行为的规制提供了可能性。

3. 纳入主观性证明标准，强调主、客观因素的融合

我国刑事证据立法一直都是以"事实清楚，证据确实、充分"这种指导性口号作为刑事诉讼证明标准，显然在实际运用中存在过于笼统、操作性不强之弊。

《死刑案件证据规定》第 5 条对判断"证据确实、充分"有了统一的标准，也做到了有章可循，该条规定："办理死刑案件，对被告人犯罪事实的认定，必须达到证据确实、充分。证据确实、充分是指：（一）定罪量刑的事实都有证据证明；（二）每一个定案的证据均已经法定程序查证属实；（三）证据与证据之间、证据与案件事实之间不存在矛盾或者矛盾得以合理排除；（四）共同犯罪案件中，被告人的地位、作用均已查清；（五）根据证据认定案件事实的过程符合逻辑和经验规则，由证据得出的结论为唯一结论……"新《刑事诉讼法》在此基础上予以了完善，第 55 条第 2 款规定："证据确实、充分，应当符合以下条件：（一）定罪量刑的事实都有证据证明；（二）据以定案的证据均经法定程序查证属实；（三）综合全案证据，对所认定事实已排除合理怀疑。"比较二者规定可以发现，《死刑案件证据规定》将标准落脚在"唯一性"上，而刑事诉讼法则落脚在"排除合理怀疑"上，这应该是二者的细微差别。也许不少人都认为"唯一性"与"排除合理怀疑"是一个标准，是相互补充说明的关系。其实不然，"唯一性"强调标准的"客观性"，

也即我们常说的"事实清楚，证据确实、充分"，它是大陆法系国家普遍通行的证明标准；而"排除合理怀疑"强调标准的"主观性"，它是英美法系国家的证明标准。显然刑事诉讼法采用了一种折衷的方法，即融合了主观性标准与客观性标准。

4. 明确了行政机关在行政执法过程中收集的物证、书证等材料在刑事诉讼中的证据属性

长期以来，对于如何对待行政机关在行政执法过程中取得的证据，不仅在司法实践中存在不小的分歧，在理论界也说法不一。根据新《刑事诉讼法》第54条第2款的规定："行政机关在行政执法和查办案件过程中收集的物证、书证、视听资料、电子数据等证据材料，在刑事诉讼中可以作为证据使用。"这一规定明确了这类材料的证据地位，同时也引起了学界的普遍关注和激烈争论。有学者认为，这一增补性规定具有一定的现实合理性，它对于加强行政执法与刑事司法之间的衔接、提高诉讼效率具有重要作用。从专业角度上看，有些案件，如涉及工商、税务、工程质量、专业技术领域的刑事案件，行政执法机关对于一些证据的搜集确有专业上的优势，使用这些部门所收集的证据，更加有利于对案件事实的认定，故此，对于这些机关收集的证据，在刑事诉讼法中规定其使用规则也确有立法必要性。在此需要明确的是，该款规定主要针对行政机关收集的物证、书证、视听资料、电子数据等具有较强客观性的实物证据，对于行政机关取得的言词证据，不得适用这条的规定；且这类证据没有当然高于其他证据的法律效力，仍然要经过法庭的质证过程，查证属实的才能作为定案依据。但即便如此，仍有学者担忧，由于立法对这类证据规定得过于原则，对"行政机关"的主体范围也没作出限定，如此规定可能会鼓励侦查机关绕过证据和诉讼规则，通过行政手段收集证据，使"侦查中心主义"的局面更加恶化。[1]

5. 完善证人、鉴定人出庭作证制度

为了实现审判公正和程序正义，无论是当事人主义诉讼模式下的传闻证据排除规则还是职权主义诉讼模式下的直接言词原则，都很重视证人、鉴定人的出庭制度，对证人、鉴定人出庭作证均作了严格的规定。我国1996年《刑事诉讼法》也明文规定证人有出庭作证的义务，鉴定人应当当庭宣读鉴定

---

〔1〕　参见汪建成："刑事证据制度的重大变革及其展开"，载《中国法学》2011年第6期。

结论。但是由于配套制度的缺失，加上法律并不否定书面证言和鉴定结论的可采性，因而在实践中我国证人、鉴定人的出庭率极低，严重影响了审判的质量和程序的公正性。为了贯彻直接言词原则，保障被告人对质权的实现，新《刑事诉讼法》首次确立了证人强制出庭制度，同时对于证人补偿制度和证人、鉴定人保护制度以及不出庭的制裁措施、不出庭情况下的证人证言、鉴定人意见的证明能力等几方面的问题——予以明确，凸显出立法的进步性，也表明立法者试图通过完善刑事证据制度来提高案件质量，实现惩罚犯罪和保障人权的动态平衡，维护司法公正和权威的良苦用心。

（三） 确立体系化的非法证据排除规则

2012 年《刑事诉讼法》关于证据制度的规定，不仅延续了"两个证据规定"所确立的一系列原则（如证据裁判原则、法定程序原则等），而且条文内容也在充分吸收的基础上，进一步作了深化和完善，在非法证据的排除范围、责任主体、排除程序、证明责任与证明标准等方面予以补充。具体表现在以下方面：

1. 非法证据排除的责任主体

在国外，非法证据排除规则中的"排除"是指用非法的方法所采集到的证据不能在刑事诉讼中作为指控犯罪嫌疑人、被告人的证据，即不能作为法院定罪的证据使用。[1]这就意味着，非法证据排除主要是在法庭审理阶段进行，排除非法证据的责任主体是针对法院而言的。我国《刑事诉讼法》第 56 条第 2 款的规定："在侦查、审查起诉、审判时发现有应当排除的证据的，应当依法予以排除，不得作为起诉意见、起诉决定和判决的依据。"这表明，我国公检法机关在不同的诉讼阶段都承担非法证据的排除责任，也就享有对非法证据排除的权力。为此，有学者认为从排除主体上看，我国非法证据排除是"多元主体的分段排除"。[2]

2. 非法证据排除程序的具体运作

非法证据排除程序是指有关非法取证的问题通过怎样的诉讼程序予以

---

〔1〕 参见樊崇义："'两个证据规定'理解与适用中的几个问题"，载《证据科学》2010 年第 5 期。

〔2〕 参见孙末非："论多元主体对非法证据的排除"，载《四川大学学报（哲学社会科学版）》2013 年第 2 期。

解决。

　　在美国，非法证据的排除是在法庭正式审判之前由控辩双方提出庭前动议，通过听证的方式来完成的。这样设计的目的是，在正式的庭审之前将非法的证据予以排除，可以保证这些证据不被事实的审理者所看见或听见，以防止对他们造成不利的影响。因为在英美法系国家，事实的审理和法律的适用分别由陪审团和法官完成。在这一听证程序中，控辩双方各自承担举证责任，法官不作职权调查，仅就证据是否予以排除作出裁决。而在大陆法系国家，职业法官一般需要同时解决事实和法律问题，不存在单独的非法证据排除的听证程序，而是在法庭审理过程中，由法官依职权对非法证据予以排除。

　　我国的法律制度更加接近于大陆法系，由法官一并解决案件事实和法律问题，所以也就没有必要设置单独的听证程序，而是允许当事人及其辩护人、诉讼代理人在庭审中向人民法院提出非法证据排除的申请，控辩双方由此将证据排除问题作为法庭调查和法庭辩论的内容之一。同时，人民法院在法庭审理过程中，如果认为可能存在非法收集证据的情形，也可依职权主动对证据的合法性展开调查。根据包括两种模式：（1）检察机关主导的非法证据排除程序。《刑事诉讼法》第 57 条规定："人民检察院接到报案、控告、举报或者发现侦查人员以非法方法收集证据的，应当进行调查核实。对于确有以非法方法收集证据情形的，应当提出纠正意见；构成犯罪的，依法追究刑事责任。"可见，检察机关启动非法证据排除程序有两个途径，一个是"接到报案、控告、举报"；一个是"自行发现"。一旦发现有非法取证嫌疑的，人民检察院对于非法证据的调查核实程序，《刑事诉讼法》并没有涉及，《人民检察院刑事诉讼规则（试行）》（2012 年版，已失效）（以下简称《高检规则》）作出了规定。该规则第 69 条明确了对非法证据进行调查核实的负责部门，即"在侦查阶段由侦查监督部门负责；在审查起诉、审判阶段由公诉部门负责。必要时，渎职侵权检察部门可以派员参加。"根据《高检规则》第 70 条、72 条和 73 条的规定，调查核实的方法可以概括为 5 种：讯问、询问相关人员（包括犯罪嫌疑人、办案人员、在场人员及证人）；听取辩护律师意见；调取、查询相关材料（包括讯问笔录、讯问录音、录像、犯罪嫌疑人出入看守所的身体检查记录及相关材料）；进行伤情、病情检查或者鉴定；书面要求侦查机关对证据收集的合法性进行说明等其他调查核实方式。（2）人民法院主导的非法证据排除程序。较之于对检察机关的规定，刑事诉讼法对人民法院主导的非法证据排除程序的法律建构更加细致，包括非法证据排除程序的启动、非法证据的庭前调查和法庭调查程序。其一，关于非法证据排除程序的启动模式，根据《刑事诉讼法》第58条规定，法庭审理过程中，审判人员认为可能存在本法第56条规定的以非法方法收集证据情形的，应当对证据收集的合法性进行法庭调查。当事人及其辩护人、诉讼代理人有权申请人民法院对以非法方法收集的证据依法予以排除。可见，在审判阶段，非法证据排除程序有两种启动模式，一种是人民法院依职权启动；一种是依当事人及其辩护人、诉讼代理人的申请启动。不过为了督促被告人及其辩护人依法提出申请，避免滥用诉讼权利，法律同时也确立了"形式性审查"的启动模式，即"申请排除以非法方法收集的证据的，应当提供相关线索或者材料。"对于提出排除非法证据的申请时间，为了避免在庭审中突然提出该问题导致庭审中断，过度延迟审判，申请人原则上应当在开庭审理前提出申请，但在庭审期间才发现相关线索或者材料的除外。其二，关于非法证据的调查程序，根据《刑诉法解释》第130条的规定，开庭审理前，人民法院可以召开庭前会议，就非法证据排除等问题了解情况，听取意见。根据本解释第132条、第135条的有关规定，当事人及其辩护人、诉讼代理人在开庭审理前未申请排除非法证据，在庭审过程中提出申请的，应当说明理由。人民法院经审查，对证据收集的合法性有疑问的，应当进行调查；没有疑问的，驳回申请。法庭决定对证据收集的合法性进行调查的，可以由公诉人通过宣读调查、侦查讯问笔录、出示提讯登记、体检记录、对讯问合法性的核查材料等证据材料，有针对性地播放讯问过程的录音录像，提请法庭通知有关侦查人员或者其他人员出庭说明情况等方式，证明证据收集的合法性。

3. 非法证据排除的证明规则

非法证据排除的前提是"非法"，那么如何证明是"非法"？达到什么的标准即可被认定为"非法"呢？在美国，证据排除的证明责任由控辩双方承担。首先要求提出排除证据的辩方提供有合理根据的证据，而控方的检察官则对证据的合法性予以说明，但这种说明无须达到排除合理怀疑的程度，只要不低于优势证据的程度即可。[1]在大陆法系的德国，虽然刑事诉讼程序中

---

〔1〕 参见樊崇义主编：《走向正义：刑事司法改革与刑事诉讼法的修改》，中国政法大学出版社2011年版，第428页。

没有正式的证明责任的规定，但联邦上诉法院在判例中的态度是，对于如果被告人反对就无法使用的证据，被告人在一些情况下可以同意使用这些证据，如果被告人和其律师没有提出反对，就推定他们同意对该证据的使用。在证明标准上，假定刑事诉讼过程是符合规则的，要求只要发生违法行为在可能性上占优势时才排除证据。[1]可见，对于非法证据排除的证明问题，在西方国家大多要求公诉方对被告人供述的合法性承担证明责任，但其他证据的合法性问题，则按照不同情况，分别由公诉方或被告方承担证明责任。至少，在被告人供述以外的其他证据的排除程序中，公诉方承担证明责任并不是一项普遍适用的原则。[2]证明标准也比实体判决的证明标准低得多。

根据我国《刑事诉讼法》第58条至60条的规定，当事人及其辩护人、诉讼代理人申请排除非法证据的，应当提供相关线索或者材料；对于当事人及其辩护人、诉讼代理人申请排除非法证据的，法庭应当进行审查；经审查，对证据收集的合法性有疑问的，应当进行调查；一旦人民法院启动证据合法性的法庭调查程序，则由人民检察院履行对证据合法性的证明责任；并将这一待证事实证明到"排除合理怀疑"的程度，亦即达到"确实、充分"这一最高证明标准。可见，在非法证据排除程序中，我国立法所设计的证明责任分配机制是：在初步审查程序中，被告方对侦查行为的非法性承担初步的证明责任；而在法院启动正式调查程序之后，公诉方则对侦查行为的合法性承担证明责任，并且要将这一事实证明到最高的程度。在诉讼理论上，这种证明责任的分配原则又被称为"证明责任倒置"。因为根据"谁主张、谁举证"的原则，提出积极诉讼主张的一方要对该主张所依据的事实承担证明责任，而被告方作为非法证据排除程序的发动者，在提出了排除某一公诉方证据的诉讼主张后，也提出了侦查人员取证行为不合法的事实，按理应当由其对所提出的事实承担证明责任，而改由公诉方来承担证明责任，这就构成了证明责任的倒置。与西方多数国家不同，我国对所有进入正式调查程序的公诉方证据的合法性问题，确立了统一的公诉方承担证明责任的原则。其理论依据在于：首先，公诉方对其证据的合法性承担证明责任是无罪推定原则的必然

〔1〕 参见［德］托马斯·魏根特：《德国刑事诉讼程序》，岳礼玲、温小洁译，中国政法大学出版社2004年版，第201~202页。
〔2〕 参见陈瑞华：《比较刑事诉讼法》，中国人民大学出版社2010年版，第126页。

要求；其次，从控辩双方取证能力的对比情况来看，由公诉方承担证明责任有助于实现控辩双方在诉讼中的实质对等；最后，由公诉方承担证明责任，可以最大限度地督促侦查机关、公诉机关树立证据意识和程序守法意识，为应对被告方可能提出的非法证据排除申请而做好应诉准备。[1]

（四）遗憾和不足

1. 列举式的证据种类真能穷尽"法定证据种类"吗

纵观以往的证据法学研究，有关证据种类的研究被有意或无意地忽视了，没形成既系统又富有影响力的学说。在我国，三大诉讼法对证据种类的规定都采用了"列举式"的立法传统，在理论上也通常认为证据具有三性，即"客观性、关联性和合法性"，其中"合法性"就要求证据的形式要符合法律规定，属于法定的证据种类。基于此，不论是理论研究还是司法实践，都心照不宣地按照法律规定想当然地认为"证据只有符合法定形式，才具备可采性。"2018 年修法虽然在立法手段上有所改进，但对证据种类仍然采用列举式规定，只是由原来的"封闭式列举"改为"开放式列举"。但问题在于，即使采用开放式的列举方式，也扩大了法定证据种类的范围，但这种列举式的法律规定真能涵盖全部证据形式吗？显然不能。一方面，这种立法方式难以有效适应不断变化的犯罪态势和不断发展的侦查技术；另一方面，容易导致证据种类之间出现逻辑关系不明甚至出现重叠交叉的情况，无法从根本上克服我国法定证据种类在逻辑上和适用上的困惑，这不得不说是 2018 年修法的一个缺憾。

2. 证据种类划分标准的科学性仍存争议

主要表现在：（1）证据种类标准不统一。按照传统的划分方法，一般是根据其外在表现形式或者其自身的载体，划分为物证、书证、视听资料、电子证据、被告人供述和辩解、被害人陈述、证人证言和鉴定意见等。2018 年修法虽将电子数据加入了证据种类，解决了电子证据的身份问题，但却造成与其他证据种类在外延上的交叉。比如，书证可以记载于计算机上，各种笔录证据、言词证据也可以通过电子介质输出和存储，那么这些通过电子数据交换形式形成的证据到底是电子证据还是其他证据形式？这就容易导致电子

---

〔1〕 参见陈瑞华："非法证据排除程序再讨论"，载《法学研究》2014 年第 2 期。

证据与其他证据种类之间出现界限不清、范围交叉的情况。因此，在允许电子证据进入刑事诉讼的前提下，还应当对其内容、形式进行深层次的细分，并归入相应的证据种类之中。（2）证据种类的划分逻辑混乱。根据证据理论上的分类，物证、书证、视听资料、电子证据与勘验、检查、辨认、侦查实验等笔录同属于实物证据，但是前者系自犯罪现场或其他相关地点或相关人员人身收集的、直接以实物形式表现出来的证据；而勘验、检查、辨认、侦查实验等笔录证据则是司法机关在犯罪侦查过程中为记录侦查行为、固定证据、揭示证据信息而制作完成的。从性质、内容和形成规律上看，都存在很大的差异，将笔录证据与物证、书证、视听资料、电子证据等实物证据和证人证言、被害人陈述、犯罪嫌疑人、被告人供述和辩解、鉴定意见等言词证据并列为法定的证据种类，在逻辑上难以自圆其说。

3. 证明对象、举证责任及证明标准还有待进一步完善

不同的证明对象对应不同的举证责任分配机制，同时也有着不同的证明标准。学术界一般认为，程序法事实除法律另有规定外（如非法证据排除规则中对取证方法合法性说明的责任由检察机关承担），实行"谁主张，谁举证"的原则，而且程序法事实的证明标准应当低于实体法事实。新《刑事诉讼法》第51条、第55条虽对实体法事实（有罪认定的事实）的举证主体、证明标准作了明确的规定，但对程序法事实的举证主体、证明标准则没有提及。除此之外，对免证事实的范围问题也没有规定。另外，从证据制度的成熟化看，我国刑事诉讼立法还有其他需要完善的地方。如鉴于基本原则的导向功能和指引价值，作为证据法的基本原则是否应该写入刑事诉讼法的基本原则。再如，新《刑事诉讼法》虽然对非法证据排除规则作了细化规定，但证据规则并不限于此，还有意见证据规则、传闻证据规则、品格证据规则、特权规则等都没有纳入本次立法中。一个完善、健全的证据规则不应是孤零零的一个规则，而应当是一系列相关规则，因此证据规则体系化也是一个国家证据立法走向成熟的标志。

4. 非法证据排除程序存在"申请难""排除难"

目前我国非法证据排除程序的突出问题体现在：（1）非排程序申请难。我国刑事诉讼法虽然规定了当事人及其辩护人、诉讼代理人有申请排除非法证据的权利，但从实施效果看，这一权利的行使较为困难，实务中申请排除非法证据的案件数量也并不多。究其原因，一方面在于司法审查较严，另一

方面在于法律并未为该权利设置救济程序。根据《刑事诉讼法》第 58 条第 2 款的规定，当事人及其辩护人、诉讼代理人申请排除以非法方法收集的证据的，应当提供相关线索或者材料。对于"线索或者材料"的范围，《刑诉法解释》专门作了明确，是指"涉嫌非法取证的人员、时间、地点、方式、内容等"。然而在实践中仍存在迫于检控机关维持指控证据体系的强大压力，审判机关对排除非法证据缺乏积极性，往往是"睁一只眼闭一只眼"，自然倾向于尽量减少非排程序的启动。在这种心理驱使下，法官通常会从严把握和审查申请人提出的涉及非法取证的线索或材料，从而人为提高了非排程序启动的难度。而法院对非排程序的审查结论通常不以裁定的方式作出，申请人即便不服，也没有其他的救济途径。在此需要说明的是，《非法证据排除规定》虽然规定，如果人民检察院或者被告人不服第一审法院有关证据收集合法性的处理结果，提出抗诉、上诉的，第二审法院应当对证据收集的合法性进行审查，并作出相应的处理。但该项规定并不意味着当事人对第一审法院有关证据收集合法性的处理结果不服，可以单独以之为由提出抗诉、上诉，而是指如果因该问题而导致对第一审的判决不服，可以在抗诉、上诉中提出该问题。因为我国刑事审判制度不允许法院就非法证据排除问题单独制作裁判文书，也不允许人民检察院、当事人就法院对非法证据的处理结果单独提出抗诉或上诉。

（2）非排程序设计并未充分体现程序性审查优先原则。当被告人及其辩护人、诉讼代理人提出排除非法证据的申请之后，法院应当首先解决侦查人员取证行为的合法性问题，以此为前提，再解决被告人的刑事责任问题，这即是"程序性审查优先原则"。[1]在我国审判组织一元化的语境下，唯有坚持程序性审查优先，及时排除非法证据，才能最大限度地减少非法证据对法官自由心证所造成的"污染"，确保非法证据排除规则发挥实际的功效。不过《刑诉法解释》却授权法院根据具体情况，既可以在被告方提出申请后立即审查证据收集的合法性问题，也可以在法庭调查结束前再启动这一审查程序。至于构成程序性审查优先原则的例外情形，司法解释的规定已经明确要求被告人及其辩护人原则上应当在开庭审理前提出申请，如果被告人及其辩护人在这期间未提出申请，又不属于在庭审期间才发现相关线索或者材料的，就应当在法庭调查结束前一并进行审查，并决定是否进行证据收集合法性的调查。

---

[1] 参见陈瑞华：《刑事证据法的理论问题》，法律出版社 2015 年版，第 93~98 页。

换句话说就是，法庭可以对非法证据排除申请先予搁置，待到法庭调查结束前再对申请进行审查，并决定是否启动专门调查程序。在实践中，这种例外也适用于多名被告人提出非法证据排除申请的案件。固然，立法者希望通过设置程序障碍以提高诉讼效率、防止当事人滥用诉讼权利，其立法意图本身无可厚非，但问题的关键在于，任何证据只有首先具备了证据能力，才去考虑其是否具备准入法庭的资格。正是基于这样的原理，一般情况下对证据的审查都要遵循证据能力优先于证明力的原则。如果不能保障证据合法性审查程序的优先进行，再完善精致的调查方法也无法保证非法证据排除的实效，合法性法庭调查也难免沦为虚设。另外，假如法院先审查证据的证明力问题，认为该证据的相关性与真实性不存在任何异议，但随后经审查其不具备合法性，法院一旦做出排除的决定，将意味着法庭前期对证据审查的工作变得毫无价值。

四、完善证据规则 架构中国特色证据法制度

（一）落实直接言词原则

1. 我国证人、鉴定人出庭作证的司法现状

证人有广义和狭义之分。狭义的证人是指，除当事人以外的就自己所了解的案件情况向司法机关作出陈述的人。广义的证人包括当事人和狭义的证人。在我国刑事诉讼中，证人仅指狭义上的证人。证人陈述的内容，被称为证人证言。证人证言是我国刑事诉讼法规定的法定证据形式之一，也是司法实践中运用最为普遍的证据之一。与实物证据相比，证人证言具有生动、形象、具体、丰富的优点，加之证人的不可替代性和特定性，决定了证人证言的特殊性，使得证人证言在刑事诉讼中一直处于举足轻重的地位。一个案件也许没有鉴定意见，也许没有物证，或者没有被告人供述，但没有证人证言却是少见的，这就造成证人证言在司法审判中的运用率高企不下。与此形成鲜明对比的是，我国证人作证的出庭率却极低。虽然我国刑事诉讼法一直都有关于证人出庭制度的规定，但证人不到庭或证人出庭率低却是不争的事实。据数据统计，在我国检察机关提起的公诉案件中，存在明确证人的超过 80%，但真正出庭作证的却不足 5%，即便在少数发达地区也不超过 10%。[1]"李庄

---

〔1〕 参见张传亚："证人出庭率低症结何在"，载《光明日报》2000 年 12 月 26 日，第 9 版。

案"的审理过程被媒体报道之后，民众不仅知晓了存在非法取证的嫌疑，同时还看到了李庄在庭审之上强烈要求龚刚模等证人出台对质时的那种"不服"和"愤懑"。证人出庭不仅对保障犯罪嫌疑人的诉讼权利尤其是对质权极为重要，同时也是法院查清案件事实真相的必要手段。基于此，2010年颁布的《死刑案件证据规定》要求：经依法通知不出庭作证证人的书面证言经质证无法确认的，不能作为定案的根据，该规定曾被认为确立了"有限的直接言词原则"，但其实施情况并不乐观。[1]

证人证言在我国司法实践中的这种高运用率与低出庭率的怪象充分表明，我国审判对证人证言的高度依赖性和证人出庭作证的非强制性间的巨大张力。证人虽不出庭作证，但证人在庭前所作的陈述却在庭审中被大量地直接使用，这不仅使被告人的对质权无法实现，也使抗辩式庭审方式所要求的直接言词、公开辩论原则难以在法庭上贯彻，损害诉讼的正当程序，还严重影响了司法权的正常运作，导致了直接原则、言词原则等诉讼原则无法落实，最终严重损害了司法的公正性。其实，不仅证人出庭作证难，在我国司法实践中鉴定人不出庭也是常态。2012年《刑事诉讼法》修正时，重构证人、鉴定人出庭作证制度成为摆在立法者面前的重要议题之一，这一制度的修正也被放在"尊重和保障人权"的高度予以关注。值得肯定的是，本次修法吸收了学界的相关研究成果，进一步明确规定了"证人证言对案件定罪量刑有重大影响，并且公诉人、当事人或者辩护人、诉讼代理人有异议的，或者人民法院认为证人有必要出庭作证的，证人应当出庭作证"的证人强制出庭制度，从规范证人出庭作证的范围、作证豁免权、出庭补偿、证人保护以及不出庭作证的法律后果等方面进行了规定，这里面每个问题都是可圈可点的。

（1）明确证人、鉴定人的出庭条件。《刑事诉讼法》（2012年版，现行2018年版在条文内容上未作修改）第187条第1款规定："公诉人、当事人或者辩护人、诉讼代理人对证人证言有异议，且该证人证言对案件定罪量刑有重大影响，人民法院认为证人有必要出庭作证的，证人应当出庭作证。"该条

---

〔1〕 重庆市第三中级人民法院的统计数据显示，2010年该院辖区共审理一、二审刑事案件2796件4048人，其中证人出庭作证的案件仅12件13人，证人出庭率为0.32%。参见徐伟："重庆三中院去年刑案证人出庭率仅0.32%"，载《法制日报》2011年6月14日，第8版。著名刑事诉讼法学家陈光中先生及其团队在省会一级城市所作调查显示，一审案件证人的出庭率不足1%。参见李娜："应确立不得强迫犯罪嫌疑人自证其罪原则"，载《法制日报》2011年7月11日，第5版。

第 3 款规定：“公诉人、当事人或者辩护人、诉讼代理人对鉴定意见有异议，人民法院认为鉴定人有必要出庭的，鉴定人应当出庭作证……”由上述法律规定可知，证人应当出庭的条件有三：一是控辩双方任何一方对证人证言有异议；二是该证人证言对案件定罪量刑有重大影响；三是人民法院认为证人有必要出庭作证的。而鉴定人出庭作证也需满足两个条件：一是公诉人、当事人或者辩护人、诉讼代理人对鉴定意见有异议；二是人民法院认为鉴定人有必要出庭的。证人出庭作证，一方面是为了保证证言的完整性、真实性和可靠性，另一方面也是保障刑事被告人对质权的实现，确保法院公正审判，但是这并不意味着所有的证人都有出庭的必要。只有在当事人对证人证言存在疑问，需要通过对证人进行发问以清除疑点、查明真实时，证人出庭才是必要的。[1]所以，并非所有的案件证人、鉴定人都必须出庭作证，只有符合上述条件的证人、鉴定人才有出庭作证的义务。法律作出这样的要求，既有利于合理配置司法资源，在一定程度上体现了立法的科学性；同时也为证人、鉴定人出庭作证提供了现实可行性，改变了以往模糊的出庭标准，使其更具实际可操作性。但遗憾的是，由于立法将“人民法院认为有必要出庭作证”作为证人、鉴定人出庭的要件之一，过于强调职权色彩的强势，从而导致人们对证人强制出庭制度弱化的隐忧。[2]

（2）明确拒绝作证的法律后果。世界上大多数国家的刑事诉讼法都要求证人应当出庭作证，对于拒绝作证也大都规定了严重的法律后果。在我国，设立强制证人出庭作证制度的主张也早有先例。《大清民事诉讼律草案》就曾规定：“对于有作证义务而不作证者，或者有疾病不能作证又未及时申明者，可对其处以 30 元以下的罚款，如果其健康状况良好，仍勒令其到庭作证。”[3]这个规定虽然是借鉴德、日诉讼法而制定，但也开启了我国强制证人出庭作证制度的先例。《刑事诉讼法》一改过去对证人不出庭无计可施的境况，把天平与利剑有效地结合起来，规定，经人民法院通知，证人没有正当理由不出庭作证的，人民法院可以强制其到庭，但是被告人的配偶、父母、子女除外。证人没有正当理由拒绝出庭或者出庭后拒绝作证的，予以训诫，情节严重的，

---

〔1〕 参见易延友：“证人出庭与刑事被告人对质权的保障”，载《中国社会科学》2010 年第 2 期。

〔2〕 参见谢勇、王广聪：“证人强制出庭制度弱化的趋向与校正——兼论新《刑事诉讼法》第一百八十七条修改的解释”，载《湘潭大学学报（哲学社会科学版）》2012 年第 5 期。

〔3〕 参见张生主编：《中国法律近代化论集》，中国政法大学出版社 2002 年版，第 350 页。

经院长批准，处以 10 日以下的拘留。通过国家的强制力保证证人出庭作证，表明我国强制证人出庭制度的确立。强制证人出庭作证制度在某种程度上打消了证人"多一事不如少一事"的心理，强迫其因惧怕处罚而不能回避作证的义务，也为提高公民的法律意识提供了法律依据。鉴定人出庭可以从程序上确保鉴定意见的可信度与说服力，不仅有助于案件的审结，也有助于鉴定意见争议的解决。与证人强制出庭制度不同的是，《刑事诉讼法》对应出庭而未出庭的鉴定人所作的鉴定意见，是通过否定其证明能力来强化鉴定人出庭作证接受当事人质证的义务。规定，经人民法院通知，鉴定人拒不出庭作证的，鉴定意见不得作为定案的根据。可见，应当出庭而不出庭鉴定人的鉴定意见不得作为判决依据，这可视为鉴定人不出庭作证的法律后果。应该说，法律对鉴定人不出庭的处理已颇为严厉，但与证人出庭作证的条件一样，法律也将决定鉴定人是否出庭的权力交给法官。而以往的司法实践表明，法官为了追求庭审的迅速通常会避免鉴定人出庭作证的程序，这样就会大大削弱鉴定人出庭制度的执行效果。为此笔者建议，法律应该增加规定，在一定的条件下，赋予诉讼当事人可以请求鉴定人出庭接受质证的权利。

（3）规定近亲属的出庭作证豁免权。基于维护家庭成员间的伦理和亲情，《刑事诉讼法》（2012 年版）首次规定了近亲属的出庭作证豁免权，第 188 条第 2 款（2018 年版《刑事诉讼法》第 193 条）规定："经人民法院通知，证人没有正当理由不出庭作证的，人民法院可以强制其到庭，但是被告人的配偶、父母、子女除外……"但需要强调的是，该条规定并非免除近亲属的作证义务，法律仅仅是免除其出庭作证、当面对质的义务，据此还不能得出近亲属享有免证特权的结论。所谓证人的免证特权是指具有某些特定身份、职务的证人享有拒绝作证或回答基于其身份、职务所获得信息的权利。目前很多国家已建立了完善的免证权制度。如在英国，根据《1984 年警察与刑事证据法》第 80（A）条的规定："在任何诉讼中若被告人的妻子或丈夫未能在诉讼中作证，公诉方对此不得作任何评论"，这也被视为"不可强迫被告人配偶作证时的一条规则"。[1]美国也在《联邦证据规则》中明确规定了具有特定身份的证人享有免证权，如委托人的律师、精神病人的治疗医生、配偶、神

---

〔1〕 参见何家弘、张卫平主编：《外国证据法选译》（下卷），人民法院出版社 2000 年版，第 91 页。

职人员、国家机密和其他官方信息的知情者等。德国《刑事诉讼法》明确规定，下列几种证人享有免证权：订婚人、配偶、直系或旁系二等血亲或姻亲的亲属；神职人员、辩护人、律师、医生、财会师、税务顾问、咨询机构成员等依赖其职权或被信赖而获得的事实或其他信息；法官、公务人员因职务所获得的职务保密事项；证人可以对可能证明自己犯罪或违反秩序行为的事实拒绝作证。日本《刑事诉讼法》中也有类似的规定。

从我国《刑事诉讼法》的上述规定看，被告人的配偶、父母及子女仅是享有不被强制出庭作证的权利，但这并不是完整意义上的证人免证权的体现。因为此项规定只赋予了配偶、父母及子女不被强制出庭作证的权利，并不免除这些人只要知道案件情况仍然需要作证的义务，其仍需要接受侦查机关的询问。由于受到伦理、亲情的束缚，他们所作的证言往往可信度较低，甚至还会出现虚假证言的情况，因此这些证词一旦出现在法庭之上，很可能会使法官认定案件事实产生误区，反而影响案件的公正审理。故此笔者建议，其一，我国刑事诉讼法应当借鉴国外的立法例，赋予证人完整的免证权，规定享有免证特权的人员有权拒绝提供不利于被告人的任何证言；同时可以适当扩大免证权的亲属范围，除被告人的配偶、父母及子女外，还应包括祖父母、外祖父母、孙子女、外孙子女、兄弟姐妹以及维系婚姻关系的其他家庭成员。此外，增加包括律师、医生、公职人员等这些特殊人群的免证权。其二，对免证特权作必要的限制，可以规定危害国家安全的案件、恐怖组织犯罪的案件、毒品犯罪的案件以及重大的贪污贿赂案件中，证人不享有免证的特权。只有这样才能建立起符合现代法治精神的免证权，真正协调好社会利益与司法公正之间的关系。

（4）完善证人、鉴定人的保护制度。《刑事诉讼法》第65条规定："证人因履行作证义务而支出的交通、住宿、就餐等费用，应当给予补助。证人作证的补助列入司法机关业务经费，由同级政府财政予以保障。有工作单位的证人作证，所在单位不得克扣或者变相克扣其工资、奖金及其他福利待遇。"此项规定，从以下两个方面对证人作证的经济补偿问题予以明确：第一，保障了证人作证获得补助的权利。补助证人因履行作证义务而支出的合理费用，列入司法机关业务经费，由政府财政提供保障；第二，保障证人因出庭作证而误工的，所在单位不得克扣或者变相克扣其工资、奖金及其他福利待遇。可以说，证人出庭作证经济补偿制度的确立，在很大程度上有利于提高证人出庭作证的积极性、主动性。相较于经济补偿，证人更关心人身和财产的安全问题。实践中，证人及其近亲属因人身安全得不到保障而不愿甚至不敢出庭作证，一直是困扰证人出庭的一大因素，甚至可以上升为主要因素。因此，只有消解证人心理上对作证的恐惧和疑虑，消除其后顾之忧，才能真正改变证人出庭难的现状。为了进一步完善证人、鉴定人出庭作证的保障制度，《刑事诉讼法》（2012年版）第62条对于提供保护的案件范围、保护的对象、具体的保护措施以及提供保护的责任主体等四个方面，一一作了明确的规定。第一，鉴于我国司法资源有限，警力紧张，目前对于证人、鉴定人保护的案件范围，仅限于危害国家安全犯罪、恐怖活动犯罪、黑社会性质的组织犯罪、毒品犯罪等案件。第二，为了彻底消除证人、鉴定人出庭作证的后顾之忧，法律规定证人、鉴定人、被害人因在诉讼中作证，本人或者其近亲属的人身安全面临危险的，都可以向公安司法机关寻求保护。即保护的对象，不仅限于证人、鉴定人本人，还包括他们的近亲属。第三，对于证人的特殊保护措施，立法体现了由事后保护向采取事先保护的转变。规定人民法院、人民检察院和公安机关应当采取以下一项或者多项保护措施：不公开真实姓名、住址和工作单位等个人信息；采取不暴露外貌、真实声音等出庭作证措施；禁止特定的人员接触证人、鉴定人、被害人及其近亲属；对人身和住宅采取专门性保护措施；其他必要的保护措施。第四，明确了提供保护的责任主体。当证人、鉴定人、被害人或者其近亲属的人身安全面临危险的，可以向人民法院、人民检察院、公安机关请求予以保护。人民法院、人民检察院、公安机关依法采取保护措施，有关单位和个人应当配合。

2. 证人证言的印证规则

所谓证据"印证"，是指两个以上的证据在所包含的事实信息方面发生了完全重合或者部分交叉，使得一个证据的真实性得到了其他证据的验证。[1]按照一般的逻辑常识，要使一个证据的真实性得到验证，通常需要使其所包含的事实信息得到其他证据的印证。"印证"与"证明"不同，它是为了表明证据与证据之间的验证关系。从司法实践的经验看，证据相互印证确实是有效验证证据信息真实性的重要方法。

证人证言作为一种言词证据，通常会受到文化水平、记忆程度、表达能

---

〔1〕 参见陈瑞华："论证据相互印证规则"，载《法商研究》2012年第1期。

力、情感心理、询问环境、询问方法以及作证情景等多种主客观因素的影响和限制，其证言呈现出较大的不稳定性，虚假陈述、前后矛盾的情况时有发生。在司法实践中，对于那些前后自相矛盾或者存在虚假陈述可能的言词证据，假如没有其他证据予以印证，其真实性就将陷入真伪难辨的状态，法官也无法对此证据作出明确的判断。鉴于此，法律就需要为这类言词证据确立印证规则，以便对该类证据的证明力作出明确的法律限制。证人证言发生前后矛盾的情况主要有两种：一是证人当庭证言与证人庭前所作的证言笔录发生了矛盾；二是未出庭作证的证人提供了相互矛盾的书面证言。无论哪种情况，法官都应当查明该证人证言的真实性和可靠性，假如没有其他证据的佐证，这类证人证言的证明力将处于存疑状态。

《刑诉法解释》第91条规定，证人当庭作出的证言与其庭前证言矛盾，证人能够作出合理解释，并有相关证据印证的，应当采信其庭审证言；不能作出合理解释，而其庭前证言有相关证据印证的，可以采信其庭前证言。也就是说，当证人当庭证言与庭前书面证言发生矛盾的，法庭应当优先采纳当庭证言。但有两个前提条件：一是证人"当庭能够作出合理解释"，二是当庭证言要"有相关证据印证"。假如无法同时满足这两个条件，法庭仍然可以对当庭证言弃之不用，而转向采信庭前的书面证言。比较而言，庭前书面证言只要有其他证据相互印证，即满足了对证言真实性的验证要求，而不需要承担"作出合理解释"的证明责任。对于未出庭作证的证人提供了相互矛盾的书面证言，如果法庭对其证言的真实性无法确认，不能排除矛盾且无证据相印证的，不能作为定案的根据。这体现了立法者限制庭外证言的指导思想，也可以称为一定程度的当庭证言优先原则。

从逻辑上和经验上判断，在同一问题的证明上如果出现了相互矛盾的两份书面证言，不可能都是真实的，其中至少一份肯定是虚假的陈述。假如无法确定其中一份的虚假性，那么，也就无法推断另一份的真实性。但是这种推断也存在主观因素，或者存在伪命题的可能。也就是说，也许两份相互矛盾的书面证言都是虚假的。在这种情形下，就需要通过其他证据予以印证才能得出是否真实的结论。因此，笔者认为对于这类自相矛盾、真伪难辨的书面证言原则上应当否定其证明力。但作为一种例外，对于那些没有出庭作证的证人所作的两份书面证言出现矛盾的，法庭采纳其中一份证言作为定案根据的条件只有两个：一是证言的矛盾得到了排除，二是该书面证言得到了其他证据的印证。换言之，两份自相矛盾的书面证言，假如无法排除矛盾，并且也没有其他证据对其加以印证，法庭一律不得确认它们的证明力。[1]同理，对于生理上、精神上有缺陷的人所提供的言词证据，以及与被告人有亲属关系的证人所提供的证言，自然也需要有其他证据加以印证。只有得到印证的言词证据，法官才能予以采信。

作为一项旨在限制证据证明力的规则，在我国刑事司法实践中，证据印证规则的存在有其现实基础，俨然已经成为一项重要的司法传统，尽管这一规则在我国现行刑事诉讼法中仍存在诸多问题和风险，但只要支撑它发挥作用的制度因素不发生显著变化，它就不仅有助于避免法官仅凭"孤证"定案，而且在一定意义上有助于贯彻无罪推定原则。

（二）瑕疵证据的补正规则

1. 瑕疵证据与非法证据

"瑕疵证据"一词虽然早有人提及，但首次在法律条文中出现是"两个《证据规定》"，由此在我国证据法学理论界和实务界就出现了"合法证据"、"瑕疵证据"和"非法证据"的三种证据类型。但仍有不少学术观点主张将侦查人员获得的所有证据分为"合法证据"与"非法证据"，而不承认"瑕疵证据"的存在。

"瑕疵"意指微小的缺点，"瑕疵证据"就是指存在微小缺点的证据。可见，瑕疵证据的本质特征在于其违法情节的轻微性。正是因为这种违法情节的轻微性，使得瑕疵证据具有法政策上的可容忍性，即只要能够通过"修补"（补正）或"稀释"（合理解释），消弭其违法性瑕疵，即可挽救该证据，使其具备证据能力。[2]因此，"瑕疵证据"与"非法证据"的界限就在于违法情节是否轻微，是否可以通过"补正或者作出合理解释"而具有证据能力。以严重违反法律规定的方式取得，并且可能影响公正审判，且无法进行补正或者作出合理解释的证据，为不能作为定案根据的"非法证据"；而只是在收集程序、方式上存在某种瑕疵，但通过补正或者作出合理解释，可以作为定案根据的证据为"瑕疵证据"。具体而言，区分瑕疵证据与非法证据，可以把

---

〔1〕 参见陈瑞华："论证据相互印证规则"，载《法商研究》2012 年第 1 期。

〔2〕 参见万毅："论瑕疵证据——以'两个《证据规定》'为分析对象"，载《法商研究》2011年第 5 期。

据以下标准：

（1）取证手段是否侵犯了重大的权益。广义上讲，瑕疵证据与非法证据都属于不合法证据，但二者在违法程度上却是有区别的。通常情况下，非法证据大都是通过侵犯被告人的宪法权利而取得，而瑕疵证据的形成往往是存在证据收集程序上不合法、不规范的一些技术性违法情况，尚未达到侵犯被告人宪法权利的程度。比如，通过刑讯逼供所收集的证据毫无异议构成非法证据，因为刑讯逼供是一种严重践踏被告人人格尊严、身体、精神等基本人权的不人道行为；另外，通过"暴力或以暴力相威胁""引诱""欺骗"等方法收集到的证据，也因为不同程度地剥夺了陈述者的自由意志或者其应有的知情权等基本权利而归入非法证据。相反，有些证据的收集则仅仅是存在讯问或询问笔录记录上的失误，比如遗漏时间、地点、讯（询）问人等，充其量只是一种程序上的不规范现象，不存在明显的侵权行为，更没有侵犯到公民的人身、财产、精神等最基本人权，这些证据就不宜统统纳入非法证据的行列。可见，与非法证据比较而言，瑕疵证据的违法程度显然轻微得多，至多存在技术上的违规问题。

（2）对其采用是否"可能严重影响司法公正的"。虽然我国刑事诉讼法律中并没有"瑕疵证据"的概念，但根据《刑事诉讼法》第56条关于非法实物证据排除的表述，是否"可能严重影响司法公正的"可以视为非法实物证据与瑕疵实物证据的区分界限。由此得出，未严重影响司法公正，仅存在程序上瑕疵的证据，为瑕疵证据。而是否会"严重影响司法公正"，就是要考虑采纳这种不合法证据是否会带来司法审判的消极后果。这种消极后果通常有两个方面的衡量标准：一是是否给司法程序本身造成了本质上的不公平，从而影响到程序公平、正义的实现；二是是否可能造成证据本身的不真实、不可靠，从而影响到实体裁判的公正结果。

（3）违法取证行为是否影响证据的真实性。在实践中，排除通过刑讯逼供而获得的非法言词证据，法官通常是考虑到刑讯逼供对该类证据真实性的影响，存在被告人虚假供述的可能。相反，对于书证、物证等实物证据而言，大多数法官则认为即便存在违法收集证据的情形，通常不会影响到实物证据的真实性。这种认识存在一定的误区。其一，侦查人员的违法取证行为可以分为对实质性程序规范的违反和对非实质性程序规范的违反。所谓实质性程序规范，主要是指体现了重要的司法制度、诉讼理念以及对刑事诉讼程序的运行和进展具有指导意义和规范作用的原则性要求。如根据法律规定询问证人应当分别进行；如果没有个别进行的，所得证人证言就不能作为定案的根据。再如，法律规定讯问聋、哑人，应当由通晓聋、哑手势的人参加；如果讯问聋、哑人，应当提供通晓聋、哑手势的人员而未提供的，所获得的被告人供述也不得作为定案的根据。而所谓非实质性程序规范，主要是针对侦查行为的时间、地点、签名、见证等方面的一些技术性要求，带有形式的、法律手续的性质。即便侦查人员违反了这些技术层面的形式要求，一般不会侵害到当事人的重要诉讼权利，也不会违背重大的法律原则。

其二，既然侦查人员的违法行为有上述两种类型，那么无论是言词证据还是实物证据，都可能存在违反实质性程序规范和违反非实质性程序规范的非法取证行为。因此，对于言词证据和实物证据而言，都存在瑕疵证据与非法证据之分，对于非法证据的排除，却并不是基于其真实性的考虑，而是对违反法律禁止性、原则性规定的一种惩罚或者一种补救措施。比如，根据《刑诉法解释》第86条第1款的规定，扣押的物证、书证，未附笔录或者清单，不能证明物证、书证来源的，不得作为定案的根据。此款所指的"物证、书证"就属于"非法证据"。该条第2款、第3款还规定，物证、书证的收集程序、方式有下列瑕疵，经补正或者作出合理解释的，可以采用：勘验、检查、搜查、提取笔录或者扣押清单上没有侦查人员、物品持有人、见证人签名，或者对物品的名称、特征、数量、质量等注明不详的；物证的照片、录像、复制品，书证的副本、复制件未注明与原件核对无异，无复制时间，或者无被收集、调取人签名、盖章的；物证的照片、录像、复制品，书证的副本、复制件没有制作人关于制作过程和原物、原件存放地点的说明，或者说明中无签名的。对物证、书证的来源、收集程序有疑问，不能作出合理解释的，该物证、书证不得作为定案的根据。可见，第2款、第3款所规定的"物证、书证"就属于"瑕疵证据"。

2. 瑕疵证据的采证规则

《刑事诉讼法》第56条规定，采用刑讯逼供等非法方法收集的犯罪嫌疑人、被告人供述和采用暴力、威胁等非法方法收集的证人证言、被害人陈述，应当予以排除。收集物证、书证不符合法定程序，可能严重影响司法公正的，应当予以补正或者作出合理解释；不能补正或者作出合理解释的，对该证据应当予以排除。可见，从刑事诉讼法的角度，我国法律分别设置了两种不同的非法证据排除规则：一是对于采用刑讯逼供等非法方法收集的犯罪嫌疑人、被告人供述和采用暴力、威胁等非法方法收集的证人证言、被害人陈述等非法言词证据，实行强制性的排除规则；二是对不符合法定程序收集的物证、书证，可能严重影响司法公正的，采用裁量排除规则。但从"两个证据规定"与《刑诉法解释》的规定看，似乎是确立了三种排除规则，即强制性的排除规则、裁量排除规则与可补正的排除规则。对于强制性的排除规则，尽管立法上与实践中也存在不少模糊不清的地方，但是它与可补正的排除规则还是存在着清楚的界限，一旦构成非法证据，不允许有任何的解释与补正的余地，一律予以排除，不得作为证据呈现在法庭之上。但是，对于裁量排除与可补正的排除，司法解释却没有做出彻底的分离，从而导致学界与实务部门在认识上的极大分歧。有学者认为，这两种排除规则是各自独立的，因为司法解释对两种排除规则设定了相互独立的适用对象：前者适用于"非法物证、书证"，后者适用于"瑕疵证据"。前者给予法官一定的自由裁量权，法官在作出是否排除非法证据方面，需要考虑诸如非法取证的严重性以及对司法公正的影响等因素；而后者在适用过程中无须进行这方面的利益权衡与价值考量，只要不能补正或者作出合理解释的，则必须予以排除。但也有学者提出不同意见，认为：从刑事诉讼法的规定看只有"强制性排除"和"自由裁量排除"两种权威的分类，将"可补正的排除"视为独立于前两种之外的第三种排除规则，缺乏足够的法律依据和理论支撑；另外，《刑事诉讼法》确立非法物证、书证"自由裁量排除"规则的同时，也作出了"应当予以补正或者作出合理解释"的规定；更何况，实践中法官对"瑕疵证据"进行审查判断的过程中，也会进行相关因素的考量，其中就包括对瑕疵证据予以"补正或者作出合理解释"的理解和判断。因此，所谓"可补正的排除"其实就是"自由裁量排除"的一种特殊形式。[1]

要厘清裁量排除与可补正排除规则的区别，首先要弄清它们各自的适用对象。从《刑事诉讼法》的规定看，裁量排除规则所适用的对象是物证、书证等非法实物证据；而可补正排除规则的适用对象则有可能包括所有的法定证据形式。或者从证据种类的角度说，所有法定种类的证据都有可能是瑕疵证据，但不一定是非法实物证据。其次，在处理方式上，对于裁量排除规则

---

〔1〕　参见陈瑞华：《刑事证据法的理论问题》，法律出版社 2015 年版，第 158~159 页。

而言，如果一项证据被怀疑是非法证据，那么要想避免该项证据被排除的命运，就需证明侦查人员在收集证据时没有采用法律未授权的强制性取证行为或者他已获法律授权，并且这种证明应当达到一定的证明程度。也就是说，即便是"自由裁量排除"，可一旦经法官确认属于非法证据，此时法官要么作出排除的决定，要么作出不排除的决定，几乎没有第三种选择。但是，对于瑕疵证据所适用的"可补正排除"规则而言，只要对其形式上的瑕疵进行必要的程序补正，就可以不予排除。正因为二者所具有的上述实质性差异，所以应将其视为两种相互独立的排除规则。

3. 可补正排除规则的实务应用

如何通过一定的方式消除"瑕疵证据"的违法状态以恢复其证据能力，是确立这类证据采证规则的关键。"两个证据规定"与《刑诉法解释》均承认了可以通过"补正"或"作出合理解释"的方式对"瑕疵证据"予以"挽救"。也就是说，"瑕疵证据"的证据资格存在向两个方向转化的可能性，不管是实物证据还是言词证据，均可以通过补正或者作出合理解释的方式予以挽救，进而取得证据资格；但是如果不能补正或者作出合理解释，则无证据资格，无法进入法官定案的视野，这即为"可补正的排除规则"。

在司法实践中，瑕疵证据的补正方法主要有：（1）当事人同意。瑕疵证据的产生，往往伴随着在取证过程中一定程度上对当事人权利的侵害。但如果当事人对自身权利的受损状态并不介意，反而通过事后追认等方式认可了该证据的有效性，则该瑕疵证据即可据此而"再生"，即侦查机关的违法取证行为因当事人的同意而取得了合法性。（2）通过补强证据予以补正。证据因缺失形式要件而产生瑕疵的，侦查机关可另行提供相关证据对其予以补强，从而对其予以补正。例如，在备受社会关注的广东佛山"枪下留人"案中，虽然检方出示的痕迹鉴定结论、DNA 鉴定结论证明，现场提取的血袜足迹、血迹确实为甘锦华所留，但由于警方笔录中没有详细说明现场提取沾有可疑血迹的纸张，于是辩方提出，检方出示的用于 DNA 鉴定的检材来源不明，鉴定报告中的 5 号、6 号检材无提取笔录、现场勘验笔录及现场照片中也均无记录，因此这些证据遂成"瑕疵证据"。对此，公安机关和中山大学法医鉴定中心的鉴定人员出庭予以证实。公安机关提交的 DNA 鉴定流程记录显示，2004 年 10 月 18 日鉴定机关就收到了现场勘查人员提交的鉴材，并在甘锦华被抓获前已做了 DNA 图谱。中山大学法医鉴定中心的鉴定人员出庭作证证实，

2006 年 5 月 19 日，中山大学法医鉴定中心之所以在纸张中没有检测出有效 DNA 成分，是因为提取时间太长和用于做检材的血量过少，这与公安机关的 DNA 鉴定结论不矛盾，不能否定公安机关的鉴定结论。[1] 当然，对于"瑕疵证据"予以补强，也要注意其内在的限度，即并非所有的瑕疵证据皆可通过证据补正的方式予以"挽救"，有些证据一旦错过恰当的取证时机就再也没有补正的机会了。比如，在某起故意伤害案中，公诉机关指控 5 名被告人故意伤害致人死亡的关键证据是县公安机关做出的《法医学鉴定书》，即被害人的尸检报告。但该尸检报告显示公安机关并未对被害人的尸体进行解剖，仅仅是对尸表进行观察而得出检验结论。按照刑事诉讼法的规定和实践中的办案要求，对死因不明的尸体应当进行解剖；如果应对颅腔、胸腔、腹腔、盆腔及颈部进行检查或发现特殊情况应当全面剖检而没有进行的，尸检报告应说明理由；所有条件具备的尸检均应客观推断死亡原因和时间。显然这份关键证据存在程序上的瑕疵。虽然随后上级公安机关、法医学鉴定中心作了《文证审查意见书》予以弥补，但该《文证审查意见书》是依据县公安机关的鉴定书和死者的相关照片作出的，难以准确判断其客观性和科学性。因此，法院最终对《法医学鉴定书》和《文证审查意见书》均未予采信，而以证据不足、指控的犯罪不能成立宣告 5 名被告人无罪。[2]（3）对瑕疵证据进行合理解释。所谓"合理解释"是指通过对证据产生瑕疵的原因进行分析、阐释，以排除其为非法取得或不真实证据的可能性。至于何种解释为"合理"以及达到何种程度的解释才能被接受，最主要是以符合经验和合乎常情、常理为准则。

4. 对瑕疵证据补正规则的几点反思

应该说，我国证据立法提出"瑕疵证据"的概念，确立可补正的排除规则，契合了世界证据立法和实务发展的潮流，也是消弭非法证据排除规则消极影响的一项新探索。对此，学界大都给予了积极的评价。因为创设非法证据排除规则的初衷，主要是为了抑制警察以侵犯公民宪法性基本权利的方式来取证的严重违法取证行为，而不是针对一般的程序性违法取证行为。也就

---

[1]　参见詹高尔等："检察官细说佛山枪下留人案"，载《检察日报》2008 年 4 月 27 日。

[2]　参见万毅："论瑕疵证据——以'两个《证据规定》'为分析对象"，载《法商研究》2011 年第 5 期。

是说，取证过程中的程序瑕疵或违法事由与证据排除之间并不能简单地画等号，取证过程中存在违法事由并不必然导致所获证据被排除。[1]将"瑕疵证据"与"非法证据"作一区分，并给予办案人员进行程序补救的机会，这使得侦查人员的违法取证行为受到了区别对待。相对于那种强调对"非法证据"一律排除的严厉制裁方式而言，这种针对"程序瑕疵"所作的可补正排除的规定，显得温和而又留有余地，使得公诉方的证据即使在取证方式不规范的情况下也有可能被采纳为定案的根据。[2]

遗憾的是，如果司法解释在对"自由裁量排除"规则上不再附加程序补正规则，则"自由裁量排除"与"可补正的排除"这两项排除规则就不会发生适用上的交叉，也不会引发任何争议。这种不该发生的立法失误，结果导致了明明只对"瑕疵证据"适用的可补正排除规则，却对非法实物证据也发挥了作用；明明在违法程度上更为严重的非法实物证据，却在进行排除的时候比"瑕疵证据"还要难。在对"瑕疵证据"和"可补正的排除规则"给予肯定的同时，不能不令人产生这样的顾虑：一旦这种可补正排除的适用范围被无限扩大，很可能会架空非法证据排除规则，使其实施变得愈发困难。因此，法律有必要对"瑕疵证据"与"可补正的排除规则"予以相应的完善：

首先，严格区分"瑕疵证据"与"非法证据"，限定"可补正排除规则"的适用范围。无论在立法上还是在实务中，取证手段严重违法、可能严重影响司法公正的"非法证据"绝不能等同于只在技术规范或程序要件上存在轻微违法情节的"瑕疵证据"，而"可补正的排除"的适用范围也只局限于瑕疵证据，绝不可随意扩大。对于侦查机关所获得的不合法证据，假如符合"瑕疵证据"，法院可以对其适用可补正的排除规则；但一旦构成非法证据，则要严格适用非法证据排除规则予以相应的处理。

其次，明确瑕疵证据的补正方式与补救程度。从相关的司法解释看，仅仅规定"责令办案人员进行补正"是远远不够的。根据司法实践的惯例，这种"补正"要么是公安机关提供一份简要的"情况说明"就可以顺利过关；要么是侦查人员解释是工作疏忽或有特殊情况敷衍了事。对此，立法机关有

---

[1] 参见万毅："论瑕疵证据——以'两个《证据规定》'为分析对象"，载《法商研究》2011年第5期。

[2] 参见陈瑞华："论瑕疵证据补正规则"，载《法学家》2012年第2期。

必要针对补正的具体方式以及补正需要达到的标准或程度作出明确的规定，以利于司法机关统一标准，从严把握。同时，还应积极推动侦查人员出庭作证制度的建立。笔者认为，不宜再沿袭目前的实践惯例，允许侦查人员出具"情况说明"以替代出庭作证的做法，而应当建立侦查人员的出庭作证制度，对于案件侦查过程中的一些程序瑕疵问题需要补充说明的，承办案件的侦查人员必须出庭作证，以接受辩护方的质询。

最后，明确"补正不能"的后果。从目前的法律规定看，"两个证据规定"与《刑诉法解释》均没有对瑕疵证据"补正不能"的后果加以规定，以至于在司法实践中，"可补正排除规则"被演变为"经过补正不予排除的规则"，甚至出现办案人员不惜制造假证以进行所谓的瑕疵补正。[1]这充分说明缺乏"补正不能"后果的排除规则无法起到对违法取证行为的震慑效果。鉴于此，法律应当明确"补正不能"的规则，赋予法院对于那些不能予以"补正"或者"作出合理解释"的瑕疵证据保留排除的权力。

（三）口供的可采性规则

首先需要说明的是，从中国语境上，本书对口供与自白不作刻意区分，但本书采狭义上口供的含义。

1. 我国刑事司法口供依赖与口供治理现状

虽然因过分依赖口供而导致刑讯逼供等司法乱象在世界范围内普遍存在，但其在我国却表现出与众不同的复杂性、普遍性和多发性，"罪从供定，无供不录案"就成为我国传统刑事司法的生动写照，而非对抗的刑事诉讼构造也造就了口供至上的司法传统。新中国成立以来，口供的法律地位虽然发生了一些理性转变，但实践中，一些公安、司法机关仍有着浓厚的"口供情结"，侦查、审查起诉和审判工作多围绕口供而展开，并将口供作为办理刑事案件的主要依据，形成了新"口供中心主义"的诉讼方式。其突出特征表现在：第一，变相刑讯与高认罪率。随着刑事诉讼程序文明程度的不断提高、国家

----

〔1〕　如在安徽阜阳"王胜雨贩毒"案中，被告人王胜雨于 2005 年 2 月 9 日被抓获，当即被决定刑事拘留。根据《刑事诉讼法》第 85 条的规定，公安机关拘留人的时候，必须出示拘留证。拘留后，应当立即将被拘留人送看守所羁押，至迟不得超过 24 小时。但是，该案中公安机关却将被告人非法羁押在缉毒大队办公室长达 5 天之久，直至 2 月 13 日才予以收押。被告人的辩护律师就此指出，该案证据存在重大瑕疵。在明知违法的情况下，公安机关竟将被告人违法羁押期间多份讯问笔录的讯问地点全部篡改为在看守所进行。

对刑讯逼供行为的打击程度的增强以及社会对执法机关违法现象的日益关注，以暴力直接侵害犯罪嫌疑人身体的刑讯呈下降趋势，但是变相刑讯的方式却不断花样翻新。比如，有的侦查人员把拘留作为压迫嫌疑人进而获取口供的手段。在一些案件中，拘留以前犯罪嫌疑人一句话不说，拘留之后马上招供；有些侦查机关在选择拘留的看守所时，为了方便讯问，故意选择那些条件比较恶劣、狱风不太好的地方，在看守所嫌疑人除了要参加高强度的劳动、不能休息外，还可能受到来自其他犯罪嫌疑人或犯人的折磨。实践中，"有人将公安侦查预审称为'一审'，将看守所内牢头狱霸的'审讯'称为'二审'，如果在羁押期间换'号子'，将新'号主'（牢头狱霸）的'审讯'称为'再审'"。[1]在这样的环境下，多数犯罪嫌疑人都会选择招供以求"免灾"，高认罪率就不足为奇了。第二，口供使用频率高和无供不诉。在审查起诉阶段，检察官通常把口供作为决定起诉与否的主要依据，实践中很少存在有犯罪嫌疑人口供但却作出不起诉决定的案件，虽然这种现象并不意味着有供必诉，但没有口供的案件一般不会、不愿、不敢作出起诉决定。可见在审查起诉工作中，检察院也存在过分依赖口供的现象，这从侧面表明我们对"零口供"案件不能寄予太大的期望。第三，以口供为中心的法庭调查。根据我国《刑事诉讼法》的规定，刑事审判程序的法庭调查阶段，在被告人、被害人就起诉书指控的犯罪事实分别陈述之后，就开始围绕着起诉书所指控的犯罪事实讯问被告人。一般情况下在讯问之前，公诉人或法官会警告被告人"应当如实回答"，而多数被告人都会选择"如实回答"以免"认罪态度不好"而被从重处罚。一旦被告人在法庭上认罪，之后的质证活动就主要是针对印证被告人的有罪供述而展开。如果被告人当庭翻供，通常的处理方式是，公诉人会通过宣读庭前供述的方式予以反驳，并针对庭前供述笔录中的相关内容对被告人进行讯问，要求被告人对庭前供述与庭上供述之间的矛盾作出解释。在口供印证规则之下，如果庭前供述有其他证据予以印证，法官总会自觉或不自觉地将庭前供述置于优先考虑和采信的地位，而被告人翻供的真正理由却很难被法官所采纳。法官重视被告人供述，轻视辩解或其他辩护证据的审理方式极易导致有罪推定，而有罪推定的办案方式反过来又进一步强化了"口

---

〔1〕 参见罗筱琦、陈界融：《证据方法及证据能力研究》（上册），人民法院出版社 2006 年版，第 40 页，转引自闫召华："口供中心主义评析"，载《证据科学》2013 年第 4 期。

供中心主义"的滥用，故此"据供定罪"又成为我国现行刑事判决的一种现象。

我国改革开放的不断深入，经济体制的转型、法治进程的推进都对刑事司法提出了新的更高要求，1996 年我国《刑事诉讼法》迎来了第一次大幅修改，但针对口供的立法问题分歧较大，最终 1996 年的第一次修法对口供制度未做任何改动。为了弥补立法上的不足，整治口供运用的司法乱象，此后最高人民法院、最高人民检察院、公安部、国家安全部、司法部（以下简称"两高三部"）等部门不断以法律解释的形式对口供规则进行细化和补充。在这一阶段出台的法律文件具体有：最高人民法院、最高人民检察院、公安部、国家安全部、司法部、全国人大常委会法制工作委员会 1998 年 1 月 19 日联合公布《关于刑事诉讼法实施中若干问题的规定》（已废止）；1998 年 5 月 14日公安部公布《公安机关办理刑事案件程序规定》（已废止）；最高人民法院1998 年 9 月 2 日公布《关于执行〈中华人民共和国刑事诉讼法〉若干问题的解释》（已废止）；最高人民检察院 1999 年公布《人民检察院刑事诉讼规则》（已废止）；1999 年 9 月 10 日最高人民检察院公布《关于 CPS 多道心理测试鉴定结论能否作为诉讼证据使用问题的批复》；最高人民检察院 2001 年 1 月 2日公布《关于严禁将刑讯逼供获取的犯罪嫌疑人供述作为定案依据的通知》（已废止）；最高人民法院、最高人民检察院、司法部 2003 年 3 月 14 日公布《关于适用普通程序审理"被告人认罪案件"的若干意见（试行）》（已废止）以及《关于适用简易程序审理公诉案件的若干意见》（已废止）；最高人民检察院 2006 年 12 月 28 日通过《最高人民检察院关于在检察工作中贯彻宽严相济刑事司法政策的若干意见》；"两高三部" 2010 年公布《关于办理刑事案件排除非法证据若干问题的规定》及《关于办理死刑案件审查判断证据若干问题的规定》等。不过从司法实践的运作情况来看，立法部门试图通过确立非法口供排除规则消解口供依赖的要求并没有得到下级法院和检察院的积极回应，非法供述在一定程度上依然畅行无阻，尤其是赵作海、佘祥林、杜培武等冤假错案引起了社会的广泛关注，我国《刑事诉讼法》面临第二次修改的迫切性和必要性。

以口供治理为核心的非法证据排除规则成为 2012 年《刑事诉讼法》修正的重要内容之一，立法者扬弃了以往单一化的口供治理措施，转向从理念更新到具体制度完善再到整体推进的体系化治理思路。首先，《刑事诉讼法》

（2012年版）第50条增加了"不得强迫任何人证实自己有罪"的条款。"不得强迫任何人证实自己有罪"是一项被国际社会普遍认可的基本原则，在若干国际人权公约中均有明确规定，如联合国《公民权利与政治权利公约》第14条第3款（庚）项明确规定，不被强迫作不利于他自己的证言或强迫承认犯罪，这是被追诉者在被追诉的过程中最低的权利保障。欧洲人权法院更将其誉为普遍承认的国际标准，属于公平审判（Fair Trail）的核心内涵。这就要求办案机关必须改变以往单纯依赖口供的惯性，通过更为细致的侦查和利用现代技侦手段，获取更多的实物证据。其次，再次重申"对一切案件的判处都要重证据，重调查研究，不轻信口供。只有被告人供述，没有其他证据的，不能认定被告人有罪和处以刑罚；没有被告人供述，证据确实、充分的，可以认定被告人有罪和处以刑罚"的供证原则。最后，将口供治理的重点指向了以暴力方式获取的言词证据。根据《刑事诉讼法》（2012年版）第54条的规定，采用刑讯逼供等非法方法收集的犯罪嫌疑人、被告人供述和采用暴力、威胁等非法方法收集的证人证言、被害人陈述，应当予以排除。收集物证、书证不符合法定程序，可能严重影响司法公正的，应当予以补正或者作出合理解释；不能补正或者作出合理解释的，对该证据应当予以排除。对于非法取得的被告人口供，立法采取了绝对排除的立场。针对上述立法规定的具体实施，"两高"随后的司法解释作出了进一步的解释。其中最高人民法院于2012年12月20日公布的《关于适用〈中华人民共和国刑事诉讼法〉的解释》则以专节的方式规定了第一审程序中排除非法证据的程序。我国《刑事诉讼法》通过两次修改，在立法层面对遏制刑讯逼供和整治口供依赖现象发挥了积极作用，但由于法律规定较为原则，各执法部门对相关规定的理解和认识有较大分歧，在司法实践中出现了"新三难"问题，即"非法证据启动难、认定难、排除难"，影响了法律实施效果。在党的十八届四中全会提出全面推进依法治国的宏观背景下，以"加强对刑讯逼供和非法取证的源头预防"为着力点的口供治理也成为新一轮司法改革的重要议题，2017年6月20日"两高三部"联合发布《关于办理刑事案件严格排除非法证据若干问题的规定》，希望该规定的出台和实施有助于我国执法机关转变办案方式，促进刑事裁判的转型，进而助推我国口供治理效果的提升。

2. 当前我国口供治理的现实困境

第一，在功利主义的逻辑下，非法供述的社会容忍度极高。功利主义作为一种系统的伦理思想和道德哲学，长久以来不仅成为市民社会评判是非的标准，而且对法学、经济学、政治学等领域也产生了深刻的影响。按照功利主义理论，为了"公共利益"，为了"大多数人的最大幸福"的实现，可以牺牲个体的自由、正义和德性。如前所述，"口供中心主义"导致刑讯逼供的丑恶与冤假错案的悲剧并没有让执法机关放弃口供依赖的办案路径，原因何在呢？笔者认为，其直接原因就在于口供能帮助公安、司法人员实现迅速破案、定罪量刑的目的，而为了破获罪案、缉拿凶手，公安、司法人员不择手段去获取口供，这绝不是为了私利，而是为了还"社会安宁"，实现"人民幸福"和"公共利益"的崇高目标。在这个崇高目标面前，任何人对执法人员的违法取证行为都没有劝阻的借口和理由，即便这种行为不具有合法性。这正是功利主义的逻辑对我国刑事司法活动的影响所在。在功利主义的思维逻辑下，一方面养成了法官"重实体轻程序""重打击轻保护""重配合轻制约"的司法观念，受这种观念的支配，一些法官对非法取供抱有很大的容忍度，且惯于将真实性、可靠性作为衡量是否排除非法供述的根本标准，在他们看来"打出来的不一定都是假的"；另一方面人们习惯于在评价刑讯时计较社会功利，习惯于认为相对于个人的尊严和自由，公共利益应该得到优先的满足，在面对时不时发生的对人的尊严的侵犯时，还习惯于接受这样的信念："容忍小恶，才能止于至善"。虽说随着社会的进步、人们权利意识的提高，近些年民众的容忍度在下降，但客观上讲，绝大多数民众更关心的仍然是案件的侦破与社会的安定，即便对刑讯逼供口伐笔诛，但也绝非抽象意义上无法容忍。当因刑讯逼供导致的冤错案件被披露时，民众对此的表现与其说是质疑和批判，不如说是对弱者的同情和对施暴者的痛恨；当刑讯逼供的对象是贪官或者暴力犯罪嫌疑人时，民众则展示出对刑讯逼供高度的容忍。这种因对象差异而产生的对极性评价说明民众对刑讯逼供还远未达到一种自觉的认知。[1]

第二，消极的口供治理模式效果不彰。客观上讲，口供依赖并非我国独有，诸如美国等西方发达国家在司法实践中因口供依赖而导致的非法取证、

---

〔1〕 参见李训虎："口供治理与中国刑事司法裁判"，载《中国社会科学》2015年第1期。

刑讯逼供现象比比皆是，但这些国家对口供治理的出发点在于以"禁止强迫自证其罪"为核心而构建的权利保障体系，通过权利保障维护被告人供述的自愿性，以此为基点衍生出一系列权利与规则，包括沉默权、律师帮助权、律师在场权以及自白任意性规则，并辅之以完善的救济机制和严格的惩罚措施，形成了有效的权利保障型的口供治理模式。[1]而以口供治理为核心的我国非法证据排除规则立法初衷的设定则在于预防冤假错案的发生，更多体现了保障无辜者不受错误追究的思想。那么它的主要目的在于保障无辜者不被错误追究，人权保障只是其副产品，尽管其客观效果亦有助于保障被告人、犯罪嫌疑人的权利，但他们也只是偶尔分享了非法证据排除规则这一机制所提供的保护而已。这种以结果为导向的口供治理模式很大程度上呈现出消极被动和就事论事的特征，属于消极应对机制。因此，只要没有冤假错案的发生，执法机关不当甚至违法获取口供的手段就会被容忍或回避，大家也都睁一只眼闭一只眼。实践也表明，我国这种消极的口供治理模式成效不彰。

第三，受限于对审讯权力的有效监督，自愿供述原则无法得到充分保障。审讯阶段实行"全程同步录音录像"被视为对付非法讯问的灵丹妙药，自20世纪80年代以来，英、美、澳等国相继建立了审讯时同步录音或录像的制度。在英国，根据《1984年警察与刑事证据法》第60条的规定，从1986年开始，警察对犯罪嫌疑人的讯问必须进行录音。随后制定的《警察工作规程》要求对可诉罪必须同步录音，并详细规定了录制、密封和保管的一系列规程。执行10年之后，审讯录音制度的运行被认为发挥了积极作用，它不仅有利于消除审讯的强制性，解决口供的真实性争议，还"出人意料"地加快了审讯节奏，提高了警察的审讯技能，由此也获得了警察系统的支持。[2]在美国，截至2010年，已有10个州通过立法要求在所有重罪案件的审讯中使用录音录像，另有5个州通过判例或法院规则对审讯时录音录像作了要求。而早在2004年的一项覆盖38个州、238个执法机构的大调查中发现，在使用审讯录音录像的地区，录音录像在限制警察不当审讯行为的同时，还大幅减少了被告

---

〔1〕 关于"权利保障模式"的提法，参见马静华："供述自愿性的权力保障模式"，载《法学研究》2013年第3期；李训虎："口供治理与中国刑事司法裁判"，载《中国社会科学》2015年第1期。

〔2〕 See David Brown, PACE Ten Years On, 155 Home Office Research Study 148（1997）.

人提出的排除供述申请。[1]澳大利亚新南威尔士州于 1991 年率先引入了该系统，实施几年后研究人员发现，录音录像制度有效地规制了警察的讯问行为，虽然可能减少了供述率，但也减少了人们对警察讯问的争议，增进了公众对刑事司法的信任。[2]在我国，刑事侦查资源的有限一直是困扰侦查部门的一大难题，警力不足影响了破案率和办案质量，而在经济欠发达地区经费紧张则直接导致无法更新技术侦查设备，甚至连正常的出警、追捕工作都受到了限制，更不要奢望使用"全程同步录音录像"等"奢侈"手段。但从长远来看，为了保障犯罪嫌疑人、被告人供述的自愿性，建立真正覆盖立案、侦查程序全程的同步录音录像制度，增强对侦讯过程从时空到主体的有效监控，有助于增强犯罪嫌疑人对强迫性审讯的反制能力。

3. 我国口供规则的完善——美国法借鉴

2017 年 6 月 27 日，最高人民法院、最高人民检察院、公安部、国家安全部、司法部联合印发了《关于办理刑事案件严格排除非法证据若干问题的规定》（以下简称新《规定》），对非法证据排除程序从侦查、起诉、辩护、审判等多个环节进行了严格规范，进一步细化了非法证据的范围和认定标准，也积极回应了非法证据排除制度中亟待完善的突出问题，确立了一些新的规则，尤其是口供规则。不少专家学者、新闻媒体纷纷发文给予高度评价，并归纳了新《规定》的八大亮点。笔者注意到，新《规定》第 2 条规定："采取殴打、违法使用戒具等暴力方法或者变相肉刑的恶劣手段，使犯罪嫌疑人、被告人遭受难以忍受的痛苦而违背意愿作出的供述，应当予以排除。"第 3 条规定："采用以暴力或者严重损害本人及其近亲属合法权益等进行威胁的方法，使犯罪嫌疑人、被告人遭受难以忍受的痛苦而违背意愿作出的供述，应当予以排除。"两个条文均将"违背意愿作出的供述"列入非法证据排除规则的适用对象，突出了对供述是"犯罪嫌疑人、被告人真实意愿"的强调。虽然 2012 年"两高"在其司法解释中也有"使用肉刑或者变相肉刑，或者采用其他使被告人在肉体或者精神上遭受剧烈疼痛或者痛苦""而迫使被告人违背

---

〔1〕　See Thomas P. Sullivan, "Police Experiences with Recording Custodial Interrogations", *Northwestern Univ. Sch. of Law*, Special Report, No. 1., 2004, pp. 6–18.

〔2〕　See David Dixon, "A Window into the Interviewing Process, The Audio-visual Recording of Police Interrogation in New South Wales, Australia", *Policing and Society*, Vol. 16, No. 4., 2006, pp. 323–348.

意愿供述"的立法表述,〔1〕但"两高"司法解释的真正意图是对"刑讯逼供"和"非法方法"的界定,而非针对"非自愿供述"。从新《规定》的立法语言上看,我国口供规则正从注重可靠性判断向自愿性审查发生转变。如果自愿性成为我国口供规则的指导性原则,那么可以想象在未来的实施过程中,对供述自愿性的审查判断将成为最棘手的难题。

近年来,我国学者对供述自愿性的理论价值、权力保障、域外借鉴、程序保障以及非自愿供述的分类等方面表现出极大的研究兴趣,也产生了一定的研究成果,〔2〕为我国非法证据排除规则的立法完善提供了理论基础。但对于供述自愿性考量规则的构建,却关注不够。笔者认为,我们有必要借鉴美国司法判例的做法,对非自愿供述的成因进行类型上的区分,厘清复杂的价值观,作出清晰的界定,以指导司法实践,有效规制国家机关的审讯手段,防止冤假错案的发生。

(1)攻击性非自愿供述。这种分析模式的本质是,供认的有效性取决于侦查人员所使用方法本身是否具有固有的冒犯性,而不关注这些方法的使用对嫌疑人所产生的影响。因此,法院应该着重考虑,侦查人员所使用的审讯手段是否构成攻击行为,而不是重点考虑嫌疑人的供认是否可靠。目前各国法律普遍规定,对于使用"暴力或以暴力相威胁"迫使犯罪嫌疑人作出的供述,应当予以排除。因为,侦查人员对犯罪嫌疑人采取侵犯性、攻击性的审讯方法显然已不是一般意义上对道德准则或公平概念的冒犯,而是对对抗式司法体制的强大冲击。但是,暴力行为或攻击性行为的界限在哪里,哪些暴力行为可以导致口供的直接排除,在认识上分歧却很大。当然,一旦采用刑讯逼供的行为,或者"冻""饿""晒""烤""疲劳审讯"等具有攻击性、冒犯

---

〔1〕《刑诉法解释》(2012年版)第95条第1款规定,使用肉刑或者变相肉刑,或者采用其他使被告人在肉体或者精神上遭受剧烈疼痛或者痛苦的方法,迫使被告人违背意愿供述的,应当认定为刑事诉讼法第54条规定的"刑讯逼供等非法方法";《人民检察院刑事诉讼规则(试行)》(2012年版)第65条规定,其他非法方法是指违法程度和对犯罪嫌疑人的强迫程度与刑讯逼供或者暴力、威胁相当而迫使其违背意愿供述的方法。

〔2〕代表性研究成果有:张建伟:"自白任意性规则的法律价值",载《法学研究》2012年第6期;刘英俊:"自白任意性规则的价值分析",载《法学杂志》2009年第7期;马静华:"供述自愿性的权力保障模式",载《法学研究》2013年第3期;孔令勇:"供述自愿性审查判断模式实证研究—兼论非法供述排除难的成因与解决进路",载《环球法律评论》2016年第1期;杨文革:"美国口供规则中的自愿性原则",载《环球法律评论》2013年第4期;郑曦:"自白任意性规则的中国运用",载《证据科学》2013年第5期,等等。

性的取证手段，都将导致口供被直接排除。然而这只是"质"上的立法表述，在实施过程中必然会遇到"量"上的问题。[1]虽然对暴力行为进行分级和清晰的界定是不可能的，但法律除了对"刑讯逼供"及"其他非法方法"作以具体列举外，还可以对相关因素设定一些考量规则，以增强"自愿性"审查判断的可操作性。

第一，持续审讯时间的考量。通常而言，对犯罪嫌疑人的审讯需要一定的时间，但并不意味着可以无限期、不间断地持续下去。许多研究证明，"长时间的羁押审讯伴随的是疲劳、无助和绝望。"[2]犯罪嫌疑人之所以承认犯罪只是为了停止审讯，因为他们已经被侦查人员彻底拖垮了。虽然从人道主义角度考虑，可以保证犯罪嫌疑人必要的饮食、睡眠、洗浴以及其他形式的休息时间，但只有招供才能结束无休止审讯的这种身体不适和精神压力，招供的想法会随着审讯时间的推移渐趋增强。表面上看，犯罪嫌疑人并没有受到非人道的待遇，但此时我们却没有关注长时间的审讯对他们所带来的攻击性。在一项针对125个虚假供述案例的研究中，研究人员发现，80%以上的供述是在超过6小时审讯后作出，50%是超过12个小时后作出，这些讯问的平均时间为16.3小时。[3]美国广泛使用的警察手册显示，4个小时的专业审讯一般足以迫使犯罪嫌疑人招供。[4]据此，笔者认为，持续审问的时间应限于4到6个小时之间。超过6个小时的连续审讯应视为疲劳审讯，所获得的口供为非自愿供述，应当予以排除。遗憾的是，"两高三部"的新《规定》中并没有将审讯持续的时间要素作为识别实践中普遍存在的"疲劳审讯"的程序性规则。

第二，侵犯程度的考量。新《规定》第2条和第3条都规定，采用手段/

---

[1] 参见吴宏耀："非法证据排除的规则与实效——兼论我国非法证据排除规则的完善进路"，载《现代法学》2014年第4期。

[2] See Saul M. Kassin et al., "Police-Induced Confessions: Risk Factors and Recommendations", *Law and Human Behavior*, Vol. 34, No. 1., 2010, pp. 30-31; Richard A. Leo et al., "Bringing Reliability Back In: False Confessions and Legal Safeguards in the Twenty-First Century", *Wisconsin Law Review*, Vol. 2006, No. 2., 2006, pp. 439-539.

[3] See Steven A. Drizin, Richard A. Leo, "The Problem of False Confessions in the Post-DNA World", *North Carolina Law Review*, Vol. 82, 2004, pp. 891-948.

[4] See Fred E. Inbau, etc., *Criminal Interrogation and Confessions*, Jones & Bartlett Learning, 2001, p. 597.

方法"使犯罪嫌疑人、被告人遭受难以忍受的痛苦而违背意愿作出的供述，应当予以排除。"按照此规定，侦查人员采用的"非法方法"，必须是达到令被告人"遭受难以忍受的痛苦"的程度，此供述才得以排除。而事实上，由于个体因素的差异，侦查人员对不同的人员使用相同的审讯方法，很有可能有人能够忍受，有人不能忍受。如此说来，这种"痛苦"程度的要求不是对被告人供述自愿性的考量，而是对被告人"不怕死"勇气的测试。故此，笔者认为，对于侵犯程度的衡量，应该以"是否达到足以抑制犯罪嫌疑人、被告人自由意志的发挥"为限度，来判断该手段是否构成法律所禁止使用的非法方法。

第三，审讯地点或环境的考虑。根据我国刑诉法有关规定，对于拘留、逮捕后的犯罪嫌疑人，应当立即送往看守所羁押；对于羁押的犯罪嫌疑人进行讯问时，应当在看守所内进行；在规定的办案场所外讯问取得的供述应当排除。法律之所以这样规定，是因为在法定羁押场所以外的地方进行讯问，由于缺乏监督和制衡，也没有专门录音录像设备的监控，很难防范刑讯逼供行为的发生。

第四，审讯策略的考量。实际上，侦查人员单纯使用一种手段，并不必然会产生使犯罪嫌疑人改变自己意志的作用，而且单独一种手段有时也很难断定是否对犯罪嫌疑人产生一定的攻击效果。因此，在司法实践中，侦查人员往往是多种审讯策略结合在一起组合使用。但问题是，哪些审讯策略或策略组合应该是被禁止使用的，在这个问题上还远没有达成共识。当然，为了查明事实真相，在法律框架内侦查人员采用一定的审讯策略也是允许的，但应该是有限度的使用，那么就需要制定出适当的规则，确保审讯策略的运用符合真实性、合理性等原则要求。[1]因此法院需要结合案件整体情况，综合分析审讯策略的运用"从根本上是公平的"。

总之，一旦被告人针对侦查人员暴力取证的讯问方法提出自愿性抗辩时，法院应首先查明侦查人员使用的审讯手段本身是否属于刑讯逼供，有没有采取其他具有侵犯性、攻击性的审讯行为（比如疲劳审讯）。如果审讯手段本身不具有攻击性，那么法院还需要进一步结合被告的个人特征、连续讯问时间、

---

〔1〕 参见杨宗辉、杨青玖："论欺骗与侦查策略——法意及实证视角的探究"，载《河南大学学报（社会科学版）》2013年第6期。

讯问策略等要素进行综合分析，从而判定被告人供述是否具有可采性。需要强调的是，这种审查判断模式的目的是通过对供述自愿性分析，实现对侦查人员审讯方式的合法规制与恰当引导。

（2）影响性非自愿供述。既然新《规定》就"刑讯逼供""暴力或以暴力相威胁"等非法取供方法采纳了"等外等"的解释，[1]那么自然会遇到以非暴力形式的威胁（比如，软硬兼施、借势压人，或以某种手段挟制被告人的短处、私人秘密等）、引诱、欺骗等其他非法方法，这些审讯手段表面上看并不明显具有攻击性，但却会对被告人造成极大的心理干扰，而迫使其违背意愿作出有罪供述。那么，"非暴力威胁""引诱""欺骗"会在多大程度上导致被告人的非自愿供述？这类供述是否具有可采性？理论上很难达成共识，实务操作中也存在很大的分歧。笔者将这类供述命名为"影响性非自愿供述"，与攻击性非自愿供述的分析方法不同，这种模式关注的主要问题是可靠性分析。可以从以下三个方面展开：

第一，不法取证行为的考查。研究表明，疲劳审讯、诱供、宽大处理的承诺，以及对弱势群体（如未成年人、残疾人和精神病患者）的暗示性审问等方法，都会明显增加虚假供述的可能性。在司法实践中，疲劳审讯与诱供是导致虚假供述的两个最为典型的例证。如前所述，长时间、持续审讯不仅违反法定程序，同时也是导致虚假供述的影响因素。如果法律规定，持续审讯的时间限于 4 到 6 个小时之间，侦查人员经过 4 小时的审讯，仍没有使犯罪嫌疑人招供，那么 4 小时之后（无论是否有中断）获取有效供认的概率就很小。[2]此时侦查人员就应当清楚，继续审讯将大大增加虚假供述的风险。可见，在自愿性分析链上，对于审讯时间的限制规则不应只强调连续审讯的时间长度，还要强调讯问过程的总时间。笔者将此称为"4 小时的自愿性分析规则"与"6 小时的合法性审讯规则"。即，假设侦查人员对嫌疑人进行了超过 6 个小时的不间断连续审讯，就应视为"疲劳审讯"，那么应当判定被告人供述是非自愿的，不论其是否可信，都不具有可采性；如果每次持续审讯的

---

〔1〕　参见熊秋红："非法证据排除规则的体系性建构"，载 http://www.pkulaw.cn/fulltext_ form. aspx？Db＝news&Gid＝86125&keyword＝&EncodingName＝&Search_ Mode＝ac curate，最后访问日期：2017 年 6 月 28 日。

〔2〕　See Eve Brensike Primus, "The Future of Confession Law: Toward Rules for the Voluntariness Test", *Michigan Law Review*, Vol. 115, No. 1., 2015, pp. 1-56.

时间介于 4 至 6 小时之间，法院就需要进行综合分析，考虑审讯的总时间长度以及其他审讯策略的使用，以确定口供是否可信。还有一种常见的不当审讯方式，就是侦查人员会提示一些只有犯罪嫌疑人才知道的犯罪细节。实践证明，这种审讯方式有明显增加虚假供认的可能性。鉴于存在这种风险，所以在美国的警察培训手册里就明确禁止使用这种审讯方法。[1]

第二，供述可靠性的审查。对于被告人供述可靠性的审查，法院必须摈弃以往单纯的"印证故真实""稳定故真实"的逻辑思路，而要进行多方面综合评估。首先，分析被告人的供述与犯罪事实之间的吻合性，以确定其陈述是否能证明犯罪并与其他独立证据相互印证。对此，法官应当考虑：供认是否包含只有被告人才知道的、没有被公开的秘密，比如对犯罪现场细节的准确描述、尚未公开的犯罪要件等，且这些细节通常不可能偶然被猜到；侦查人员根据供认是否发现了新的犯罪证据；被告人供述是否符合实际的犯罪事实和其他实物证据。[2]作为分析的一部分，法院还应考虑被告人在详细描述犯罪事实方面的一致性。据统计，至少 75% 的错案中，被告人在审讯期间的供述与案件已知事实不一致。[3]虽说这种"契合性"测试有相当大的优点，但它也不是万能的。此外，在共同犯罪的案件中，法院还应考虑同案犯的陈述是否彼此一致。其次，讯问录音录像制度有助于法官识别虚假供述和提高取证的可靠性。根据我国《刑事诉讼法》第 123 条的规定，侦查人员在讯问犯罪嫌疑人的时候，可以对讯问过程进行录音或者录像；对于可能判处无期徒刑、死刑的案件或者其他重大犯罪案件，应当对讯问过程进行录音或者录像。2014 年公安部印发《公安机关讯问犯罪嫌疑人录音录像工作规定》的通知，明确要求应当录音录像的案件类型主要有三种：重大犯罪案件、在特定场所或用特定方式进行讯问的案件以及具有特定情形的案件。要求录音录像应当对每一次讯问全程不间断进行，保持完整性，不得选择性地录制，不得

---

〔1〕 审问者不能向犯罪嫌疑人透露犯罪细节，以防止他们利用嫌疑人供述的信息来验证其真实性。See Joseph P. Buckley, "The Reid Techniques of Interviewing and Interrogation", Tom Williamson Edited, *Investigative interviewing: rights, research, regulation*, Willan Publishing, 2005, pp. 190-204.

〔2〕 See Richard A. Leo, "False Confessions and the Constitution: Problems, Possibilities, and Solutions", John T. Parry, L. Song Richardson eds., *The Constitution and the Future of Criminal Justice in America*, Cambridge University Press, 2013, pp. 169-180.

〔3〕 See Brandon L. Garrett, *Convicting the Innocent: Where Criminal Prosecutions Go Wrong*, Harvard University Press, 2011, p. 33.

剪接、删改。对于那些没有强制要求录音录像的案件，法院应该把这作为衡量所得供词可靠性的因素，可以判定在警察未能提供完整的审讯记录的情况下，有责任证明供述的可靠性。因此，一旦控辩双方就被告人供述产生争议，检控方就有义务提供审讯记录，除非他有足够的理由来解释其记录失败的原因。最后，法院还需要考虑被告人属于弱势人群的特殊情况。有研究表明，青少年、残疾人以及精神病患者对一些审讯方法具有特殊的敏感性，极易在暗示和诱惑性审问技巧的影响下作出虚假供述，即使这些手段不会对其他人群产生类似的影响。[1]基于此，我国法律规定，在讯问和审判的时候，应当通知未成年犯罪嫌疑人、被告人的法定代理人到场。在美国，警察在组织辨认时，未成年人犯罪嫌疑人也有权要求自己的律师在场，而这样的保障在我国法律中是没有规定的。另外，我国刑诉法对于那些尚未完全丧失辨认或者控制自己行为能力的精神病人也欠缺法律关照。

第三，侦查人员不法取供行为明显增加了虚假供述的风险。理论上讲，为了防范虚假供述，法院需要审查每一个供词的可靠性。但如果法院一开始就假设大多数供词是可靠的，那么让法官去搜索不可靠的供述简直是大海捞针，他们本能的处理就是"稀释理论"。所以，供述可靠性审查就需要缩小到那些有初步理由担心被告人供述可能是虚假的范围。因此，在影响性非自愿供述的分析模式下，法院不直接启动可靠性审查问题，除非发现有侦查人员不当的取证行为显著增加了虚假供认的可能性。[2]实践中有许多案例证实，由于侦查人员采用了诱供、骗供等不当手段，导致了犯罪嫌疑人非自愿供述甚至虚假供述。但即便如此，也很难据此得出结论，在没有侦查人员诱供、骗供的前提下，就不会有假口供。换句话说，大家都认为，侦查人员有意识地采取一定的审讯策略，很可能增加犯罪嫌疑人虚假供述的概率，但很难说二者就有直接的因果关系。目前，理论界对于某种审讯手段与虚假供述之间的相关性认识，普遍要比解释二者之间的因果关系更容易些；另外，识别哪种

〔1〕　See Morgan Cloud et al., "Words Without Meaning: The Constitution, Confessions, and Mentally Retarded Suspects", *The University of Chicago Law Review*, Vol. 69, 2002, pp. 495-514; Allison D. Redlich, "Mental Illness, Police Interrogations, and the Potential for False Confession", *Psychiatric Servs*, Vol. 55, 2004, pp. 19-20.

〔2〕　当然，这种设想也许会遭遇另一种尴尬：法院为了避免评估供述可靠性这一艰巨的任务，有可能会对某些显著增加虚假供述可能性的不当审讯方法采取姑息态度。

因素对于嫌疑人的招供起到了关键作用，以及作用多大，也是我们无法做到的。因此，有必要建立刑事被告人被迫招供的证明制度。所以，美国刑事诉讼领域的权威学者韦恩·拉斐（Wayne LaFave）教授就主张，刑事被告人承担证明警方构成强迫自证其罪的实质性要件的举证责任。因为经验表明，大多数被告人是理智和有意识的，他们并非都是强迫招供。[1] 此时，被告就要承担更多的举证责任，不能仅仅指出侦查人员存在何种不法取证行为，还必须证明为何这种不法行为可能会提高虚假供述的风险。但自愿供述的说服责任仍在控方，即他们必须证明所使用的审讯方式不可能对被告人的自由意志产生影响，即便被告人存在某种特殊情况；否则，控方就需要证明被告人供述事实上是可靠的。

需要强调的是，虽然上述两种分析模式关注的焦点不同，但也难免发生交叉重合。比如，当法院的关注重点在于防范虚假供述时，那么就需要审查被告人供述是否与侦查机关采用的审讯手段有关（审查的普遍性要求）以及这些审讯手段会不会导致被告人的虚假供述（审查的特殊性要求）。因此，法官就需要逐一予以分析，而非只分析一个。可见，上述两种自愿性分析模式之间是相互关联而非一分为二的对立关系，两者之间大致是一般与特殊的区别。

（四）域外派生证据排除规则对我国的启示

1. 我国派生证据排除规则的理论完善

尽管各国非法证据排除模式与理论依据不尽相同，但其最终目的都是最大限度地实现司法正义，不过法院在决定是否排除非法证据——尤其是派生证据时，对被告的私人利益与惩罚犯罪的公共利益之间所作的平衡，或多或少都会削弱这一司法价值的实现。因为这种"利益平衡"是建立在公共利益可以对抗个人基本权利的假设基础上，而实际上它们本不是相互对立的利益，二者都是司法公正所要努力寻求的共同结果。但由于非法证据排除规则所折射的天然悖论，各国又不得不从公共利益与个体权利的冲突中试图寻求一个最根本的平衡基点。此外，基于可靠性考虑，世界上大多数国家在"毒树之果"规则的具体操作上，均表现出一定的谨慎态度，强调"毒树"与"果实"之间的区别，分别适用不一致的排除理由。这种理论与实践上的差异，

---

[1] See John C. Sheldon, "Common Sense and the Law of 'Voluntary' Confessions: An Essay", *Maine Law Review*, Vol. 68, No. 1., 2016, p. 159.

大大增加了人们对非法证据与其派生证据关联度的质疑，难道非法证据排除规则所要实现的司法廉洁性与保护公民基本权利的制度价值，对派生证据而言就不重要吗？当然，承认派生证据的法官认为，排除直接源于违法行为的非法证据已经给予了被告人足够的利益"补偿"。可问题的关键在于，被告在审讯期间所遭受的权利侵犯，无论是非法证据还是派生证据都会致其于不利的地位，虽然非法证据被排除，但通过派生证据照样可以定罪。这样的结果根本无助于降低警方违法取证的频率，非法证据排除规则的立法效果已荡然无存。因此，法院应该把重点放在权利被侵犯上，而不是非法获得证据的性质或类型上，因为作为非法取证的产物，所有证据都可能受到非法行为的"污染"。

一个合理的排除制度应有望促进所有固有目的的实现，在非法证据排除基本原则指导下，只要是源于违法行为取得的证据，无论是直接渊源还是间接渊源，适用的排除理论应该是密切相关、协调一致的，也就是说，所有非法证据排除规则的理论学说同样适用于派生证据的排除。为了保证非法证据排除规则所追求的效果不打折扣，应该将当前流行的三种理论学说进行整合，结合为一个指导原则，利用综合的理论方法，建立非法证据与其派生证据统一连贯的排除理论。这种统一连贯的理论方法不仅为评价各种非法证据排除制度提供了一个平台，同时也大大强化了在排除证据的情况下，抑制派生证据的可能性，从而建构一个较为理想的派生证据排除模式，以解决非法证据排除制度现有的基本缺陷。

2. 我国派生证据排除规则的未来方向

在我国，派生证据可采性一直是非法证据排除规则的立法盲点，学术界对于我国是否有必要建立"毒树之果"规则迄今为止也没形成较为成熟的意见。不过有学者指出，虽然我国《刑事诉讼法》第56条并未对非法证据排除规则的射程范围作出明确界定，但据此得出我国非法证据排除规则仅适用于非法行为直接获取的证据是没有根据的。从该条文的立法表述来看，无论是言词证据，还是实物证据，法律只关注这些待排除证据是不是通过"不符合法定程序"的手段所取得，而并未区分是直接取得还是间接取得。[1]这样的

---

[1] 参见易延友："非法证据排除规则的立法表述与意义空间——《刑事诉讼法》第54条第1款的法教义学分析"，载《当代法学》2017年第1期；万毅："关键词解读：非法实物证据排除规则的解释与适用"，载《四川大学学报（哲学社会科学版）》2014年第3期。

立法规定，其实就为法官行使司法自由裁量权预留了解释空间。另外，如果不排除源于非法行为的派生证据，从"成本与制裁论"（price and sanction theory)[1]的角度分析，非法证据排除规则将很难对侦查人员非法取证行为产生有效的遏制和阻吓效果。

可见，我国是否有必要建立"毒树之果"排除规则，这是不容回避而亟须解决的问题，关键在于如何合理建构派生证据排除规则。"两高三部"《关于办理刑事案件严格排除非法证据若干问题的规定》对非法证据排除程序从侦查、起诉、辩护、审判等多个环节进行了严格规范，进一步细化了非法证据的范围和认定标准，确立了一些新的规则，尤其是重复性供述的排除规则。该规定不仅对非法证据排除规则实施中的诸多现实问题作出了有针对性的回应，也让人们看到了我国确立"毒树之果"排除规则的未来希望。从上述案例的介绍和分析中可以看出，派生证据规则的内容相当复杂，而排除规则也一直处于发展和变化之中。域外派生证据排除理论与实践对我国刑事证据立法，尤其是如何设立派生证据排除规则具有很强的借鉴意义。

（1）权利保护理论与司法廉洁理论应作为我国非法证据排除的理论基础。要建立符合我国国情的非法证据排除规则，首先必须确立非法证据排除的理论基础。基于前文分析，笔者认为，权利保护理论与司法廉洁理论作为非法证据排除的理由更具说服力，而威慑理论则是一种经验推测，假如非法证据排除对警察的影响非常小甚至不能震慑警方，那么它就不应作为唯一或主要的非法证据排除的理论依据。但从规范层面看，"威慑"也应视为非法证据排除的理由，至少它为调整警察侦查讯问活动设置了行为标准。

此外，不能过于强调"非法证据"与"派生证据"之间的区别，非法证据排除规则所要实现的司法廉洁性与保护公民基本权利的制度价值，对派生证据而言同样重要。法令行则国治，法令弛则国乱。依法治国，必须要重视程序法的功能。我国宪法明确规定了公民的人身自由、住宅、通信自由和通信秘密不受侵犯，为了保障公民的宪法性权利不受侵犯，我国刑事诉讼法必须明确国家权力机关取证的权限和具体程序，同时还应明确违反法律规定的消极后果——如违法者的行为无效，取得的证据及其派生证据不能作为定案的

---

〔1〕 See Robert Cooter, "Prices and Sanctions", *Columlia Law Review*, Vol. 84, No. 6., 1984, pp. 1523–1560.

根据，或者行为者要受到行政甚至是刑事制裁等。因此，法院应该把重点放在权利被侵犯上，而不是非法获得证据的性质或类型上，只要是源于违法行为取得的证据，无论是直接渊源还是间接渊源，适用的排除理论应该是密切相关、协调一致的，也就是说，所有非法证据排除规则的理论学说同样适用于派生证据的排除。

（2）在非法证据排除模式上，自由裁量排除模式更适合我国司法现状。就我国而言，民众普遍对政府的权力抱有很高的信任感和依赖感，对犯罪行为表现出深深的憎恶和恐惧，而对被害人则寄予了很大的同情。试想，当一名被指控犯有故意杀人罪的被告仅由于警察搜查手段的不合法而将由此取得的证据作为非法证据予以排除，从而使凶手逃脱；或是在一起贩卖毒品案中，仅由于收集到的毒品是由其他非法证据派生而言就不具有可采性，从而使毒犯逍遥法外时，相信绝大多数公民是难以理解和接受的。纵观世界各国，除美国之外，没有哪一个国家实行了比较彻底的非法证据排除规则，包括派生证据排除，大多数国家是在保护人权、强调公民个人权利与自由和惩罚犯罪、必要时牺牲个人利益之间寻求一种平衡。故而，在对待间接源于非法行为的派生证据的态度上，应给予法官一定的自由裁量权，只有这样，权利保护与司法廉洁理论才有可能得到进一步的促进。但这种自由裁量应该是狭义上的，也就是有限的司法裁量权。这就需要为法院设立一套权衡法则，在某些特定情况下以决定是"砍树弃果"还是"砍树食果"。但无论如何，一个合理的排除理论是不应考虑与犯罪控制相关的因素，包括指控罪行的严重性、证据的可靠性以及该证据对于定罪的重要性等。否则，查明事实真相就会胜过保护正当程序的目的，导致非法证据排除成为仅仅为那些没有任何社会代价的轻罪所保留的制度。故此，法院权衡的考量重点应放在被侵犯的公民权利属性、警察违法的严重程度、警方实施的措施，以及排除非法证据对于司法价值的实现等方面。当然还要着重考虑警察的主观恶性，因为这不仅关涉到威慑的目的，也是基于警察罪责程度去评估违法严重性的重要因素。总之，法院只要有足够的确信，在涉及违反宪法或公民基本权利的情况下，就应排除非法获得的所有证据，以维护被告人权利、保障司法廉洁，同时实现对执法机关的威慑。

（3）非法证据排除的范围宜宽不宜窄。在我国，非法证据排除范围究竟应不应该包括间接源于违法行为的证据，法学界迄今并没有形成较为成熟的意见，而在实务部门几乎也找不到任何相关的裁判先例。笔者认为，随着我国全面深化改革进入攻坚期，人民群众对法治政府的要求越来越高，人权保障的范围亦应不断扩大。非法证据的排除范围不仅要包括以刑讯逼供、威胁、引诱等方式取得的言词证据、非法取得的实物证据，而且也应该包括违法行为的派生证据。不过如上分析，派生证据是否可采，应综合考虑多重因素，由法官结合违法取证的具体情况行使自由裁量权。笔者建议，可根据取证行为的违法程度、违法性质以及警察主观恶性的大小，可将非法取证行为分为严重违法的取证行为和轻微违法取证行为，二者的区分应以是否侵犯嫌疑人或被告人的宪法性权利为依据。例如，以采取刑讯逼供的方式取得了被告人的供述，然后根据该供述的内容发现了相应的证据（包括一些信息内容），无论是言词证据还是实物证据都应该排除。如果肯定其派生证据的定案效力，不仅有违公正之基本理念，而且对侦查人员以后的非法取证行为也无法达到阻吓的效果。但是，如果侦查人员通过非法手段获得的证人证言、被害人陈述，然后又以该言词证据为线索获得了其他派生证据，在这种情形下，证人证言、被害人陈述固然不能作为证据来使用，不过其派生证据却应具有定罪的效力，因为该派生证据的取得并没有侵犯犯罪嫌疑人、被告人的合法权益。

　　3. 设置派生证据排除的例外规则

　　为了平衡惩罚犯罪与保障人权的紧张关系，在考虑"非法证据"与"派生证据"之间的因果联系时，可借鉴国外经验，确定派生证据排除规则的若干例外。美国联邦最高法院在适用"毒树之果"规则时，又确认了"独立来源例外"、"必然发现例外"以及"因果联系衰减例外"等规则，目的是在平衡实体真实与个人自由之间，程序上作出一定程度的让步。"两高三部"联合颁布实施的《关于办理刑事案件严格排除非法证据若干问题的规定》，对于重复自白的排除设定了两种例外情形：一是在"侦查期间，根据控告、举报或者自己发现等，侦查机关确认或者不能排除以非法方法收集证据而更换侦查人员，其他侦查人员再次讯问时告知诉讼权利和认罪的法律后果，犯罪嫌疑人自愿供述的"；二是在"审查逮捕、审查起诉和审判期间，检察人员、审判人员讯问时告知诉讼权利和认罪的法律后果，犯罪嫌疑人、被告人自愿供述的"。这既不是一排到底，也并非完全采纳，而是采取"主体更替说"。虽然也有学者质疑，在我国这样同质性较高且追诉倾向较强的司法体制和办案模式之下，单纯变更取证主体，恐无法有效切断先前刑讯逼供行为的影响。但笔者认为，在我国的制度背景之下，惩治犯罪和保障人权同等重要，这样规定不仅是实现实体公正和程序公正、惩罚犯罪和保障人权相平衡的恰当处理，同时也不愧为一项证据规则的新突破。

需求与空白：新技术与第二代新型证据的适用

一、人工智能时代的司法之变

在电脑与网络远没有发达到像今天一样无所不能的时代，如果将复杂的刑事诉讼活动与科技领域对接起来那是不太可能的。如今，信息科技、大数据与人工智能等新科技在司法过程中的应用，或者更加明确的"智慧司法"建设，已然成为法学理论与司法实践界探讨的前沿与热点领域。在2019年2月最高人民法院印发的《最高人民法院关于深化人民法院司法体制综合配套改革的意见——人民法院第五个五年改革纲要（2019-2023）》（法发〔2019〕8号）中明确提出，将"强化科技驱动"作为未来五年改革的八个基本原则之一，并把"建构顺应时代进步和科技发展的诉讼制度体系"作为改革总体目标的一部分。

（一）人工智能助推智慧法院建设

2015年7月，最高人民法院首次提出"智慧法院"的概念，其目标就是通过推进法院信息化建设的转型升级，实现审判体系和审判能力的现代化。2017年4月20日，最高人民法院印发的《最高人民法院关于加快建设智慧法院的意见》（法发〔2017〕12号）指出，智慧法院是人民法院充分利用先进信息化系统，支持全业务网上办理、全流程依法公开、全方位智能服务，实现公正司法、司法为民的组织、建设和运行形态。智慧法院的本质在于"现代科技应用和司法审判活动深入结合起来"。[1]2019年4月，最高人民法院

---

[1]　参见邓恒："如何理解智慧法院与互联网法院"，载《人民法院报》2017年7月25日，第2版。

印发《人民法院信息化建设五年发展规划（2019-2023）》，进一步明确以促成审判体系和审判能力现代化为目标，建成人民法院信息化 3.0 版，[1]形成支持全业务网络办理，全流程审判执行要素依法公开，面向法官、诉讼参与人、社会公众和政府部门提供全方位智能服务的智慧法院。同年 11 月，最高人民法院院长周强在《人民法院报》上发表署名文章："加强区块链和人工智能应用 全面提升智慧法院建设水平"。[2]

为了促进智慧法院建设，最高人民法院制定了智慧法院建设的相关文件及标准。大致有：2017 年 4 月 12 日，最高人民法院公布《最高人民法院关于加快建设智慧法院的意见》，明确智慧法院建设的意义、目标、建设内容并提出了总体要求，为智慧法院建设的纲领性文件。随后最高人民法院审议并原则通过《智慧法院建设评价指标体系》（2018 年 12 月修订），明确智慧法院的评价指标体系包括 7 项一级指标，21 项二级指标，68 项三级指标，从规划引导能力、基础支撑能力、网络化应用成效、阳光化应用成效、智能化建设成效、综合保障能力等方面综合评价人民法院智慧法院建设成效。最高人民法院相关意见及标准的出台，为智慧法院建设提供了顶层设计，有力保障了智慧法院建设的顺利进行。[3]

近年来，各级人民法院采取一系列措施加快智慧法院建设，取得了比较明显的成效。据统计，截至 2018 年底，全国已有 2864 家法院建设电子卷宗随案同步生成系统，占比 81.41%，全国 61% 的案件随案生成电子卷宗并流转应用。[4]各级法院建设完善 "分裁审" 信息子系统、电子保单子系统、司法鉴定子系统、统一的 12368 质效评估子系统，整合集成诉讼服务大厅、诉讼服务网、12368 热线，统一诉讼服务入口，提供网上立案、缴费、阅卷、鉴定、保全、庭审、送达、申诉等一站式电子诉讼服务。在案件执行方面，截至

---

〔1〕《人民法院信息化建设五年发展规划（2016-2020）》："1. 0 阶段"是内部基础建设阶段；"2. 0 阶段"是推动建设外网网站并建设智慧法院阶段；"3. 0 阶段"是进入 "嵌入式数字化管理" 和 "互联网+" 阶段。

〔2〕参见周强："加强区块链和人工智能应用 全面提升智慧法院建设水平"，载《人民法院报》2019 年 11 月 10 日，第 1 版。

〔3〕参见谭世贵、王强："我国智慧法院建设的实践、问题与对策"，载《杭州师范大学学报（社会科学版）》2019 年第 6 期。

〔4〕载 https://www.sohu.com/a/340140311_ 161795，最后访问日期：2020 年 3 月 2 日。

2018 年 10 月 31 日，全国法院网络执行查控系统覆盖率达到 99.85%。[1]与此同时，各地法院纷纷开发微信小程序，实现网上立案、网上缴费、网上阅卷、网上庭审等一站式诉讼服务，使诉讼服务更加便捷高效。为提高审判质量，减少"同案不同判"现象，多地法院开发和使用类案指引系统，对海量裁判文书进行分析、挖掘，对用户输入的案情文本，通过实体识别、语义联想、模式匹配、句法解析、摘要抽取等方法进行解析，并结合海量语料训练法律语言概率模型，提高解析的准确度。[2]2018 年 1 月，中国司法大数据研究推出类案智能推送系统，涵盖案件画像、类案判断、类案推荐排序等业务功能，实现一键"以文搜案"，极大提升搜索效率，现已经在全国高院推广使用，全部案由的文书推送准确率达到 63.7%，民事、刑事十大案由推送准确率超过 85%。[3]

事实上，从计算机刚刚普及开始，国外就有学者开始讨论机器能否替代人的思维进行法律推理的问题。Anthony D. Amato 早在 1977 年就在探讨是否可以而且应该用机器法官来取代人类法官进行审判，以消除法律的不确定性。[4]虽然这一设想引发了学术界滔滔不绝的巨大争论，但司法系统高负荷运转的窘境与现代科技快捷、方便的神奇魔力碰撞的结果是，人们已迫不及待地开始尝试将人工智能运用于某些司法领域。比如，法律问答机器人[5]，就能精准、快速回答用户提出的法律问题；诉讼材料辅助平台，能协助法官完成法律文件的起草和诉讼材料的准备，快速生成各类法律文书。如今，以人工智能等现代科技缓解司法系统压力，提高工作效率，是世界各国的普遍做法。2015 年，英联邦民事公正委员会（The UK Civil Justice Council）在向政府提交的一份改革报告中就提到，建议在英国设立"皇家线上法院"。根据这个报告的设想，线上法院包含三个层次的系统：第一个层次是鼓励当事人把

---

〔1〕 参见陈甦、田禾主编：《法治蓝皮书：中国法院信息化发展报告 No. 3（2019）》，社会科学文献出版社 2019 年版，第 13 页。

〔2〕 参见谭世贵、王强："我国智慧法院建设的实践、问题与对策"，载《杭州师范大学学报（社会科学版）》2019 年第 6 期。

〔3〕 参见陈甦、田禾主编：《法治蓝皮书：中国法院信息化发展报告（2019）》，社会科学文献出版社 2019 年版，第 13 页。

〔4〕 参见左卫民："关于法律人工智能在中国运用前景的若干思考"，载《清华法学》2018 年第 2 期。

〔5〕 如我国四川省崇州市法院自主研发的法律问答机器人"小崇"，以帮助当事人在一些常见纠纷类型中自行查找相关的法律规则和类似案件的裁判结果。参见"'小崇'法律问答机器人助推崇州智慧法院建设"，载 https://cd.scol.com.cn/qxxw/201708/55981589.html，最后访问日期：2020 年 3 月 4 日。

纠纷信息上传之后，由法官进行类型化处理并告知当事人相应的权利义务，当事人根据法院反馈的信息自行解决问题——类似于纠纷解决的"自助餐"服务；第二个层次是基于上传的案件信息资料，由法院协调当事人通过调解等非诉讼纠纷解决机制解决纠纷；第三个层次是基于当事人在线提供的电子资料，法官进行在线审理裁定，并提供在线上诉的机制。[1]为确保美国在人工智能领域抢占先机，美国大量的司法活动早已有了人工智能的天地。具体表现在：借助人工智能软件对犯罪历史数据进行分析计算，以预测犯罪高发区域，提前做好犯罪预防；利用人工智能对专家证言的可采性进行评估，以帮助法官、陪审团理解复杂的专家证言；更有甚者，利用人工智能预测被告人的风险系数、辨别哪些在押人员被释后可能再次犯罪等。

（二）发展互联网法院

互联网法院是智慧法院在应对互联网经济发展和网络空间法治化需要的制度创设，也即互联网法院是网络法治化需求的智慧法院。2017 年 6 月 26 日中央全面深化改革领导小组第三十六次会议审议通过了《关于设立杭州互联网法院的方案》。方案提出要逐步探索涉网案件诉讼规则，完善审理机制，提升审判效能，化解涉网纠纷等改革目标。这是司法主动适应互联网发展大趋势的一项重大制度创新。截至 2019 年底，我国已有三家互联网法院——杭州互联网法院、北京互联网法院和广州互联网法院。互联网法院的扩围之势渐趋已成必然。互联网法院成立以来，在化解涉网纠纷、探索互联网司法新模式、促进网络空间法治治理、维护网络安全等方面进行了有益的探索，互联网法院所采用的先进技术手段打破了时空限制，具有网上立案、在线调解、在线审理等功能，能够全方位提高审判质效、节省诉讼成本，为当事人提供更加便捷、智能的诉讼服务。[2]最近几年，"移动微法院"[3]的建立，也已

---

〔1〕 参见程金华："人工、智能与法院大转型"，载《上海交通大学学报（哲学社会科学版）》2019 年第 6 期。

〔2〕 参见张瞧："三家互联网法院院长齐聚郑州，全面依法治国论坛暨实证法学研究年会成功召开"，载 https://baijiahao.baidu.com/s? id=1647285093858587456&wfr=spider&for=pc，最后访问日期：2020 年 3 月 2 日。

〔3〕 2018 年 1 月 2 日，浙江省余姚市人民法院的一款可以让公众"打开微信打官司"的小程序——"宁波移动微法院"在宁波两级法院全面推开，标志着宁波步入"掌上诉讼"新时代。该小程序自推出上线半年多以来，宁波两级法院在移动微法院平台上流转的案件近 7 万件。参见"'移动微法院'全国版试运行"，载 http://legal.people.com.cn/GB/n1/2018/0818/c42510-30236535.html，最后访问日期：2020 年 3 月 2 日。

成为中国司法改革的一个亮点。

其实，在我国设立互联网法院之前，世界上不少国家都先后对网络法院进行了一些探索和实践。新加坡首创世界上第一个网络法庭——网上司法（Justice On Line），开辟了刑事、民事和家事网络法庭。美国密歇根州议会于2002 年 10 月通过"网络法院法"（The Cyber Court Act）设立网络法院（Cyber Court）。通过网络法院审理的案件，原告只需要递交电子起诉状并支付 200 美元诉讼费即获受理；开庭地点由美国联邦最高法院确定，开庭过程对公众全程开放；案件进程和审理结果均可通过万维网访问查询。当然，为了遵守诉讼基本原则，当事人双方都可以选择是否愿意通过网络法院进行审理以及是否选择陪审团参与审判；但一旦选择网络法院审理案件，当事人不得针对网络法院的管辖权提起上诉。英国早在 20 世纪 90 年代就着手开始英国在线法院（HMOC）的建设和运营，并积极推广在线争议解决机制（Online Dispute Resolution，简称 ODR）。在线法院提供三个层级的服务：第一层级，是提供在线评估服务。这项服务可以帮助有不满情绪的当事人将他们的问题分门别类，了解他们的权利和义务，理解可供选择的救济方式和解决方案。第二层级，是提供在线辅助服务。这项服务将提供在线辅助员，在没有法官介入的情况下，对纠纷作出快速、公平的裁决。通过在线交流，辅助员可以看到纠纷的相关文件和当事人的陈述，帮助当事人进行调解和协商。必要时，他们可以使用电话会议设施。另外，当事人也可以自行协商，不需要专业人士的介入解决他们的纠纷。第三层级，是提供在线法官。在线法官由全职或者兼职的司法人员担任。在线法官可以根据当事人通过在线系统提交的文件，对纠纷的全部或部分进行裁决。必要时，这项服务亦可使用电话会议设施提供支持。[1]

但目前来看，互联网法院才刚刚起步，其管辖范围、网上审理模式、诉讼规则、与线下审理的衔接等方面还有待进一步探索和规范。

(三) 电子诉讼

如今，无论中外，以书面诉讼资料为载体构建起来的传统民事诉讼制度越来越多地嵌入了信息通信技术，司法电子化已蔚然成风。电子诉讼（E-

---

〔1〕 参见"英国在线法院发展报告"，载 http://finance. sina. com. cn/sf/news/2016-01-05/14541 5818. html，最后访问日期：2020 年 3 月 2 日。

Litigation）有广义与狭义之分。广义的电子诉讼是虚拟化、数字化与无纸化法院或无纸化诉讼的整合性概念，既包括法院案件管理与司法行政意义上的"内部电子法院"（Internal E-Curia），也包括为法院和当事人之间的法律交往提供服务的"外部电子法院"（External E-Curia）。前者集中于法院的信息化建设，包括法院的办公自动化、电子化人力资源管理、电子财务系统、电子公文系统、审判绩效网络评价系统等；后者也称为狭义电子诉讼，主要应用于电子提交诉讼文书、电子送达、视频庭审等诉讼事项，涵盖到起诉、审前准备、庭审等程序环节。[1]不过，理论上，一般都是从狭义的视角去研究电子诉讼。本书也采狭义的概念。

1. 电子送达

按照汉语常用字含义来解释的话，送达中的"送"是"送交"的意思；"达"则有"到达""通晓""明白"之意。从法律层面讲，送达是指司法机关按照法定的程序和方法将诉讼文书或法律文书送交受送达人的诉讼行为。且这种行为是固定的、单向的。也就是说只能由送达主体指向受送达人，而当事人、其他诉讼参与人相互间或向法院递交诉讼文书，及法院之间递交诉讼文书的行为，均不能称为送达。送达是诉讼活动中的一项基础性制度，它的重要目的是保障当事人在诉讼程序中的知情权。因此，从法律维度上讲，送达以何种外在方式进行"送"并非关注的重点，而如何有效地实现"达"的效果则是核心。

那么，电子送达就是人民法院通过电子信息通信手段，以电子邮件、移动通信等方式，依法向受送达人传送诉讼文书或法律文书的送达方式。互联网法院依托在线诉讼服务平台，旨在实现诉讼全程的电子化，因此，电子送达就成为智能化建设的必然选择。但如前面提到的，送达制度的核心在于保证"达"的效果，而并不特别关注"送"的形式。虽然电子送达快捷便利，但重点仍然在于维护当事人的程序参与权。即电子送达行为不能减损当事人的诉讼权益。正因如此，我国《民事诉讼法》第90条第1款规定："经受送达人同意，人民法院可以采用能够确认其收悉的电子方式送达诉讼文书。通过电子方式送达的判决书、裁定书、调解书，受送达人提出需要纸张文书的，人民法院应当提供。"

---

〔1〕　参见王福华："电子诉讼制度构建的法律基础"，载《法学研究》2016年第6期。

在国际上，1999 年 9 月，海牙国际私法会议常设局设立第五委员会就电子通信手段对海牙送达公约的影响进行了专门研究，认为电子环境可以满足公约规定的"各种送达方式的共同目的和为达到目的所规定的要求"。2000年 5 月，欧盟理事会也公布了《关于成员国间送达民商事司法或司法外文书的欧洲规则》，只要电子送达符合真实、易辨、完整等要求，将会得到欧盟的认可。日本民事诉讼法将"送达"与"送付"区别开来，送达由法院完成，送付则是当事人间的文书往来。原则上，法院仅允许送付时当事人间采用电话、电传等方式送交文书。同时民事诉讼法明文规定，法院应当在法庭上向当事人公开宣判，并送达判决正本，不准许通过电子方式送达裁决。[1]

2. 庭审电子化

庭审电子化主要以视频庭审方式表现出来。2016 年 9 月公布的《最高人民法院关于进一步推进案件繁简分流优化司法资源配置的若干意见》，充分肯定了远程视频技术的应用价值。2020 年开年之际的新型冠状病毒感染，几乎让中国社会停摆，各行各业都受到了影响。为了有效满足疫情防控期间人民群众的司法需求，确保人民法院审判工作平稳有序运行，2020 年 2 月 14 日公布的《最高人民法院关于新冠肺炎疫情防控期间加强和规范在线诉讼工作的通知》（法〔2020〕49 号）明确：各级人民法院要积极推广和有序规范在线庭审，综合考虑技术条件、案件情况和当事人意愿等因素，确定是否采取在线庭审方式。民商事、行政案件一般均可以采取在线方式开庭，但案件存在双方当事人不同意在线庭审、不具备在线庭审技术条件、需现场查明身份、核对原件、查验实物等情形的，不适用在线庭审。刑事案件可以采取远程视频方式讯问被告人、宣告判决、审理减刑、假释案件等。对适用简易程序、速裁程序的简单刑事案件、认罪认罚从宽案件，以及妨害疫情防控的刑事案件，可以探索采取远程视频方式开庭。在线庭审活动应当遵循诉讼法律及司法解释的相关规定，充分保障当事人申请回避、举证、质证、陈述、辩论等诉讼权利。在线庭审应当以在线视频方式进行，不得采取书面或者语音方式。天津市河东区人民法院适用速裁程序，以视频庭审方式审理并宣判首例利用疫情

---

〔1〕 参见张卫平主编：《司法改革论评（第二辑）》，中国法制出版社 2002 年版，第 107 页。

虚假出售口罩诈骗案。[1]

诚然，适用视频技术可以大大节约司法成本，便利当事人及其他诉讼参与人参加诉讼，省时省力。但与传统的庭审方式相比，电子诉讼的亲历性却无法保证，难以实现刑事诉讼基本原则，从而产生影响诉讼公正之虞。比如，为了有利于当事人清晰、迅速地说明法律争议事实，传统诉讼就需要贯彻言词原则；而为了保证法官只对经过言词辩论的内容予以评判，就需要法官遵守直接原则。引入电子诉讼后，直接言词原则势必会有被限制或弱化的趋势。此外，庭审的电子化还会面临当事人信任的问题。因为在适用视频技术进行诉讼中，当事人无法真切感受到法院的存在，体会不到法律的权威和尊严，最终影响到他们对诉讼方式的信赖。

3. 电子证据

作为一种独立的证据类型，学术界最早采用的是"电子证据"这一术语，2012 年《刑事诉讼法》修正时使用"电子数据"的表述形式，并不意味着立法者将电子数据与电子证据予以区别对待。作为一种新型证据形式，电子证据侧重这类证据的载体和表现形式，而电子数据则侧重该类证据的本质属性，可谓一个问题的两个方面。本书论及电子数据的相关证据内容，"电子证据""电子数据""电子数据证据"等概念不作区分。

《关于办理刑事案件收集提取和审查判断电子数据若干问题的规定》（以下简称《电子数据证据规定》）第 1 条指出，电子数据是案件发生过程中形成的，以数字化形式存储、处理、传输的，能够证明案件事实的数据。电子数据包括但不限于下列信息、电子文件：（1）网页、博客、微博客、朋友圈、贴吧、网盘等网络平台发布的信息；（2）手机短信、电子邮件、即时通信、通讯群组等网络应用服务的通信信息；（3）用户注册信息、身份认证信息、电子交易记录、通信记录、登录日志等信息；（4）文档、图片、音视频、数字证书、计算机程序等电子文件。该定义强调电子证据的本质是数字化的各种信息、电子文件，这样定义便与视听资料进行区分。

随着计算机和信息网络技术的高速发展，电子证据在司法实践中越来越发挥着举足轻重的作用。它不仅可以提供侦查线索、侦查思路，还可以通过

---

[1] 参见"天津以视频庭审方式审理首例虚假出售口罩诈骗案"，载 https://3g.163.com/news/article/F59M134000018990.html? isFromOtherWeb=true，最后访问日期：2020 年 3 月 2 日。

由信息系统生成和记录的各类数据信息，重建"过去发生的事情"。在司法裁判中，电子证据可提供充足的证据材料，有时还可作为直接证据证明案件主要事实，在一些特殊案件中，如危害国家安全犯罪、恐怖活动犯罪、毒品犯罪等，电子证据的证明价值极高。但这种以数字化形式存在的高科技证据样态，具有设备依赖性、开放性、可复制性和易变性等弊端。电子证据生成、存储于虚拟空间，并且其基本组成是一些不为人们感官所直接感知的程序代码或者数据，只有通过一些设备或仪器才可进行读取显示。这种"间接"展示形式，会使电子证据的真实性和可靠性受到质疑。由于电子证据的存储空间与日益开放的互联网联系越来越密切，导致其可以不受时空限制获取数据，这为合法收集、提取证据带来一定的挑战。而在刑事案件中，电子证据对传统证据规则最大的冲击在于其可复制性和易变性。由于受物理属性的限制，传统证据很难对原始证据进行完整复制。然而，对于存储在虚拟空间且以数字代码形式表现的电子证据而言，却是轻而易举的事情。另外，对这类证据的增加、删除或修改，通常也只需要敲击键盘即可。这也是电子数据与传统证据规则尤其是最佳证据规则中的原始证据最大的区别。

近年来，我国电子证据规则日益完善，学界已有不少研究成果。研究内容涉及电子证据技术层面、电子证据的收集取证、电子证据的审查判断、电子证据规则构建等；还有从比较法的角度，对国际条约进行比较分析，从司法协助的角度，分析域外取得刑事证据的可采性，跨境电子取证措施等。足见电子数据在刑事证据体系中的重要性，这些研究成果也为本书研究提供了一定的理论基础。

二、人工智能的应用前景：协助法官评估专家证言

法官作为专家证言的"守门人"，负责审查证据的有关联性和可靠性。但当法官必须去审查一些专业领域以外复杂的科学原理和方法论时，就面临着挑战。如今使用电脑生成证据以及使用其他高科技手段来帮助法官处理庭审事务，已成为一种时尚。本书尝试将人工智能应用在协助法官进行证据分析尤其是专家证言分析，以提高科学专家证言可采性审查的一致性、准确性、效率性和公正性的价值。

（一）高科技时代法官审理新挑战

对抗式诉讼模式需要法官或陪审团来认定系争案件事实，有些案件中涉及的争讼事实是属于"技术"或"科学"领域，比如可能是化学、流行病学、毒理学、工程学、生物医学或医疗科学、遗传学、统计学、社会科学或心理学等专业知识。

这对于没有特殊专业知识的法官或陪审团来说，是不可想象的。此时，具有专门知识的专家就可以帮助理解与处理这些"技术活儿"。这些具有专门知识的专家可以协助法官或陪审团去进行有关食品、药品、基因工程等涉及科学技术领域的专业问题，以及有关刑事控诉中笔迹分析、DNA 指纹比对、受虐待女性的典型表现或目击证人证言的真实性甄别等一系列司法鉴定。应诉讼当事人的要求，这些专家证人还需要作为意见证人出庭接受双方询问，或者基于其所熟知的科学领域提供相应观点。专家证人不仅在其专业领域内解释与案件有关的复杂问题，同时在对抗性程序中专家证言通常还会有利于其中举证的一方当事人。在庭审中，陪审团或法官聆听双方申请出庭的专家证人的意见，并通过交叉询问找出双方观点中的分歧部分，最终筛选出与案件事实有关联性的、可采的证据作为认定案件事实的证据。

2012 年 4 月 19 日，奇虎 360 与腾讯 QQ 之间的互联网反垄断纠纷案件（又称"3Q 大战"）在广东省高级人民法院一审公开开庭。北京奇虎科技有限公司诉被告腾讯科技（深圳）公司、深圳市腾讯计算机系统有限公司滥用市场支配地位。此次庭审，双方都申请了专家证人出庭作证。北京奇虎科技有限公司聘请的是英国学者、曾担任英国伦敦公平贸易局局长的大卫·史泰巴斯（DAVIDSTALLBASS），也是欧洲最大的独立提供竞争法调查经济意见的机构 RBB 的顾问。而腾讯科技（深圳）公司、深圳市腾讯计算机系统有限公司聘请的是中国社会科学院信息化研究中心秘书长姜奇平和中央财经大学法学院副教授吴涛，姜奇平曾当选中国互联网十大"启蒙人物"。在反垄断案件缺乏先例的情况下，互联网专家出庭作证制度也是处于尝试阶段。针对网络、电子、生物、化工、精密仪器等高科技案件的技术事实认定难问题，通过由当事人申请专家证人出庭作证，同时法院也可聘请专家作为专家证人出庭作证。在庭审中还允许专家与专家之间互相进行质询，这对于帮助法官查明技术事实并准确认定事实有很大的帮助。[1]

但专家的意见并不能代表法院最终的判决结果，法官还将根据质证、认证的结果，最终作出裁量。那么，难题来了：让非专业的法官或陪审员去评价专家对复杂的、高度专业的科学和方法，其实大部分法官是不具备这样的智慧的。

如今，为推动智慧法院建设，运用科技手段促进审判体系和审判能力现代化成为趋势，科技手段已渗入到审判体系的方方面面。在法庭审理过程中，运用科技手段辅助法官理清争议焦点已经变为一种必需。2019 年 1 月 23 日下午，上海市第二中级人民法院公开开庭审理一起抢劫案件，首次运用"上海刑事案件智能辅助办案系统"辅助庭审。该系统主要是充分运用图文识别（OCR）、自然语言理解（NLP）、智能语音识别、司法实体识别、实体关系分析、司法要素自动提取等人工智能技术，通过制定统一适用的证据标准指引、证据规则指引，依托互联网、大数据、云计算等现代科技，嵌入公检法司机关刑事办案系统中，为办案人员收集固定证据提供指引，并对证据进行校验、把关、提示、监督，确保侦查、审查起诉的案件事实证据经得起法律检验，确保刑事办案过程全程可视、全程留痕、全程监督，减少司法任意性，防范冤假错案产生。[2]

在此，笔者想要谈论的是，在复杂的诉讼案件和法律科技领域，是否可以通过计算机技术来审查专家证言，帮助法官评估专家证言的可采性。

（二）专家证言都是"科学""正确"的吗

科学的本质是理论，而对理论的检验是持续的。科学的不确定性可能存在于"客观"科学本身，如一项理论研究可能得出 x 是真实的结论，而另一项却可能得出 x 是虚假的结论。[3]在诉讼中，我们也经常会见到双方当事人各自聘请的专家都会从不同的理论角度提出完全相反或不同的观点。而有时这些观点却往往来自各自专业领域的权威专家之口。更有学者提出，科学家

---

〔1〕参见"主审法官：审理'3Q 大战'面临技术挑战"，载 https://tech. sina. com. cn/i/2012-04-19/10086983349. shtml? utm_source=tuicool&utm_medium=referral，最后访问日期：2020 年 3 月 4 日。

〔2〕参见李姝徵、梁宗："中国法院首次运用'人工智能'助力案件审理"，载 http://www. sh. chinanews. com/fzzx/2019-01-24/51629. shtml，最后访问日期：2020 年 3 月 5 日。

〔3〕See Stephanie Tai, Uncertainty About Uncertainty：The Impact of Judicial Decisions on Assessing Scientific Uncertainty, 11 U. PA. J. CONST. L. 671, 680（2009）.

本身经常会有他们自己的偏见，有时会被经济利益影响。此时，如若让法官这个某专业领域的"门外汉"去判断并决定哪位专家的意见是正确的，未免强人所难。因此，法官能做的可能就是以与专业知识无关的因素来判断应该相信谁，以及相信什么。[1]

在美国，联邦和州法院以前使用的标准是，法官只需要确定专家证言是否是通过"在科学界被普遍接受"的方法所提出的。"普遍接受"标准排除了由不被普遍接受的技术和方法所形成的可靠证据，尽管这些技术和方法可能被证明是科学的。但美国联邦最高法院在 1993 年 Daubert v. Merrell Dow Pharm. 案[2]中改变了专家证言检验制度，赋予了庭审法官审查专家技术的权利。联邦最高法院提出了证据"可靠性"标准，由法官来确定专家的证词在科学上是否值得相信，这是发现事实真相的关键所在。那么，什么是一个可靠、值得信赖的科学方法呢？第一个考量因素，就是这套理论是否已经被或者能够被检验；继而，作为结论前提的技术或方法是否经过同行评审、在同行评审期刊上发表或以其他方式接受相关科学界的审查；此外，还需要了解这项技术或方法操作过程中已知的错误率和标准。（这被称为"Daubert 规则"）[3]Daubert 案中用来判断专家证言的可靠性和可采性的总体标准全部纳入 2000 年的《联邦证据规则》当中，随后为了清晰起见，2011 年对其进行了修订。《联邦证据规则》702 明确规定，初审法官有权审查并决定以下的内容：a）专家证人的科学知识、技术知识或其他专门知识是否将有助于事实认定者理解证据或确定争议事实；b）证言是否基于足够的事实或数据；c）证言是否是可靠的原则或方法的成果；d）专家证人是否可靠地将上述原则和方

〔1〕 See Scott Brewer, "Scientific Expert Testimony and Intellectual Due Process", *Yale Law Journal*, Vol. 107, No. 6. , 1998, pp. 1535–1581.

〔2〕 See Daubert v. Merrell Dow Pharm. , Inc. , 509 U. S. 579, 582 (1993). Daubert 案是针对一家医药公司提起的有毒物质侵权诉讼，各原告的母亲均在怀孕期间服用 Bendectin（镇吐灵）治疗孕期呕吐，导致了原告的出生缺陷。制药公司声称原告没有证据证明该药物和出生缺陷之间具有因果关系而主张简易判决。作为回应，原告指定了 8 位专家，就体内和体外动物研究、药理学比较和人类流行病学研究的重新分析进行作证，证明服用 Bendctin 与原告所具有的出生缺陷之间存在的联系。不过原告的所有专家证人都被初审法官排除。美国第九巡回上诉法院也维持了一审判决，并批准了被告主张的简易判决。下级法院排除原告专家的理由如下：对于原告专家得出的结论类型，相关科学界普遍不接受非流行病学证据。此外，法院认为原告专家证言中的再分析部分未经发表和同行评审，因此不能认为是可靠证据。

〔3〕 Daubert, 509 U. S. at 592–94 (1993).

法适用到了案件事实当中。很显然，上述判断标准所列明的情形并非穷尽的。此后，美国联邦最高法院又在其他案件中声明法官决定可靠性时，还可以考虑的其他因素，包括：（1）专家证人是否是为了作证的目的才提出了他们的观点；（2）专家证人从数据到得出结论的过程是否是有道理的；（3）专家证人是否考虑了从他或她的证词所依据的数据中可以得出的其他结论。[1]另外，《联邦证据规则》还允许专家基于其理解就超出其第一手知识的问题发表意见。

目前，检验专家证人证言的方法不是其是否被普遍接受，而是可以偏离其所在领域另辟蹊径，但是"必须要有与科学界的方法和惯例相一致的理由来支持其这样做"，而且要解释偏离的原因。Daubert 规则已由《联邦证据规则》702 进行固定，现在适用于各个领域的专家证人证言，包括科学领域和非科学领域、法医科学。但也有人对此并不乐观。首席大法官伦奎斯特（Rehnquist）与史蒂文森（Stevenson）大法官在为 Daubert 案撰写少数意见中表达了他们对法官并不能评判科学和科学家的担忧：尽管大多数人声称"相信联邦法官有能力进行这项审查"。而实际上，科学知识与法官的专业知识相差甚远，在科学上还存在大量未知的领域，却要让法官去确定这些专家提出的证词是否等同于"科学知识"、是否构成"良好科学"以及是否是"由科学方法推导出来的"，确实有点勉为其难。[2]

虽然，"普遍接受"的判断标准已被遗弃，但 Daubert 规则似乎走向了另一个极端，就是把科学家边缘化，仅仅作为可靠性决策的一个方面，也就是说，关于该观点所依据的技术或方法是否经过同行评审，发表在同行评审的期刊上，或以其他方式受到相关科学界同行的评判只是调查的一部分。而无论科学界对结论可行性的看法如何，只要法官认为提出的观点是以有效的科学方法为基础的，这项科学证言就可以被接受为证据。[3]实际上，这样的方法仍然是存在问题的：首先，法官不可能成为业余科学家；其次，还会面临时间的限制，也是说法官不可能在一个案件中花上几天时间来反复审查、思考专家证词；最后，关键的问题在于，法官不是根据专家在案件中得出结论

---

〔1〕 See Gen. Elec. Co. v. Joiner, 522 U. S. 136, 146（1997）；Claar v. Burlington N. R. R. Co. , 29 F. 3d 499, 502-03（9thCir. 1994）；Ambrosini v. Labarraque, 101 F. 3d 129, 139-40（D. C. Cir. 1996）.

〔2〕 Daubert v. Merrell Dow Pharm. , Inc. , 43 F. 3d 1311, 1316（9th Cir. 1995）.

〔3〕 See Bruce Abramson, "Blue Smoke or Science? The Challenge of Assessing Expertise Offered as Advocacy", *Whittier Law Review*, Vol. 22, 2001, pp. 723-724.

的有效性来决定其可接受性，而是只考虑"专家是否可靠地将原则和方法应用于案件事实"。但这个界限很难区分，而且往往不能区分。在美国，目前已经有不少学者呼吁建立"能够帮助法官采用最适合法官决策要求的思维方法，来判断专家证词的可接受性"——人工智能。[1]

（三）人工智能（AI）解决方案

人工智能诞生于 1956 年在达特茅斯大学"关于人工智能研究项目"的一个会议上。达特茅斯大学的约翰·麦卡锡（John McCarthy）教授首次提到"人工智能"一词。此后，人们普遍认为"人工智能"是计算机科学的一个分支领域，意指制造能思考的机器。[2]人工智能的创始人之一马文·明斯基（Marvin Minsky）教授称之为"一门让机器来做人类需要智慧来完成的事情的科学"。[3]如今，计算机、软件和人工智能已经渗入到法律实践的方方面面，不仅用于案件管理和法律调研，而且还辅助法官进行案件审理。人工智能也用来模拟法律知识和推理，可输入案例、法律、规则和论点，人工智能系统就可以执行法律推理和论证任务，使用类比、区分不利情况、预测对手的论点和创建假设。很显然，目前我国在人工智能领域已走在世界前列。西方国家，人工智能系统应用在网上替代性争端解决（ODR）居多。

现在利用现代科技和互联网，各国都会设立许多类型的专家库，比如用于医生诊断和给予治疗建议的医学专家库，基因工程师和分析 DNA 的生物学

---

〔1〕　See C. WRIGHT & V. GOLD, FEDERAL PRACTICE AND PROCEDURE §6261, at 190（1997）；Roselle L. Wissler, et al., "Dual-Processing Models of Admissibility: How Legal Tests for the Admissibilityof Scientific Evidence Resemble Cognitive Science's System 1 and System 2", *Vinginia Journal of Law and Techuology*, Vol. 17, No. 4., 2013, pp. 1522-1687.

〔2〕　See Andrzej Kowalski, "Leading Law Students to Unchartered Waters and Making Them Think: Teaching Artificial Intelligenceand Law", *Journal of Law and Information Science*, Vol. 2, No. 41., 1991, pp. 185-197, available at http://www. austlii. edu. au/au/journals/JlLawInfoSci/ 1991/4. pdf; See also Nils J. Nilsson, John McCarthy 1927-2011, NATIONALA CADEMY OF SCIENCES（2012）1, 7, available at http://www. nasonline. org/publications/biographical-memoirs/memoir-pdfs/mccarthyjohn. pdf. 转引自〔美〕Pamela S. Katz、邓桐、刘鑫："专家机器人：利用人工智能协助法官采纳科学性专家证言"，《证据科学》2017 年第 4 期。

〔3〕　The Association for the Advancement of Artificial Intelligence defines AI as "the scientific understanding of the mechanisms underlying thought andintelligent behavior and their embodiment in machines." AI Overview: Broad Discussions of Artificial Intelligence, AITOPICS, http://www. aitopics. org/topic/aioverview, 转引自〔美〕Pamela S. Katz、邓桐、刘鑫："专家机器人：利用人工智能协助法官采纳科学性专家证言"，《证据科学》2017 年第 4 期。

专家库；当然在法律领域，也设立有关于破产、食品药品安全、证券事务、知识产权、环境侵害等领域使用的专家系统。比如，法官可以使用一个带有特定算法的计算机程序，来审查过去的裁决，并就具体案件推荐判决结果。除此之外，法官还能用来评估罪犯的表现，犯罪严重程度和累犯情节，以及量刑需要考虑的众多其他因素。虽然这些系统不能代替法官作出裁判，但它们可以提供咨询或咨询工具，以节省时间，并保证决策一致性。随着人工智能技术的进一步发展，其使用领域越加广泛，在某些意义上，它就可以取代专家，包括法律领域。那么，何不让人工智能帮助法官对专家所提供证词的可靠性进行调查，以确保其结果的一致性、准确性，达到效率和公平的统一？当然，人工智能不能代替法官作出专家证人可采性的决定，它只是利用自己所具有的庞大的知识和信息数据库（包含法律和科学方面的），将这些知识和信息应用于正在评估的专家证词中，通过不断演算可采性的考量因素，从而实现对专家证言可靠性评估的目的。

人工智能程序（或称为专家机器人）的基本思路是：按照一定的结构框架，在已发表的科学文献中深入研究使用和描写过的科学方法；进而设计出专门用于处理专家意见的参考指南，以评估专家意见证言的可采性问题。而且作为程序建模的一部分，从构成内容上，参考指南中不仅应包含专家作证的热点领域，还应该有专家作证的最常规领域，如医学、流行病学、毒理学、统计学、工程实践和方法等领域，提供这些领域的分析方法，以帮助法官识别争议焦点。此外，指南还需要设计每个专业领域的具体问题，并将其分解为法官判断专家证言的研究方法和推理过程是否可靠、可信等一系列评估因素。这些设想可以作为专家机器人本体的雏形（或者至少是对专家机器人本体的补充）。[1]

接下来，专家机器人需要考虑专家证言和作出专家意见的依据。应该说，可靠、定义明确的科学方法得出的专家意见更容易使用人工智能进行评估。专家机器人将根据其自身规则评估专家证词，并将证词与大量的现有文献和研究进行比较，以确定该实验设计是否已经受到相关科学界的审查。它还能显示出研究者以崭新的视角所作出的独立研究，因为它几乎可以立即识别出

---

〔1〕 参见［美］Pamela S. Katz、邓桐、刘鑫："专家机器人：利用人工智能协助法官采纳科学性专家证言"，载《证据科学》2017 年第 4 期。

之前使用相同或类似方法所得出的现有研究成果。通过对比分析，专家机器人可以向法官展示专家证人所采用的数据分析方法是否被相关的科学领域所承认，以及从数据中得出结论是否使用了被该专业领域承认的、正式的、符合逻辑的技术。此外，专家机器人还能通过输入专家简历的信息、从属关系，来检测专家是否存在潜在偏见以及有无职业污点。当然，这是否涉及个人隐私的问题，还需要进一步研究。

　　当然，专家机器人也不是一成不变的，它要随时进行更新、调整，以保证其自身的准确性和时效性。专家机器人要随时关注以往案件中是否出现过其他特殊的研究方法，对此法院是如何裁决的以及裁判的理由是什么，以便为未来可能出现的类似案件纳入上述裁判理由。比如，一位流行病学专家，专家机器人首先将他/她的研究方法放入流行病学数据库来进行比对，发现其流行病学研究和数据分析方法可以作为该专家证人的证词；然后，专家机器人还会把该专家证人的证词放入到裁判数据库中进行检索，以查找之前案件中法院对流行病学专家证词的裁决。如果专家机器人发现了在一个案件中，法院承认了一种之前认为不可靠的研究方法，专家机器人会识别到这项新的规则，并添加到现有信息框架中。法官将能够分别从科学数据库和判例法数据库中看到哪些研究方法最常见和/或最可靠，哪些是异常观点。另外，有些时候，争议焦点之间和研究领域之间会有重叠。如从流行病学和免疫学两个领域来寻找现有专家证言中使用的研究方法，如果没有专家机器人协助，这将是件浩大的工程。那么，人工智能系统不仅能快速获取所有信息，合成结果，而且能按专业领域进行分解，以供法官审查，并分析每种方法的可靠性程度。

　　专家机器人还有一个优势在于：它将会提高司法裁决的一致性和公平性。如果让法官来审查专家证言的可靠性，每位法官都会根据案件的性质、专家证词的类型，其判决结果也不尽相同。这种不一致既破坏了程序的完整性，还有损公平。但如果由专家机器人用一种符合具体领域特性的统一方法来评估和比较争议的方法，并结合先前判决，将结论和细节一并呈给法官，上面的情况就不太可能发生。专家机器人不仅能够清晰地解释可靠性，而且还能够寻找没有专业偏见和职业偏见的专家。此外，使用专家机器人不会由诉讼当事人支付任何费用，从而避免了因专家水平不一所导致的不平等。当然，如果使用专家机器人需要支付费用的话，也应该由法院承担。

　　还有人担心，如果专家机器人能够代替专家的话，那么专家机器人会不会抢夺审判者作为"事实认定者"的"权力"？其实，这种担忧是不必要的，因为专家机器人只是协助法官评估复杂的科学和技术问题，提供完全中立、客观的意见，避免人人成为专家。因此，法官采信证据的职权并不会被专家机器人所"剥夺"。法官在作出决定时，会使用专家机器人的信息和分析，同时结合法官长期成熟的法律逻辑来确定"专家是否可靠地将原则和方法应用于案件的事实"。总之，科学技术交给人工智能处理，而规则的适用、认定事实等智力元素还是需要由法官来定夺。

三、第二代新型证据在刑事证据体系中的定位

（一）第二代新型证据（"2G"证据）

现在，利用全球定位系统（GPS）跟踪方法、生物识别系统（如面部识别和DNA）以及其他类型的数据包括从社交媒体网站和搜索引擎中获取的信息，越来越多地应用于诉讼活动中。诉讼电子化与电子诉讼、证据电子化与电子证据等以前的新鲜名词，如今已不再新鲜。我国于2000年开启电子法院和电子诉讼的构建工作，现在已进入到"互联网+智慧法院"的3.0时代。而电子证据俨然成为信息时代发展的必然产物。但笔者此处谈及的第二代新型证据是与传统物证相对应的，并不仅仅指电子证据。

1. 何谓第二代新型证据

与传统形式的物证相比，第二代新型证据（The Second Generation Evidence，以下简称2G证据）有三个特点：（1）2G证据的存在依赖于数据库。换言之，不同于针对特定事件的传统证据，2G证据依赖于大规模的数据收集，以获取证据或为证据提供意义；（2）2G证据在一些商业公司的帮助下得到了充分或部分开发。即2G证据的产生，不仅是公共部门或政府的目标，而且也有利于商业公司获得所有权利益；（3）2G证据技术先进，需要复杂而精细的高科技来理解或认识它。2G证据的这些特征使之与传统证据形成鲜明对比。

传统的证据形式，如物证、证人证言、犯罪嫌疑人的口供等，往往不具备上述这些特征。传统证据所依赖的是个性化特征，而非集合数据，它们与某些商业公司也不会发生联系，也不具有科技和智力上的复杂性。为什么这个对比很重要？是因为刑事司法的对抗性规则是基于传统证据的特征而设置

的。但是，证据制度所设计的证据性质或特征与 2G 证据之间明显存在冲突，这种冲突将阻碍事实认定过程的准确性和完整性。

2. 第二代新型证据对证据制度的影响

在我国，刑事诉讼过程一般是从侦查开始，然后起诉和审判。如果从证据制度的角度看，侦查过程就是收集、保存证据的过程；而裁判过程则是对证据的审查判断和采信过程。

第一，关于证据的收集和保存。在刑事诉讼中，检控方承担举证责任，因此，证据的收集与保存应是其法定职责。但辩护律师也有权在法律允许的范围内进行收集和保存证据。比如，在美国亚利桑那州最高法院诉扬布拉德案中，被告声称由于受害人的衣物以及精液样本等未能妥善保存，导致证据灭失，最终被告的正当权利受到侵犯，认为警方行为违反了宪法。但亚利桑那州最高法院并不认同，认为销毁的衣物和精液样本这些证据并不是实质性的无罪证据，因此该行为并不违宪。也就是说，即使被告拥有提出无罪证据的宪法权利，但该权利也仅限于表面上看似无罪的证据，他没有提出收集或保留这些证据的理由。在 20 世纪 80 年代之前，认为警察可能无法识别每一个可用证据的价值是有道理的；警方也没有足够的财力来进行详尽的测试；即使经过测试，结果也可能只是勉强有用。在这种情况下，检方未能收集到证人证言证词或未能长期保存某一特定证据，从而导致被告处于不利地位，这些案件通常被视为非典型错案。况且，这些证据也不太可能只是独一无二的，辩方律师通常也可能通过其他途径获得有关的证人证言或其他证据。但今天情况却大不一样。一旦未被妥善保存的电子数据等证据被删除，或者遗留有嫌疑人 DNA 信息的物证被销毁，那么它的后果可能就是有罪与无罪的根本性区别。此外，这些不可替代的 2G 证据大部分都是转瞬即逝的，比如监控录像会在循环运行当中自动擦除、生物学证据也会快速地降解或受到破坏。虽然有些 2G 证据保存得更持久，例如删除的短信或电子收费系统，但辩护律师通常必须等到正式起诉或确定审判日期后，利用法院传票才能收集，而且他们也没有强制取证权，要想从某些商业公司手里获得这些信息并非易事。

第二，对证据开示规则的影响。作为规则或习惯，证据开示规则是一种高度本地化的司法实践。但有一个共性，那就是在刑事案件的证据开示范围远比民事案件窄得多。[1]为什么会有这样的限制？主要原因在于，担心辩方妨碍证人作证和操纵证据。就是认为，被告在审判前掌握的信息越多，他们就越能在司法系统之外努力消除或巧妙塑造审判时的证据。但是，尽管这些理由对于普通证据而言可能是有道理的，但对于 2G 证据来说就没有那么有说服力了。因为有些控制 2G 信息的中间人不太容易被恐吓，而且信息通常由来源于被告控制之外的第三方所保存。换句话说，被告可以删除他们的 Facebook 页面，但马克·扎克伯格（Mark Zuckerberg）仍然保留着他的副本。此外，尽管被告可能会根据科学证据调整自己的辩护，但他们不太可能为了妨碍司法公正而完全改变或操纵科学证据。所以，面对复杂的 2G 证据，披露延迟或不充分都会妨碍被告正确理解和质疑这些证据的能力。

（二）电子证据与跨境电子取证

1. 电子证据与证据电子化

虽然都需要借助于录音、录像、计算机或其他高科技存储设备，但证据电子化却是与电子证据完全不同的概念。所谓电子化证据，是指将证据本身予以电子化存储。它可以包括电子化书证、电子化物证、电子化证人证言（被害人陈述）、电子化的被告人供述与辩解、电子化的勘验笔录、电子化的鉴定意见等。可见，证据电子化强调的是证据的转化，即原来不是电子化的表现形式，现在转化为电子化的；而电子证据不仅强调其与物证、书证等传统证据的不同表现形式，而且其记载的内容本身也是独一无二的客观事实的记载。比如，随着电子诉讼的发展，当事人不需要亲自跑到法院送交证据材料，直接通过计算机系统提交电子化的物证、书证。但如果这些证据里有关于案件事实的微信或 QQ 聊天信息，那么它就是电子证据。

电子证据是随着现代电子技术发展而诞生的新型证据种类。2012 年修正《刑事诉讼法》时，明确将电子数据列为我国法定证据种类之一。现行《刑事诉讼法》第 50 条规定，可以用于证明案件事实的材料，都是证据。证据包括：……视听资料、电子数据……但《刑事诉讼法》未对电子数据作明确界定。《关于办理刑事案件收集提取和审查判断电子数据若干问题的规定》第 1

---

〔1〕 比如，在美国，大约三分之一的州有相对广泛的发现规则或法规，以美国律师协会的标准为模板。但是，大约有 12 个州遵循高度限制性的联邦规则。该规则的部分前提是，被告无权在审前调查中获得证人的姓名或陈述，而只能在案件发展到庭审阶段时进行交叉询问。

条规定，电子数据是案件发生过程中形成的，以数字化形式存储、处理、传输的，能够证明案件事实的数据。电子数据包括但不限于下列信息、电子文件：（1）网页、博客、微博客、朋友圈、贴吧、网盘等网络平台发布的信息；（2）手机短信、电子邮件、即时通信、通讯群组等网络应用服务的通信信息；（3）用户注册信息、身份认证信息、电子交易记录、通信记录、登录日志等信息；（4）文档、图片、音视频、数字证书、计算机程序等电子文件。同时明确，以数字化形式记载的证人证言、被害人陈述以及犯罪嫌疑人、被告人供述和辩解等证据，不属于电子数据。

值得注意的是，在证据种类里，电子数据与视听资料并列为一类证据。在实践中，电子证据与视听资料往往存在重合现象。比如，手机里的录音是视听资料呢？还是按照电子证据对待呢？可以说，传统的视听资料与电子数据在其属性上既存在根本区别，但又存在密切的联系。实际上，不仅是视听资料，电子数据和书证、物证等其他证据也可能出现交叉和重合。如《中华人民共和国民法典》第 469 条第 2 款规定，书面形式是指合同书、信件和数据电文（包括电报、电传、传真、电子数据交换和电子邮件）等可以有形地表现所载内容的形式。按照最高人民法院的司法解释，存储在电子介质中的录音资料和影像资料，适用电子数据的规定。[1]

2. 电子证据的审查判断

审查判断证据一般是围绕证据的真实性、合法性与关联性展开的。电子证据也不例外，只是侧重点不同。与传统证据的感官认知不同，电子证据具有抽象性，它存在于虚拟空间，组成它的只是一些程序代码或者数据，很难通过人的感官去直接感知它。另外，电子数据必须借助特定的设备来生成和获取，还必须通过特定的媒介来展示，在这个过程中，电子证据本身极易被复制、修改、删除，且不留痕迹。证据是调查和起诉犯罪的关键，一个案件的成功与否很大程度上取决于证据。正可谓"成也证据，败也证据"。因此，检验电子证据的真实性和可靠性，就成为审查电子证据的重点。为了保障电子证据的真实性，办案人员必须从电子证据的制作、形成、移动、存储、传输和保存等方面进行审查核实。

---

〔1〕《最高人民法院关于适用〈中华人民共和国民事诉讼法〉的解释》第 116 条第 3 款。

3. 跨境电子取证的难题

目前，各国在打击网络犯罪执法过程中，普遍依赖电子证据。但由于缺乏国际社会的普遍共识，跨境电子取证已成为打击网络犯罪的难点。网络犯罪以及电子证据的定义，电子证据的可采性及其与传统证据的延展性等方面，各国的法律及国内实践都各不相同。当一国出于打击在本国境内发生的网络违法案件而向另一主权国家发出共享由他国控制的数据请求时，对方在接收到请求之后会判断案件涉及的罪行是否与本国法律的定性大体相一致。若该案件所涉行为并不触犯国内法律，该国则可拒绝接受数据共享请求。除此之外，电子取证本身就对执法人员的专业技术能力提出了很高的要求，而不少国家进行电子取证的专业技术能力还不够成熟，这也成为跨境电子取证的"拦路虎"。可见，跨境电子取证程序繁琐、耗时长、技术难度高。[1]

（三）打击跨国犯罪亟须制定电子证据国际规则

互联网时代，跨国网络犯罪频发，这给国际社会打击跨国犯罪带来了不小的挑战。而数字化时代，又使打击跨国犯罪不得不面对的另一个新挑战——云信息。如今，电子数据成了证据的主要形式，而这些数据不只存储在计算机上，还大量存储在"云"[2]中，从而形成"云信息"。云信息虽然规模宏大，时间与空间灵活，但它也具有高度的不稳定性，极有可能在被调取之前就遭到更改或删除。

1. 调用云信息成跨国电子取证的"拦路虎"

欧盟的资料显示，欧盟成员国有85%的刑事案件侦办涉及跨国调取电子证据，其中有三分之二的电子证据还在非欧盟国家。最初，一些司法机构寄希望于互联网服务供应商、社交平台运营商的合作，可以调取证据。但事实证明，这种愿望根本就是"一厢情愿"。因为企业不愿背负泄露用户隐私的责任，同时网络服务提供商还要受服务器所在国政府的监管。例如2013年美国缉毒局在侦查一起跨国贩毒组织的案件时，要求微软公司交出有关某些用户

---

〔1〕 参见方芳："坚持在联合国框架下制定电子证据国际标准——联合国毒品犯罪办公室第五届网络犯罪政府间专家组会议研究"，载《信息安全与通信保密》2019年第5期。

〔2〕 "云"其实就是一个个大规模的信息或数据处理系统。网络上所说的"云"主要是指云技术，云技术是指在广域网或局域网内将硬件、软件、网络等系列资源统一起来，实现数据的计算、储存、处理和共享的一种托管技术。

的电子证据。但微软公司的回复是："办不到"，理由是所涉服务器位于爱尔兰，需要征得爱尔兰政府的同意，美国执法机构才能要求当地的代理运营商提供信息。针对这种情况，有些国家的司法机关采取强制披露措施，即向网络服务商提出明确的要求，强制其提供所拥有和控制的电子证据。网络服务商对该要求必须做出回应，否则将受到罚款等制裁。但事实证明，这样做的效果并不好，往往还没等案件解决，就引发了执法机构与企业之间的法律冲突。[1] 还有些国家的执法人员认为，既然跨国电子取证程序繁琐冗长，于是不通过协作自行取证。但这样做是有很大法律风险的。一方面，未经别国允许，直接对他国服务器进行调查取证，有侵犯司法主权的嫌疑。甚至这种取证行为还可能面临间谍行为的指控。另一方面，如果被调查方是商业机构，还有泄露保密信息或个人隐私的风险。

2. 打击跨国犯罪需要电子证据国际规则

在打击跨国犯罪尤其是网络犯罪过程中，电子证据的作用无疑是不可替代的。然而，电子证据不仅跨境取证程序冗长复杂，而且认定规则还会遭遇不同国家法律适用上的障碍，无形中增加了跨国案件的办理难度。

近年来，美国与欧盟虽然进行了多次磋商，但却未能打消双方的疑虑。2018年，美国制定法案，欲寻求与欧盟国家达成双边协议，一方面让欧盟国家更容易从美国企业获取电子证据，另一方面也让美国更容易获取存储在欧盟境内服务器上的信息。但因担心美国滥用权利，危及欧盟国家的信息安全，所以德国、荷兰等国家对此表示反对。[2] 至今未获进展。电子证据国际协作能不能顺利推进，关键在于各个国家如何让渡权利。当前，在打击跨国网络犯罪的执法过程中，各国仍采取传统的多边司法合作模式向他国进行跨境调取电子证据。以美、欧为代表的一些国家将《网络犯罪公约》（又称《布达佩斯公约》）[3] 推广为打击网络犯罪的国际性条约，为跨境电子取证的国际合作开展提供全球性的基本法律框架。这种跨境取证模式，强化"长臂管辖"，弱化主权国家对其境内数据的现实掌控。因此，以中、俄为代表的部分国家坚

---

〔1〕 参见李伟："打击跨国犯罪亟需《云信息公约》"，载《检察风云》2019年第12期。

〔2〕 参见李伟："打击跨国犯罪亟需《云信息公约》"，载《检察风云》2019年第12期。

〔3〕《网络犯罪公约》（Cyber- Crime Convention）是全世界第一部针对网络犯罪行为所制订的国际公约，由欧洲委员会的26个欧盟成员国以及美国、加拿大、日本和南非等30个国家和地区的政府官员于2001年11月在布达佩斯共同签署。

持在联合国现有框架下起草新的电子证据国际标准的法律文书。有学者认为，后者的合作模式更开放、更包容：第一，由于目前各国对电子证据的定义、范围、调取手段和可采性规则等各不相同，如果能就上述问题出台统一的国际标准，则各国可在全球标准的基础上调整或完善国内相关立法规定，处理好电子证据与传统证据的延展性和相称性。这样将有助于一国执法机关对他国执法机关跨境取证的高效审核；第二，在开展打击网络犯罪的国际合作中，虽然已有一些区域性条约如《布达佩斯公约》、非盟《网络安全和个人数据保护公约》以及上合组织《信息安全国际行为准则》等，但所涉国际标准或国际准则多呈现碎片化，如若在联合国框架下制定全球统一的国际标准，不仅可以防止法律的碎片化风险，还能重新设置相关国际规则制定的议程；第三，跨境电子取证本就关乎一国司法主权，在联合国平等、包容、相互尊重的价值准则上制定电子证据国际标准，这不仅维护了司法主权，同时还可建立主权国家间的信息流转机制，从而进一步畅通刑事司法领域的国际合作渠道；第四，跨国电子取证对科技人员、技术条件要求都很高，而国际社会有发达国家，有发展中国家，还有极不发达国家，联合国作为国际社会的大家庭，在其框架下制定国际规则就可鼓励网络服务提供商向发展中国家或极不发达国家提供有关数据本地存储等智力和技术支持，让更多的国家充分了解并参与到网络犯罪领域的规则制定中来。[1]

四、刑事案件电子数据证据的可采性问题

(一) 电子证据的可采性规则

所谓证据的可采性，通俗地讲就是指证据需要达到什么样的标准才能被法官所采纳，可以被用来证明案件的待证事实。英美法系国家一般都采用单独立法的形式，规定许多有关证据可采性的规则。比如非法证据排除规则、传闻证据规则、品格证据规则、意见证据规则等。而大陆法系国家通常是在刑事诉讼法的条文中包含有关证据可采性的规定，但证据可采性问题并没有形成规则体系，有些证据是否采纳还会交由法官决断。与传统证据不同：首

---

[1] 参见方芳："坚持在联合国框架下制定电子证据国际标准——联合国毒品犯罪办公室第五届网络犯罪政府间专家组会议研究"，载《信息安全与通信保密》2019年第5期。

先，从稳定性上，电子数据自身具有极强的灵活性和不稳定性，很容易被篡改或者伪造，且篡改或者伪造后一般又很难被识破、修补和恢复；其次，从感官认知上，电子数据不都具有一定的物理形态，也就是说有些电子数据包含的内容是可读的（如微信、QQ 聊天工具），但有一些电子数据却是不可读的（如元数据代码）。考虑到电子证据的特殊性，办案机关在审查电子证据时，就需要特别留意电子数据的系统性、可追踪性、电子证据用途的广泛性等特点。[1]所以，电子数据证据的可采性也就成为各国刑事司法中的一个难题。

　　刑事司法过程中，证据的采信过程就是对证据的认识和判断过程，它涵盖了相继进行的两个阶段，一个是对证据"三性"即客观性、关联性、合法性的判断和认识，一个是对证据证明力的判断和认识。[2]前者可以说是对证据能力的审查认定，后者是对证据证明力的审查认定。电子证据也盖莫如此。所以，必须认识到，同传统证据相比，电子数据的不同之处只在于存在空间方面，而绝非证明机制方面。[3]比如，美国就没有针对电子证据单独立法，联邦法院以及州法院在办理刑事案件中，对电子证据的认定规则就依照《联邦证据规则》及普通法原则。2007 年美国马里兰联邦地区法院在 Lorraine·MarkelAmericanIns·Co 一案中，就电子证据的可采性申明：（1）该电子证据是否具有关联性，即该证据的存在能否使得影响诉讼结果的重要事实更有可能存在或者不存在；（2）被认定有关联性的电子证据，是否满足《联邦证据规则》关于鉴真的要求，即证据的提出者能否证明该证据系证据提出者所主张之证据；（3）该电子证据还要满足传闻证据规则的要求，即用来证明实质真实性的证据不属于传闻证据；如果是传闻证据，其还要属于传闻证据的例外情形；（4）根据最佳证据规则，该电子证据属于原件还是副本，如果既不属于原件也不是副本，还需要有具备可采性的间接证据来证明电子证据的内容；（5）电子证据的证据价值明显不及所含有的不公平偏见及《联邦证据规

---

〔1〕　参见刘品新："电子证据的基础理论"，载《国家检察官学院学报》2017 年第 1 期。

〔2〕　参见汪振林："电子数据分类研究"，载《重庆邮电大学学报（社会科学版）》2013 年第 3 期。

〔3〕　参见刘品新主编：《网络时代刑事司法理念与制度的创新》，清华大学出版社 2013 年版，第 198 页。

则》第 403 条[1]所列明的其他因素。[2]

可以说，受电子数据证据冲击最大的证据规则是最佳证据规则。作为普通法系的一项重要证据规则，设立最佳证据规则是为了排除虚假的、伪造的，甚至是不可靠证据进入陪审团的视野。最佳证据规则要求证据的提出者必须向法庭出示原件或原物，除非符合法定的例外情形，二手证据才可以作为证明案件事实的证据。但电子数据证据在产生、储存以及传输等方面与传统的证据存在巨大差异，任何电子数据都可以说是第一手的，也都可以说是第二手的。因为，如果把原件界定为"信息首先固定于其上的媒介物"，则根本不可能谈及任何数据电文的原件，因为数据电文的收件人收到的总是该原件的副本。[3]根据美国《联邦证据规则》的规定，"原件"是指文本文件或音频视频文件本身，或者制作者或发行者意图使其具有同等效力的复本。比如，照片的底片或由底片冲洗出的相片就是"原件"。如果是被储存在计算机或类似装置里面的数据，则任何可用肉眼阅读的、表明其能准确反映数据的打印物或其他输出物，均为"原件"。加拿大在《统一电子证据法》中对电子证据涉及的最佳证据规则予以改革。该法第 1 条（b）款规定，电子记录是指通过电脑系统或者其他类似装置记录或者储存的数据，该数据可以被人、电脑或者其他类似装置阅读或者感知。电子数据的形式包括展示、打印稿及其他输出物。该法第 4 条第 1 款规定，在任何诉讼中，最佳证据规则适用于电子记录的情形，只要能够证明生成或者存储该电子记录的电子系统的完整性，那么该份电子证据就符合最佳证据规则的要求。本条第 2 款规定，在任何诉讼中，以打印输出形式存在的电子记录，如果被作为记录或存储在该打印输出中的信息的记录而被明显地或一贯地作用、依靠或使用时，则该电子记录就符合最佳证据规则。[4]可

---

〔1〕 美国《联邦证据规则》第 403 条规定，如果下述一项或多项危险性在实质上超过了一项相关证据的证明价值，则法庭可以将该证据排除：不公正的偏见，混淆争点，误导陪审员，不当拖延，浪费时间，或者不必要地提交累积证据。

〔2〕 Lorraine v. Markel American Insurance Company，241 F. R. D. 534，546（D. M d. May 4，2007），转引自吕中伟、李昌超："域外电子数据证据可采性的新发展及启示"，载《沈阳工业大学学报（社会科学版）》2017 年第 3 期。

〔3〕 参见刘品新："论电子证据的原件理论"，载《法律科学（西北政法大学学报）》2009 年第 5 期。

〔4〕 Uniform electronic evidence act（1998）. 转引自吕中伟、李昌超："域外电子数据证据可采性的新发展及启示"，载《沈阳工业大学学报》2017 年第 3 期。

见，加拿大《统一电子证据法》并没有正面去界定何谓电子证据的原件，从证明生成该电子证据的系统所具备的完整性和可靠性上，间接证明该份电子证据的完整度和可信度。《新加坡证据法》在 2012 年修正时，借鉴其他国家立法经验，对电子证据数据证据的原件，是这样解释的：如果以电子记录形式存在的文档能够准确地反映案件事实，那么这份证据就是原始证据。[1]看得出来，新加坡立法者对于电子证据所适用的最佳证据规则显然宽松得多。

如前所述，美国对电子证据的可采性规则与传统证据并无两样。但有些国家却明显区别于传统证据规则。就传闻证据规则而言，电子数据证据当然也适用传闻证据规则，它的例外范围会有所扩大。如《菲律宾电子证据规则》第 8 章第 1 条就规定了商业记录作为传闻证据规则的例外，规定以下内容不适用传闻证据规则：事件，行为、环境、观点或者诊断被电子、光学或者其他类似的方法制成备忘录、报告、记录或者汇编；上述事务是公司之日常惯例并且有专业人士负责；上述备忘录、报告、记录或者汇编完成于上述事务发生之时或者发生后不久；所有这些电子文档能够被管理人或其他适格的证人出庭证明。[2]新加坡立法中也采用了比其他普通法系国家更加宽泛的态度。

（二）域外国家或国际组织电子证据立法

为规范电子数据证据的适用范围、可采性标准以及审查程序，确保电子证据的真实性、可靠性，世界各国都在积极尝试完善立法。

1. 加拿大出台《统一电子证据法》

加拿大《统一电子证据法》（1998 Unified Electronic Evidencelaw）是世界上第一部单独为电子证据制订的法律。

《统一电子证据法》从定义、运用、认证、完整性假定、标准、交叉询问等方面对电子证据进行了详细规定。（1）电子证据的内涵界定。该法第 1 条规定，（a）数据意味着以任何方式表现的信息和观念；（b）电子记录指通过计算机系统或其他类似手段记录或存储的，通过为人或计算机系统或其他类

---

[1] 转引自吕中伟、李昌超："域外电子数据证据可采性的新发展及启示"，载《沈阳工业大学学报》2017 年第 3 期。

[2] 转引自吕中伟、李昌超："域外电子数据证据可采性的新发展及启示"，载《沈阳工业大学学报》2017 年第 3 期。

似工具阅读或接受的数据。它包括数据演示、打印或其他输出；（c）电子记录系统包括记录或存储数据的计算机系统或其他类似工具及其与记录或存储有关的任何程序。（2）《统一电子证据法》整合了传统证据规则。虽然电子证据与传统证据的证明方法、表现形式均有所不同，但它仍要接受最佳证据规则、传闻证据规则、相关性规则、非法证据排除规则的检验。也就是说，电子证据在收集、提出、质证、认证等每个环节都要有相应的证据规则予以规制。在最佳证据规则适用上，《统一电子证据法》第4条规定，只要能够证明记录或存储该数据的电子记录系统的完整性，即满足该规则；以打印输出形式表现的电子记录，如果是明确的、连续的行为依据或作为打印输出记录或存储的信息的记录，即是最佳证据规则意义上的记录。可见，与美国直接扩大"原件"范围的做法不同，加拿大《统一电子证据法》采取了置换原件的方法。即以计算机系统真实性的证明取代对计算机记录真实性证明的做法，或者说是，以环境证据替代直接证据，这是对最佳证据规则的突破，也是在电子证据领域，为最佳证据规则创设的一个新例外。[1]（3）完整性（或可靠性）假定规则。根据《统一电子证据法》第5条的规定，在缺少相反证据的情形下，满足以下条件，记录或存储电子记录的电子记录系统的完整性即得以证明：（a）通过证据证明在所有关键时刻，计算机系统或其他设备运行正常；或者在不正常的情形下，证明不正常运行不影响电子记录的完整性，且没有任何理由怀疑电子记录系统的完整性；（b）如果证明电子证据被与试图提出它的一方在利益上相反的另一方记录或保存，而另一方拒不提供，可以推定该证据的可靠性；（c）如果能够证明电子记录的记录和存储是企业日常过程中由非诉讼的当事人进行，并且不是在试图引用该记录作为证据的当事人的控制下进行的，可以推定该证据的可靠性。第一种情形是关于计算机系统真实性的推定；第二种情形与第三种情形是关于电子记录可靠性的假定。（4）对电子证据的交叉询问规则。证据必须通过查证属实才能作为定案根据，交叉询问就成为一种必要审查证据的基础。在英美法系国家，作为在诉讼程序中与举证方或引起宣誓举证方利益相反方的权利，宣誓证人要接受交叉询问。《统一电子证据法》第8条第1款规定，宣誓证词的作证人，可以被相对

---

〔1〕 参见韩波："论加拿大《统一电子证据法》的立法价值"，载《政治与法律》2001年第5期。

当事人交叉询问。涉及电子证据的领域，宣誓证人一般包括三种人员：一是对电子计算机营业活动和管理情况的记录者；二是监视计算机信息输入的负责者；三是对计算机硬部件和程序编制的负责者。[1]

2. 美国《统一电子交易法案》

美国《统一电子交易法案》于 1999 年 7 月通过并付诸实施。该法案也详细规定涉及电子证据的定义、范围、效力以及适用规则等各方面的内容。（1）基本概念的界定。该法案所称的"电子方式"，系指采用电学、数字、磁、无线、光学、电磁或相关手段的技术；"电子记录"系指通过电子手段创制、生成、发送、传播、接收或存储的记录；"信息"系指数据、文本、图像、声音、代码、计算机程序、软件、数据库或类似事物；"记录"系指写入有形媒介或存储于电子媒介或其他媒介，并且能够以可认知的形式恢复的信息。（2）肯定了电子证据的证明力。该法案第 13 条规定，诉讼程序中，不得仅仅因为记录或签名采取电子形式而否认其作为证据的效力。（3）对于电子证据"原件"的认定。法案第 12 条规定，如果法律要求记录予以保留，若该记录信息中的电子记录按如下方式保留，视为符合法律规定：（a）自一项电子记录首次以最终形式生成后，该记录能准确反映所记录的信息；并且，（b）通话后检索时可以进入。

3. 澳大利亚《电子交易法例》

为了促进使用电子交易，提高商业及社会使用电子交易的信心，澳大利亚洲国会于 1999 年 12 月 10 日颁布《电子交易法例》。该法对电子证据的规制主要体现在：（1）概念的界定。该法例中，"电子通讯"是指：任何信息通讯以资料、文字或影像形式，并通过引导及/或非引导的电子电磁性能源进行；或任何信息通讯以语言形式，并通过引导及/或非引导的电子电磁性能源，而该语言在其目的地被自动声音识别系统处理过。"信息"是指以资料、文字、影像或语言形式存在的资料讯息。（2）规定了必须以书面形式举证和可以通过书面形式出示两种情形。（3）关于电子证据的完整性。该法第 11 条第 3 款规定，为施行本条例，文件上信息的完整性得以确认的唯一方法是该信息仍然是保持完整及未被修改。在正常通讯程序、贮存或显示过程中，任

---

〔1〕　参见韩波："论加拿大《统一电子证据法》的立法价值"，载《政治与法律》2001 年第 5 期。

何附加之批注；或任何不重要的更改，则认定电子证据完整性受损，可能需要其他证据补强。

4. 南非《计算机证据法》

对于电子证据，南非采用的是单独立法这种规制方式。1983 年南非出台《计算机证据法》，这部法律早于加拿大《电子证据法》整整 15 个年头。虽然这部法律主要针对的是民事诉讼中计算机产生的证据的可采性，但其中对证据的原件要求、打印出示方法、真实性认定、证明力判断等方面内容，也可以借鉴到刑事诉讼中来。比如，对于计算机信息的拷贝、复制件、副本、转移本或翻译件等形式的证据，必须确认它的真实、完整。而计算机证据的完整、真实性依赖于计算机系统的可靠性，要求计算机在运行中没有出现任何影响证据真实可靠性的故障、干涉、干扰、中断等情形。根据南非证据法的要求，当事人出示证据时，需要对证据的真实性、合法性面向法官进行宣誓，法官根据宣誓时当事人的神态、表现等判断证据的关联性。但下列两种情形，可不必宣誓：①与公共机构的计算机打印输出有关，并且是在通常或日常机构业务和活动中发往计算机数据和指令中产出；②是由公共机构的官员或职员处理，该人有资格做此事并能够对此进行说明。[1]

5. 联合国国际贸易法委员会《电子商务法范本》

鉴于以电子数据交换等其他被称为"电子商务"的交易方式进行的国际贸易行为不断增长，在某些方面替代着以纸张为基础的信息交流与存储方法；并为贯彻该委员会 1985 年第十八次会议上通过的、关于计算机记录之法律价值的提议，在条件合适之时为国际贸易中最大限度地应用自动化数据处理，提供法律上的保障。联合国国际贸易法委员会第 21 次会议上，在研究了各国政府和有关组织的情况后，通过了《电子商务法范本》（以下简称《范本》），旨在建立一个促进电子商务的法律范本，使之可以被具有不同法律、社会和经济体系的各个国家所接受，以便大大促进国际经济关系的协调发展。[2](1) 在该法律中，"数据消息"指的是，通过电子学手段、光学手段或其他类似手段生成、发送、接收或存储的信息，它包括但不限于电子数据交换（EDI）、电子邮件、电报、电传或传真；"信息系统"指一个生成、发送、接收、存储或

---

〔1〕 参见周新："刑事电子搜查程序规范之研究"，载《政治与法律》2016 年第 7 期。

〔2〕 1996 年 12 月 16 日联合国大会第 85 次全体会议决议。

以其他方式处理数据消息的系统；（2）确定了电子证据"非歧视性原则"。《范本》第 5 条规定，信息不应仅仅因为其是数据消息的形式，而被否认其法律效力、有效性或强制力。第 5 条次条规定，该条信息不应仅仅因为其未包含在用来产生有关法律效力的数据消息内，而只是被该数据消息所指涉，而被否认其法律效力、有效性或强制力。（3）电子证据的完整性。《范例》第 8 条规定，在法律要求信息以原始形式呈示或保持的场合，一条数据消息应当被视为符合该要求：只要①能够可信地保证，该信息自从它被生成为最后的形式以来，无论其是否一条数据消息，其完整性一直保持着；②在所有要求呈示该信息的场合，该信息都可以被显示给它应当被呈示的个人。无论是有关法律要求表现为强制义务形式，或有关法律仅仅指出如果该信息未能以原始形式呈示或保持时会发生何种后果，上述规定均为适用。为贯彻判断信息完整性的标准应当是，该信息是否完全地和无改动地保持着，但不计及信息在通常传播、存储和显示过程中所附加的任何标注和变动；判断保证的可信程度，应当参照生成该信息的意图和参照一切相关环境。[1]

6. 其他国家的立法与修改

新加坡在电子证据的可采性方面出台了两项立法：一个是 2010 年 7 月 1 日通过的《新加坡电子交易法》。其目的是确保相关条款与《联合国国际合同使用电子通信公约》中的条款保持一致；另外一个是 2012 年 8 月 1 日颁布的《新加坡证据法修改案》，在借鉴其他国家电子数据证据立法的基础上，对电子数据证据的可采性进行了大胆的改革。韩国 2011 年《刑事诉讼法》中专门为电子数据新增两款，主要是涉及以"数据存储介质"为扣押搜查对象的令状主义以及电子证据的证据能力。菲律宾最高法院也于 2001 年制定了《电子证据规则》，电子文档和电子数据信息的适用进行了规范。

（三）我国的需求

电子证据出现后，许多国家都通过立法对这类新型的证据进行规制，规制的方式大致有三种：第一种是单独立法，如加拿大 1998 年《统一电子证据法》；第二种是在电子商务法或电子交易法中规定电子证据的适用规则，如《美国国际与国内商务电子签章法》《美国统一计算机信息交易法》《新加坡

---

　　[1]　参见《联合国国际贸易法委员会电子商务法范本》，联合国国际贸易法委员会（UNCITRAL）1996 年通过 1998 年增订第 5 次条，吴向红译，载《科技与法律》1999 年第 2 期。

电子交易法》；第三种是在证据法中对电子证据作出规定，如《英国民事证据法》、韩国《刑事诉讼法》等。我国 2012 年修正《刑事诉讼法》时新增电子数据证据，虽然随后"两高三部"都有出台相应的法律规定，但与我国电子商务蒸蒸日上的发展趋势相比，电子商务领域的法律规制明显供给不足。当然，笔者也同意一些学者的看法，目前要想制定一个大而统的电子商务法显然也不现实。通过对国际上其他国家或国际组织电子证据立法经验的介绍，我国电子证据立法可以从以下几个方面予以完善，以填补电子数据立法的空白。

第一，立法模式的选择。我国究竟要选择哪种电子立法模式，估计较大的可能性是通过单独制定证据法，并在证据法中对电子证据作出规定。毕竟在学术界制定统一证据法典的呼声一直不绝于耳。如果采用这种模式，那么我们首先要考虑的就是原有证据法规定与电子证据规制的衔接问题。可以说，加拿大《统一电子证据法》是加拿大《证据法》的延伸和扩展。因为《统一电子证据法》中有不少对原有《证据法》内容的认可或变通，针对电子证据的特性，适当调整电子证据的适用规则，比如最佳证据规则、鉴真证据规则、推定证据规则等。加拿大《统一电子证据法》为我们提供了很好的范例。第二，完善电子证据可采性规则。关于证据规则。电子证据的可复制性和虚拟性，成为对其合法性的特殊性要求。因此，各国立法都对电子证据的完整性与可靠性保证给予了特别的关照。而我国对此方面的说理明显不足，往往流于形式。因此，涉及电子证据的收集、固定、传输和保存等许多程序性规则，不仅需要完善与之相关的证据规则体系，还需缓和与传统证据规则之间的张力。第三，关于权利冲突的问题。由于电子证据形成、存储以及保存的特殊性，在对其收集、审查、取证的过程中，就离不开技术侦查手段的使用，而技术侦查手段无时无刻不对公民的隐私权与通信自由权带来冲击。虽然我国《刑事诉讼法》对技术侦查手段的使用规定了"经过严格的批准手续"的要求，但何谓"严格"？"批准手续"又是什么手续？这些都含糊其辞。随着电子证据在司法领域的使用比例逐年上升，对于电子取证和侵犯公民隐私权、通信自由权等方面的规制，也亟待改善。比较域外国家或地区的立法与经验，电子证据的收集、取证与审查必须遵循比例原则，并在此框架之下，以个人权利受干预的程度为判断标准，来明确电子取证行为的合理界限。

参考文献

一、中文文献

（一）著作类

1. 卞建林译：《美国联邦刑事诉讼规则和证据规则》，中国政法大学出版社 1996 年版。

2. 卞建林：《证据法学》，中国政法大学出版社 2000 年版。

3. 樊崇义：《证据法学》，法律出版社 2001 年版。

4. 陈光中、［加］丹尼尔·普瑞方廷主编：《联合国刑事司法准则与中国刑事法制》，法律出版社 1998 年版。

5. 陈光中、徐静村主编：《刑事诉讼法学》，中国政法大学出版社 1999 年版。

6. 陈光中主编：《刑事诉讼法》（第四版），北京大学出版社、高等教育出版社 2012 年版。

7. 陈瑞华：《比较刑事诉讼法》，中国人民大学出版社 2010 年版。

8. 陈瑞华：《刑事诉讼的前沿问题》，中国人民大学出版社 2005 年版。

9. 陈瑞华：《刑事证据法的理论问题》，法律出版社 2015 年版。

10. 陈瑞华：《刑事证据法学》，北京大学出版社 2012 年版。

11. 陈一云：《证据学》，中国人民大学出版社 1991 年版。

12. 程雷：《秘密侦查比较研究——以美、德、荷、英四国为样本的分析》，中国人民公安大学出版社 2008 年版。

13. 高咏：《非法证据排除的证明问题研究》，中国财政经济出版社 2014 年版。

14. 何家弘、张卫平主编：《外国证据法选译》（下卷），人民法院出版社 2000 年版。

15. 何家弘主编：《证人制度研究》，人民法院出版社 2004 年版。

16. 何家弘主编：《新编证据法学》，法律出版社 2000 年版。

17. 洪浩主编：《证据法学》，北京大学出版社 2005 年版。

18. 李心鉴：《刑事诉讼构造论》，中国政法大学出版社 1992 版。

19. 季卫东：《法治秩序的建构》，中国政法大学出版社 1999 年版。

20. 江伟主编：《证据法学》，法律出版社 1999 年版。

21. 龙宗智等：《司法改革与中国刑事证据制度的完善》，中国民主法制出版社 2016 年版。

22. 龙宗智：《相对合理主义》，中国政法大学出版社 1999 年版。

23. 宋英辉：《刑事诉讼目的论》，中国人民公安大学出版社 1995 年版。

24. 孙彩虹、潘牧天：《刑事诉讼法理论与实务专题研究》，苏州大学出版社 2014 年版。

25. 孙彩虹、张进德主编：《新编刑事诉讼法学》，中国民主法制出版社 2013 年版。

26. 孙彩虹主编：《证据法学》，中国政法大学出版社 2008 年版。

27. 沈志先主编：《刑事证据规则研究》，法律出版社 2011 年版。

28. 王超：《排除非法证据的乌托邦》，法律出版社 2014 年版。

29. 王以真主编：《外国刑事诉讼法学参考资料》，北京大学出版社 1995 年版。

30. 巫宇苏主编：《证据学》，群众出版社 1983 年版。

31. 徐静村主编：《刑事诉讼法学》，法律出版社 1997 年版。

32. 杨宇冠：《非法证据排除规则研究》，中国人民公安大学出版社 2002 年版。

33. 张军主编：《刑事证据规则理解与适用》，法律出版社 2010 年版。

34. 张生：《中国法律近代化论集》，中国政法大学出版社 2002 年版。

35. 张卫平主编：《外国民事证据制度研究》，清华大学出版社 2003 年版。

36. 赵桂芬：《供述心理与讯问对策解密》，中国人民公安大学出版社 2009 年版。

37. 甄贞等编译：《法律能还你清白吗？美国刑事司法实证研究》，法律出版社 2006 年版。

（二）期刊类

1. 陈刚："证明责任概念辨析"，载《现代法学》1997 年第 2 期。

2. 陈光中、郑曦："论刑事诉讼中的证据裁判原则——兼谈《刑事诉讼法》修改中的若干问题"，载《法学》2011 年第 9 期。

3. 陈光中："对《严格排除非法证据规定》的几点个人理解"，载《中国刑事法杂志》2017 年第 4 期。

4. 陈瑞华："非法证据排除规则的适用对象——以非自愿供述为范例的分析"，载《当代法学》2015 年第 1 期。

5. 陈瑞华："关于证据法基本概念的一些思考"，载《中国刑事法杂志》2013 年第 3 期。

6. 陈瑞华："论被告人口供规则"，载《法学杂志》2012 年第 6 期。

7. 陈瑞华："论瑕疵证据补正规则"，载《法学家》2012 年第 2 期。

8. 陈瑞华："论证据相互印证规则"，载《法商研究》2012 年第 1 期。

9. 陈卫东："论刑事证据法的基本原则"，载《中外法学》2004 年第 4 期。

10. 何家弘："秘密侦查立法之我见"，载《法学杂志》2004 年第 6 期。

11. 黄道、汪纲翔："刑事证据理论中几个有争论问题探析"，载《法学》1988 年第 1 期。

12. 孔令勇："供述自愿性审查判断模式实证研究——兼论非法供述排除难的成因与解决进路"，载《环球法律评论》2016 年第 1 期。

13. 李昌盛："错案的轨迹：以虚假供述为中心"，载《中国人民公安大学学报（社会科学版）》2015 年第 6 期。

14. 李训虎："口供治理与中国刑事司法裁判"，载《中国社会科学》2015 年第 1 期。

15. 李忠勇："对于完善刑事瑕疵证据补救制度的思考——以某中级法院普通刑事案件判决为样本"，载《法律适用》2013 年第 2 期。

16. 林志毅："论我国审判阶段非法证据排除规则的理论基础"，载《中外法学》2017 年第 4 期。

17. 刘磊："德美证据排除规则之放射效力研究"，载《环球法律评论》2011 年第 4 期。

18. 龙宗智：" '以审判为中心' 的改革及其限度"，载《中外法学》2015 年第 4 期。

19. 龙宗智："两个证据规定的规范与执行若干问题研究"，载《中国法学》2010 年第 6 期。

20. 龙宗智："中国法语境中的 '排除合理怀疑' "，载《中外法学》2012 年第 6 期。

21. 吕泽华："我国瑕疵证据补正证明的实证分析与理论再构"，载《法学论坛》2017 年第 4 期。

22. 马跃："美、日有关诱惑侦查的法理及论争之概观"，载《法学》1998 年第 11 期。

23. 石英、田国宝："论自白"，载《法商研究（中南政法学院学报）》2002 年第 2 期。

24. 宋英辉、李哲："直接、言词原则与传闻证据规则之比较"，载《比较法研究》2003 年第 5 期。

25. 宋英辉、杨光："日本刑事诉讼法的新发展"，载《刑事司法论坛》1998 年第 1 期。

26. 宋英辉："论非法证据运用中的价值冲突与选择"，载《中国法学》1993 年第 3 期。

27. 孙长永、闫召华："欧洲人权法院视野中的非法证据排除制度——以 '格夫根诉德国案' 为例"，载《环球法律评论》2011 年第 2 期。

28. 万毅："论瑕疵证据——以 '两个《证据规定》' 为分析对象"，载《法商研究》

2011 年第 5 期。

29. 汪建成："刑事证据制度的重大变革及其展开"，载《中国法学》2011 年第 6 期。

30. 王晨辰："法国刑事证据自由原则及其限制"，载《证据科学》2016 年第 6 期。

31. 王景龙："美国的自白任意性规则及借鉴"，载《环球法律评论》2016 年第 1 期。

32. 王景龙："中国语境下的自白任意性规则"，载《法律科学（西北政法大学学报）》2016 年第 1 期。

33. 吴宏耀："非法证据排除的规则与实效——兼论我国非法证据排除规则的完善进路"，载《现代法学》2014 年第 4 期。

34. 吴宏耀："美国非法证据排除规则的当代命运"，载《比较法研究》2015 年第 1 期。

35. 向燕："论口供补强规则的展开及适用"，载《比较法研究》2016 年第 6 期。

36. 谢杰、潘琳琳："伦奎斯特：在合理的限制中发展米兰达规则"，载《中国刑事法杂志》2006 年第 3 期。

37. 谢勇、王广聪："证人强制出庭制度弱化的趋向与校正——兼论新《刑事诉讼法》第一百八十七条修改的解释"，载《湘潭大学学报（哲学社会科学版）》2012 年第 5 期。

38. 徐美君："口供补强法则的基础与构成"，载《中国法学》2003 年第 6 期。

39. 严端、熊秋红："完善我国刑事证据制度的立法构想"，载《政法论坛》1994 年第 4 期。

40. 易延友："非法证据排除规则的中国范式——基于 1459 个刑事案例的分析"，载《中国社会科学》2016 年第 1 期。

41. 易延友："证人出庭与刑事被告人对质权的保障"，载《中国社会科学》2010 年第 2 期。

（三）译作

1. ［德］汉斯·普维庭：《现代证明责任问题》，吴越译，法律出版社 2000 年版。

2. ［德］克劳思·罗科信：《刑事诉讼法》，吴丽琪译，法律出版社 2003 年版。

3. ［德］托马斯·魏根特：《德国刑事诉讼程序》，岳礼玲、温小洁译，中国政法大学出版社 2004 年版。

4. ［美］埃德蒙·M. 摩根：《证据法之基本问题》，李学灯译，台湾世界书局 1982 年版。

5. ［美］巴巴拉·J·夏皮罗："对英美'排除合理怀疑'主义之历史透视"，载王敏远主编：《公法》（第 4 卷），熊秋红译，法律出版社 2003 年版。

6. ［美］丹尼尔·J·凯普罗：《美国联邦宪法第四修正案：非法证据排除规则》，吴宏耀等译，中国人民公安大学出版社 2010 年版。

7. ［美］卡罗尔·S·斯泰克编：《刑事程序故事》，吴宏耀等译，中国人民大学出版社 2012 年版。

8. ［美］克雷格·布拉德利：《刑事诉讼革命的失败》，郑旭译，北京大学出版社 2009 年版。

9. ［美］罗纳德·J·艾伦等著：《证据法：文本、问题和案例》，张保生等译，高等教育出版社 2006 年版。

10. ［美］迈克尔·J·桑德尔：《自由主义与正义的局限》，万俊人等译，译林出版社 2001 年版。

11. ［美］乔恩·R·华尔兹：《刑事证据大全》，何家弘等译，中国人民公安大学出版社 1993 年版。

12. ［美］斯蒂芬·布雷耶：《法官能为民主做什么》，何帆译，法律出版社 2012 年版。

13. ［美］约翰·W·斯特龙主编、肯尼斯·S. 布莱等编著：《麦考密克论证据》，汤维建等译，中国政法大学出版社 2004 年版。

14. ［美］约书亚·德雷斯勒，艾伦·C. 迈克尔斯：《美国刑事诉讼法精解》（第一卷·刑事侦查），吴宏耀译，北京大学出版社 2009 年版。

15. ［日］松尾浩也：《日本刑事诉讼法》《下卷），张凌译，中国人民大学出版社 2005 年版。

16. ［日］田口守一：《刑事诉讼法》，张凌、于秀峰译，中国政法大学出版社 2010 年版。

17. ［英］古德琼森：《审讯和供述心理学手册》，乐国安等译，中国轻工业出版社 2008 年版。

18. ［英］乔纳森·科恩："证明的自由"，何家弘译，载《外国法译评》1997 年第 3 期。

19. 宋英辉译：《日本刑事诉讼法》，中国政法大学出版社 2000 年版。

二、外文文献

1. A. Zuckerman, *The Principles of Criminal Evidence*, Oxford University Press, 1989.

2. Brandon L. Garrett, *Convicting the Innocent*: *Where Criminal Prosecutions Go Wrong*, Harvard University Press, 2011.

3. Brent D. Stratton, "The Attenuation Exception to the Exclusionary Rule: A Study in Attenuated Principle and Dissipated Logic", *Journal of Criminal Law and Criminology*, Vol. 75, No. 1., 1984, pp. 139-165.

4. Christopher Slobogin, *A Comparative Perspective on the Exclusionary Rule in Search and*

Seizure Cases, Social Science Electronic Publishing, 2013.

5. Dallin H. Oaks, Studying the Exclusionary Rulein Search and Seizure, *The University of Chicago Law School*, Vol. 37, No. 4. , 1970, pp. 665-757.

6. DavidM. Nissman, Ed Hagen, Pierce R. Brooks, *Law of Confessions*, The Lawyers Co-operative Pub. Co. , 1985.

7. J. A. Hall, M. S. Mast, T. V. West, ed. , *The Social Psychology of Perceiving Others Accurately*, Cambridge University Press, 2016.

8. Eve Brensike Primus, "The Future of Confession Law: Toward Rules for the Voluntariness Test", *Michigan Law Review*, Vol. 115, No. 1. , 2015, pp. 1-56.

9. Fred E. Inbau, etc. , *Criminal Interrogation and Confessions*, Jones & Bartlett Learning, 2001.

10. James J. Tomkovicz, *Constitutional Exclusion: The Rules, Rights, and Remedies that Strike the Balance Between Freedom and Order*, Oxford University Press, 2011.

11. John C. Sheldon, "Common Sense and the Law of 'Voluntary' Confessions: An Essay", *Maine Law Review*, Vol. 68, No. 1. , 2016, pp. 25-651.

12. Kerri Mellifont, *Fruit of the Poisonous Tree: Evidence Derived from Illegally or Improperly Obtained Evidence*, Federation Press, 2010.

13. Richard A. Leo, "Questioning the Relevance of Miranda in the Twenty-First Century", *Michigan Law Review*, Vol. 99, No. 5. , 2001, p. 1000.

14. Richard A. Leo et al. , "Bringing Reliability Back in: False Confessions and Legal Safeguards in the Twenty-FirstCentury", *Wisconsin Law Review*, Vol. 2006, No. 2. , 2006, pp. 479-539.

15. Robert Cooter, "Pricesand Sanctions", *Columbia Law Review*, Vol. 84, No. 6. , 1984, pp. 1523-1560.

16. Steven Penney, "Theories of Confession Admissibility: A Historical View," *American Journal of Criminal Law*, Vol. 25, No. 2. , 1997-1998, p. 309.

17. Stephen C. Thaman, "Constitutional Rights in the Balance: Modern Exclusionary Rules and the Toleration of Police Lawlessness in the Search for Truth", *University of Toronto Law Journal*, Vol. 61, No. 4. , 2011, pp. 691-735.

18. Yuval Merin, "Lost between the Fruits and the Tree: In Search of a Coherent Theoretical Model for the Exclusion of Derivative Evidence", *New Criminal Law Review*, Vol. 18, No. 2. , 2015, pp. 273-329.